山河命数

王龙 著

山西出版传媒集团　山西人民出版社

图书在版编目（CIP）数据

山河命数 / 王龙著 . -- 太原：山西人民出版社，2018.4
ISBN 978-7-203-10308-0

Ⅰ . ①山… Ⅱ . ①王… Ⅲ . ①中国历史—近代史—研究 Ⅳ .
① K250.7

中国版本图书馆 CIP 数据核字 (2018) 第 024990 号

山河命数

著　　者：王　龙
责任编辑：傅晓红
复　　审：秦继华
终　　审：蒙莉莉
装帧设计：三形三色

出 版 者：山西出版传媒集团·山西人民出版社
地　　址：太原市建设南路 21 号
邮　　编：030012
发行营销：0351-4922220　4955996　4956039　4922127（传真）
天猫官网：http://sxrmcbs.tmall.com　电话：0351-4922159
E－m a i l：sxskcb@163.com　发行部
　　　　　　sxskcb@126.com　总编室
网　　址：www.sxskcb.com

经 销 者：山西出版传媒集团·山西人民出版社
承 印 厂：山东新华印务有限责任公司

开　　本：710mm×1000mm　1/16
印　　张：16.5
字　　数：260 千字
印　　数：1—5000 册
版　　次：2018 年 4 月　第 1 版
印　　次：2018 年 4 月　第 1 次印刷
书　　号：ISBN 978-7-203-10308-0
定　　价：42.00 元

清圣祖康熙（1654—1722）

清高宗乾隆（1711—1799）

清仁宗嘉庆（1760—1820）

清德宗光绪（1875—1908）

彼得大帝（1672—1725）
法 让-马克·纳蒂埃 绘

乔治·华盛顿（1732—1799）
美 伦勃朗特·皮尔 绘

明治天皇（1852—1912）

狄德罗（1713—1784）
法 让·奥诺雷·弗拉戈纳尔 绘

清德宗光绪（1875—1908）

郭嵩焘（1818 年—1891）

康有为（1858—1927）

严复（1854—1921）

清朝慈禧皇太后（1835—1908）

《维多利亚女王、阿尔伯特亲王和孩子们》　德 弗朗兹·克萨韦尔·温特哈尔特 绘

西乡隆盛（1828—1877）

福泽谕吉（1835—1901）

伊藤博文（1841—1909）

陆奥宗光（1844—1897）

八国联军列队于神武门前

被八国联军毁坏的圆明园

1896年李鸿章在汉堡拜访德国前首相俾斯麦

1901年9月7日清廷的全权代表奕劻和李鸿章在谈判桌前与11国代表签订《辛丑条约》

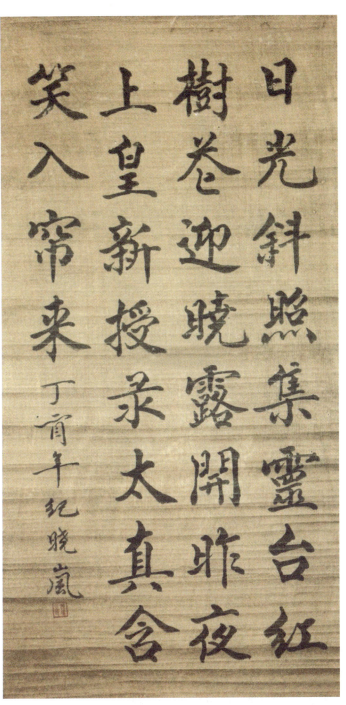

日光斜照集靈台紅
樹卷迎曉露開昨夜
上皇新授籙太真含
笑入簾來 丁酉年紀曉嵐

楷书七言诗　清·纪晓岚 书

《五伦图》

日 渡边华山 绘

柳子厚漁翁其傍西巖
宿曉汲清湘然楚竹煙
銷日出不見人欸迺一聲
山水綠迴看天際下中
流岩上無心雲相逐東
坡謂亭後二語當更刪
雨孫世講大人尊鑒
林則徐

清·林则徐书

《贾宝玉初会林黛玉》　清·孙温 绘

《苏格拉底之死》　法 雅克-路易·大卫 绘

莎士比亚 (1564—1616)

孙中山与宋庆龄

阅尽人情读青史

一

在我的家中，各类研读中国四大古典名著的书籍占了小半个书房。其中最多的是解读《水浒传》的各类专著。这么多年来我对《水浒》情有独钟，自有原由。

《红楼梦》描述金枝玉叶，才子佳人，鲜花着锦，烈火烹油，凡夫俗子毕竟可望难及；《三国演义》多是充斥机锋权谋的上层斗争，历朝帝王，历代侯王，结阵交锋，建节封侯，那只是肉食者的丛林世界；《西游记》满篇都是虚幻无依的成人童话，神魔鬼怪，羽服仙流，三界五行，变幻恍惚，到底不过博凡人一笑。

而只有那弥漫人间烟火气的水浒江湖，宛如一幅会说话的"清明上河图"，其间的江湖羁旅，途路难防，饥寒丐者，鸣冤囚人，无不如耳闻目睹，过目难忘，谁都可以和他们把酒相逢，悲欢与共，嬉笑怒骂，快意恩仇。读《三国》《红楼》《西游》，无法想象你能拥有一座自己的九重殿阙，贵族乐园，更甭说什么仙山佛国，寄望来生。而读《水浒》，我们每个人心中都能有一座自己想象中的梁山。

我心中的那座梁山，如同阅读历史的感受，因为年龄阅历的增长，呈现出四时迥异的风景。

10岁时完全带着一颗童心读《水浒》，所见皆是人情世趣。从武松打虎，到杨志卖刀；从李逵探母，到林冲夜奔……昏黄的煤油灯下，我一遍遍满怀激情地和梁山好汉们高歌上路，行侠江湖。在那个贫穷封闭的小山村，梁山好汉们的故事补足了我对贫乏生活的所有想象和期望。宋江可以那样潇洒大方地花银子，李逵永远那么任性好玩像个老小孩，智取生辰纲、三打祝家庄又多么像我们昨天还玩过的游戏？当然，好汉们动辄大叫"好酒肉只管将来"，喷香烂熟的大鱼大肉摆满桌子，更让我一次次流着口水想象那宛在眼前的口福……

10岁时我临摹过所有水浒英雄绣像，我能把一百〇八位好汉的姓名、绰号、排位倒背如流。最幸福骄傲的时刻，是每天放学后给小伙伴们讲水浒英雄们的故事，我站到高处手舞足蹈，如同身处央视"百家讲坛"。那是最单纯美好的读《水浒》时光，只有顶天立地的英雄，和光环照耀的梁山。在那些大悲大喜、大起大落的人间传奇中，多少江湖夜雨、英豪末路、刀枪箭雨、生死情仇，带给我小小心灵最初的命运沧桑之慨，也成为我从此喜欢上历史文学的最早启蒙。

20岁时，我学会带着一颗凡心去读《水浒》，去体味其中那么多复杂的人心世故。只看"忠义堂石碣受天文，梁山泊英雄排座次"一回，就知道"大碗吃酒肉，论秤分金银"的一团和气背后，其实是各个山头的利益平衡，也是亲疏远近的关系重组。宋江、吴用、道士何玄通三人暗箱密谋，装模作样辨认"天书"决定梁山座次，注定了和同道中人方腊的手段并无不同：借口宗教愚弄百姓，只不过方腊托辞西域摩尼教，而宋江借口则是中国传统的鬼神学说而已！一个不讲道德只讲手段的组织，谁能保证这样的"革命"具备真正的正义性？

奇怪的是，尽管我们从理性上批判李逵那种不问青红皂白"只管砍将过去"的野蛮手段，但千百年来真正不喜欢李逵的《水浒》读者，恐怕少之又少。这又说明，李逵自有需要李逵的文化土壤，其实在人性深处，谁没有隐藏着痛快淋漓只管"砍将过去"的李逵基因？这就是中国历史这座梁山引人深思之处。

于是30之年，我始以一颗悲心去读《水浒》，居然读出许多人世沧桑的苦涩之味。是什么样的世道把林冲那样逆来顺受的忠臣良民，变成一怒冲天的铁杆叛徒？而宋江以私放晁盖，自乱法度始，以拉上李逵中毒惨死而终，他到底替"天"行的哪门子"道"？读《水浒》就是读《二十四史》，天道无常，谁人可替哉？

而更令人深思的是，李逵只顾喊叫"杀去东京，夺了鸟位"。然则夺了鸟位又如何？说到历史上所有梁山起义的病灶症结，大多数人往往只以一句笼统的"农民的阶级局限性"作为总结。但是如何真正去反思发生农民战争的原因，以及历次农民战争失败的悲剧根源，这才是告别梁山的正途，也是从头反省历史的正途。

岁月流转，一遍遍重读《水浒》，从好汉们风云际会威震江湖，读到最后兄弟飘零悲凉浸骨；从英雄们慷慨悲歌的个人命运，读到万劫不复的黑暗社会体制，我忍不住想起宋代词人陈与义那首伤时感世的《临江仙》：

忆昔午桥桥上饮，坐中多是豪英。长沟流月去无声。杏花疏影里，吹笛到天明。

二十余年如一梦，此身虽在堪惊。闲登小阁看新晴。古今多少事，渔唱起三更。

梁山的前途究竟在哪里？中国历史的出路在哪里？对比 17 世纪中叶的东西方，中国的李自成和英国的克伦威尔在同一时代振臂高呼，拔剑而起，各自成就了一番惊天伟业。但为何李自成领导的农民起义最终演变为中国历史上又一次以暴易暴的怪圈式循环，而克伦威尔则带领英国步入了波浪式上升的发展轨道，成为人类社会近代化历程中的领跑者？这背后不同的文化心理和价值取向，难道不值得我们反省深思？中国历史难道注定将是一部魔咒般的治乱轮回？

二

人们无论做什么都有两个理由，一个是好听的理由，另一个是真正的理由。对我而言，想抄一条更崎岖艰险的小路，去攀登历史这座高入云端的珠穆朗玛峰。

我认为，今天中国现实的复杂和深刻，已经远远把作家们虚构的想象力抛到了身后。激变时代需要深度解读，媒体竞争带来阅读危机，传统文学受到空前挑战。当中国人的脚步已经跨出外太空，并到达深不可及的海洋时，作家们是否有信心敢用世界共同的文明尺度和精神标准来检验自己的创作，是否敢于做那个跋山涉水不畏艰险去向人民报告真相的唯一信使？当中国人天天高喊要与国际接轨时，很多人忘记了任何一个掩耳盗铃的民族绝不会有真正的文化繁荣。中国正在逐步走向真正的大国，而一个真正的大国需要独立清醒的思辨能力。光明与黑暗、进步与落后，是每天都在发生的客观历史。五千年的光明伟大已经有太多人在反复歌唱了，那么对于历史暗角那些鲜为人知的灰色地带，是否应该更理性深刻地加以剖析，挤出中国文化传统中的精神脓疮，以期引起"疗救的注意"？

有什么样的价值观，就有什么样的历史观。如果我们真正要在文化上与国际接轨，那么在对历史的书写和批判上也必须有一种更深广宽阔的人类意识。知人论世不可掩耳盗铃，读史阅世更应有全球眼光。近代中国的沧桑岁月，缠绕着太多挥之不去的疑云和梦魇。泛黄的历史册页交织着奋争和苦难、激情与梦想。中国社会的现代化转型过程之艰难，时间之漫长，代价之沉重，堪称世界之最。而在这个过程中，西方列强在近代中国既是引路的先生，又是打劫的强盗。但很多人只看到洋人的"狼子野心"，而很少反思清政府的庸碌无能。苦难不仅来自外来侵略者，更来自自己的封闭和落后。于是我试图从晚清中国开始，把"天朝上国"放在世界大棋局中审视分析，以理性眼光反思东西文明的成败得失，通过中西对比痛揭中华文化的千年之弊。我试图在历史长河经历冰山激流、越过沉船暗礁、穿越滚滚烟尘，去完成一次令人深思浩叹的历史探险。

这些年来，我大多数时间致力于中西历史文化的对比研究。通过那些主导国运民生的著名人物，在国家兴衰存亡的十字路口不同的政治作为、人生选择和命运结局，透视近代中国迷失落伍的深层原因，剖析大国兴衰的关键节点。我想搞清楚为何慈禧太后独揽大权却"越帮越忙"，而维多利亚女王全身而退悠游林下，大英帝国却能蒸蒸日上高速发展？最后答案是不同的政治文化建设，造就了不同的治国模式；而同样作为醉心西学的帝王，康熙研习西学不是为了经世济民改造中国，而是为了当科学问题的"最高法官"，彼得大帝远走天涯寻师问道，则把对西方科技的兴趣转化从而铸就俄罗斯的"霸业利器"。对于李鸿章和伊藤博文的成败得失，我则从他们的个人出身、知识结构、时代背景等多方面进行对比分析，从而得出其事业兴衰的必然规律。

正是这抽丝剥茧层层深入的剖析，让我看清中西英豪的风云对决、大国浮沉的拍案惊奇。那些历史人物的焦灼与悲欢、智慧与迷茫、勇敢与无奈，都无不体现出一个时代的侧影。

历史题材佳作的风景就在于史料的开荒，在于独一份的精彩。我写历史人物，重在自己独特发现的角度，出其不意而用之。著名作家王树增先生曾给予这种写作真诚的鼓励，可以说是洞察到我由来已久的良苦用心："王龙选择这个领域写作颇需要些勇敢无畏……随着时光的流逝和全球化的进展，东西方的冲突和融合势必更加凸显，这种针对中西方比较的历史文化探讨也必将在我们的社会进步中显得更为重要。只有如此，我们才不会妄自尊大，也不会妄自菲薄。"这一系列创作能在海外不同国家和地区翻译发行各种版本，赢得许多专家和读者的热烈回响，说明这个主题正如王树增先生所预料，还是较有意义。迅速发展的中国如何与世界对视自处，正在成为一个越来越引起广泛关注的时代命题。

三

"江山好处浑如梦，一塔秋灯影六朝。"每当我捧起一本本厚厚的史书，面对多少天地民物之变、兵火纷乱之迹、机锋权谋之争、兴衰荣辱之慨、山川风物之趣、诗酒花梦之愁……血总是忍不住一点点沸腾起来、激荡起来。在我眼里，人类所能演绎出的一切悲欢巨变，最后哪里不是落脚到文化与文明这个最后的精神纽带之上？

我真切地期望通过自己对某一段历史的独立思考，对某一位历史人物的独到观察，给今天的人打开一个新的思想空间，提供一种新的读史理念，把史实精神与当代意识有机融合起来。假如历史创作失却或淡化了自身的社会性、批判性及强烈的公众意识，甚至对历史矛盾与民众疾苦，对国家与民族的前途漠不关心，那就等于丢弃了灵魂，成为一种过眼云烟的"无骨状态"，一种恶搞嬉皮的文字游戏。因此在历史题材创作中，总有那么一股浓得化不开的悲天悯人之心，在夜深人静之时萦绕在我心头。我总会不由自主地想起雨果在《九三年》里那句震撼人心的名言："在绝对正确的革命之上，还有绝对正确的人道主义！"

近代中国一幕幕历史活剧令人浩叹深思。每一页历史都浸透着血泪，每一行文字都如锥刺骨，直到把人胸口压迫得喘不过气来。但无论帝王将相还是末路英雄，无论是世界文豪还是一代枭雄，我都不想把他们抬高到云中的仙台焚香膜拜，也不打算将之丢弃在历史的暗角任唾沫掩埋。比如探索毕生"鼓民力，开民智，新民德"的伟大思想家严复，为何自己居然深陷鸦片无法自拔，我尝试去小心触摸严复一生深邃而隐秘的精神黑洞："当他望到大街上蹒跚而行、衣衫褴褛的数十百小儿那空洞无望的眼神，他提笔的手在颤抖，心如针扎。他无法想象三十年后，这些孩子将成为怎样的国民，这个国家能依靠他们变得更好吗？"我无法想象，一边写下开天辟地的惊世之作《天演论》，一边吸着鸦片忧国忧民的严复先生，内心充满了怎样痛苦纠葛的人生悖论？

游走于古今中西之间，我有时恨则深入骨髓，爱则眼含泪水，如同一位天人交战的历史"穿越者"，时而推窗见海，时而游园惊梦，时而抚剑长歌。在冷清孤寂的历史剧场里，我是最后那位泪流满面的看客，目睹江山兴亡，人来人往。在一篇探索瞿秋白为何没有参加长征的文章中，我难忘的一个画面，是瞿秋白这位书生革命家站在萧瑟风雨中，目送红军战友们长征远去时的孤独身影。那时瞿秋白明知这一留下来，就只有听任命运的摆布了，但他还是把自己身边一位身强力壮的马夫换给了年迈的徐特立，同时将自己最后一件长衫留给冯雪峰作纪念。瞿秋白深深知道，自己留下这些东西已经没有用了。

可即使对革命有再多的迷茫痛苦，他依然如泰山黄河般忠于自己的信仰选择。瞿秋白先生从容赴死前那张最后的照片，曾无数次令我怦然心动，肃然起敬。历史除了是非黑白，更有灵魂风骨。宇宙苍茫，天地洪荒，中国人为何那么看重"粉身碎骨浑不怕，留取丹心照汗青"？每当看到瞿秋白先生临刑前的那张照片，我似乎总感到岁月深处的千年雄风扑面而来，隐隐听闻到历史暗角的虎啸之气。

四

比起登顶历史的巅峰极目苍茫，横看中西，我更喜欢从人性的角度去书写充满同情、真情、温情的作品。对历史事件要有史识、史鉴、史胆，更必须在历史叙述中做到言之有据、言之有益、言之有趣。在这一点上，我特别佩服被爱迪生称赞为"科学诗人"的伟大发明家特斯拉。作为堪与达·芬奇比肩的伟大天才，即便是阐述科学发明，特斯拉的文笔也极其优美，充满诗意；而另一位作为小说家的舒尔茨则常常置故事于不顾，不厌其烦地去描述宇宙、星空的深邃复杂变化。特斯拉与舒尔茨宛如一对奇异的孪生兄弟，时刻提醒我在历史创作中追求当一名"科学诗人"：既要有科学的严谨逻辑，也要有诗人的澎湃激情。

因此在所有车水马龙的康庄大道上，永远不会找到我的身影。作为一名写作者，我总是远远地避开众人，独自一人默默穿行在那些人迹罕至的蛮荒荆棘之地。一本好的历史著作对历史的解释不应是以观念为主体而是以事实为主体；好的历史学者，不应以激情的道德批判代替理性的精神探讨。我向来要求自己笔下不要出现一位完全执迷不悟的"坏人"，更不要有一位情不得已的"好人"，争取以冷静细致的笔法，把人性的复杂深奥、匪夷所思出人意料而又新鲜迷人地表达出来。我有时甚至抱着悲悯温情之心，替笔下的人物设身处地，悲欢与共，去还原他们在历史夹缝中被挤压扭曲的痛苦灵魂，和内心那些微妙复杂的"默然的不安"。对于他们的解读就如同解读自己，既小心翼翼又深入彻骨，既借重理性批判又不可缺少理解之同情。

中国是一个历史的国度，一部浩瀚无边的中国历史无不曲尽精微，让人叹为观止。我只希望自己的文字照射到那些不为人知的"历史暗角"，在天人交战的情感穿越背后，和读者一起去体会那些触目惊心、欲言又止的历史痛点。在这种历史书写面前，无论喧嚣不断，无论关山万重，相信你和我其实一样，此刻感同身受，心有灵犀……

目 录

壹

——

错失良机的爱新觉罗

康熙和彼得大帝的千秋大业

17、18 世纪之交，中国和俄国的天空几乎同时出现了两颗惊人相似的巨星——震古烁今的康熙大帝与彼得大帝。

他们都是大气磅礴的传奇君主，一个是运筹帷幄、力挽狂澜的中国皇帝；一个是锐意改革、狂飙突进的俄国沙皇。他们不仅出生时代相同，在位时间相当，而且都具备非凡过人的雄才大略。他们呕心沥血、励精图治，把各自的国家带入了鼎盛的局面：

康熙使中国一举摆脱明末清初大动荡后满目疮痍的局面，成为东方最强大的王朝；彼得使落后愚昧的俄国一跃而起，成为令欧洲列强刮目相看的封建强国。

他们又是两艘巨大航船的舵手，在重要的历史关头驶向截然相反的方向：

彼得使俄国迅速走上近代化道路，雄踞欧亚，傲视全球；康熙最终没能跨越封建体制，他所开创的盛世王朝与工业革命失之交臂，很快步入落日辉煌，由一个洋洋自得的天朝大国急剧坠入落后挨打的悲惨境地，竟还遭到俄罗斯帝国的侵略、践踏。

对此，马克思情不自禁地发出史诗般的浩叹："这真是一种任何诗人想也不敢想的一种奇异的对联式悲歌。"

今天，重新翻检这段历史，人们不禁要问：是盛衰无常的历史周期律无可逃遁，还是幸运女神偶然间与中国擦肩而过？

少年登基　性情各异

康熙和彼得波澜壮阔的生命历程具有神秘的巧合：他们同是少年登基，同样博学勤政，甚至连幼年的曲折命运，也充满谶语般的暗合。

年幼的康熙和彼得都是不幸的。康熙的生母佟佳氏只是皇宫中一名不受恩宠的庶妃，所以，父亲顺治帝对他的到来并不是十分在意。出生不久，他又遭到当时被人们视如洪水猛兽般的天花的侵袭，命悬一线。尽管凭借顽强的生命力侥幸存活了下来，却从此留下一脸不太好看的麻点。不幸接踵而至，他8岁丧父，10岁时疼爱他的母亲又死了。两年之间父母双亡，形影相吊，这给他留下很深的心灵创伤。

宽仁博大的祖母孝庄太后十分关心他的成长，一直以帝王的标准严格训练他，教育他要"宽裕慈仁，温良恭敬"，一举一动都要"俨然端坐"，中规中矩。

幼年的不幸，砥砺康熙更加勤奋地学习。父母双亡后，他更加发奋努力，常常虚心地咨询左右，甚至不耻下问于身边的太监。康熙一生既受到满洲骑射文化的训练，又受到蒙古草原文化的熏陶，还受到汉族儒家文化的影响，可谓"全能皇帝"。正是这种严格认真的教育，形成了康熙雄浑博大的学识修养，培养了康熙果断坚韧的人格力量。

公元1667年，康熙正式亲政。这位蓄势待发的年轻君王，一坐上至高无上的王权宝座，就显示出了不可遏止的治国雄心。他16岁时就亲自谋划铲除了位高权重、专横跋扈的鳌拜，先后平定了三藩之乱，东北反击沙俄，西北扬威平叛，修德中外一家；对内则治河安邦，富国裕民，肃清吏治，开创出康乾盛世的繁盛局面。

在地球的另一端，比康熙出生晚 19 年的彼得同样命运多舛。他来之不易的皇位则显得更为血腥。彼得的父皇阿列克谢·米哈伊洛维奇老年得子，对彼得宠爱不已。可惜好景不长，彼得年仅 4 岁，老沙皇就突然病逝，孤儿寡母、势单力薄的彼得母子命运岌岌可危。

彼得 10 岁那年，经过一系列血腥的斗争，同父异母的索菲娅公主先发制人，以谎言和承诺赢得射击军的支持，在斗争中占据了上风。而她那种翻云覆雨、复杂多变的政治手腕，对年幼的彼得影响颇深，使他学会对待敌人应该如何恩威并用。

和康熙幼年生活在野心勃勃的鳌拜的阴影下一样，彼得母子在索菲娅公主高悬头顶的利剑下过着提心吊胆的日子。最后，他们还是被索菲娅公主赶出了莫斯科，流放乡间。

然而"塞翁失马，焉知非福"。天生精力充沛、求知欲强的彼得如同脱笼之鸟，自由翱翔。与从小生长在深宫红墙内、锦衣玉食的康熙不同，彼得不认为手工是贱活，他对实用技术有着疯狂的热情，一生精通十二种手艺。但彼得并没有只沉醉于一己之好，他酷爱学习，对历史、地理、炮学、造船都充满浓厚兴趣，而最使他乐此不疲、如痴如醉的还是军事游戏，他常常组织村里的小孩们玩打仗游戏，带领他们冲锋陷阵。

后来，年幼的彼得心血来潮，竟向索菲娅公主申请索要一批真枪实弹。这个羽翼未丰的小子，一直被索菲娅公主认为是威胁她独霸王权的一块心病，如今见他玩物丧志，不问世事，她不禁喜从中来，不但送去了大批枪支弹药，甚至还送去了大炮和正式的编制。但她做梦也没有想到，正是这些看似玩闹的游戏断送了她的权柄。

彼得搜罗了一些外国军人，招募了六百名童子军，立志将他们训练成纪律严明的军队，而这支童子军最后也真的成了俄国真正意义上的正式军队。

当索菲娅公主认识到彼得原来是一颗即将孵化的蛇卵时，早就为时已晚。和康熙借摔跤角力的满洲少年"善扑营"智擒鳌拜一样，17 岁那年，彼得统领由他组建的"少年团"一举粉碎索菲娅公主的摄政集团，开始真正掌握实权。

但不甘失败的索菲娅公主，趁彼得到国外学习之机，于1698年再次挑动射击军发动兵变，但很快就被效忠于彼得的谢英将军成功镇压。这次，彼得以最残酷的方式惩罚敌人，他下令杀死一千多人……他把叛乱的射击军的头颅挂在索菲娅公主的窗外，他要让这个女人知道，和他作对就是这个下场。在一片盛怒的血海之中，彼得建立起了他绝对的权威。

性格决定命运。现代心理学早已证明，人的早期经历对其性格形成至关重要。这条真理对康熙和彼得来说同样适用。不同的是，两个权倾天下的男人决定的是中、俄两个国家和民族的命运。

康熙即位时年仅8岁，彼得也只有10岁，都一样勤学尚武，天资过人，早年即显示出过人的胆魄与能力。他们都曾有过受制于人的傀儡皇帝经历，又以相似的手段重新夺回属于自己的王权。封建王权血腥残酷的宫廷斗争，成为酝酿他们早期性格的共同温巢。

而在他们迈出人生第一步时，不同的文化土壤和性格气质却锻造出他们明显的差异。少年时代那一幕幕以暴制暴的经历，使彼得终生崇尚强权，充满野性不羁的气质里蕴涵着强烈的叛逆精神，他要以急风暴雨的方式抽打着俄罗斯一路飞跑；而康熙自幼酷爱中国的儒家文化，并终生用它来治理中国。

博学勤政　治国殊途

康熙和彼得都生活在由古代转入近代的关键时刻，站在同一起跑线上，他们鞠躬尽瘁，勤政不息，试图为国家开辟出一条富强之路。康熙和彼得都是由自己的时代所塑造出来的，他们注定将在两条永不相交的平行线上并驾齐驱。

康熙是浑厚博大的中国传统文化土壤层层堆积起来的泰山雄川，彼得则是俄罗斯广袤原野上自由疯长的参天巨树；康熙如搭造严谨的广厦，彼得则是冲决一切的洪流；康熙更为沉稳慎重，彼得却无比决绝果断。

康熙深谙"水能载舟亦能覆舟"的君王之术，他谨记祖母当年"得众则得国"的教诲，一生都尊奉"敬天、法祖、勤政、爱民"的信条，对于老百姓的仁慈宽厚，恐怕在中国历史上也并不多见。康熙有一次出外巡察，路遇一人倒卧地上。拦挡圣驾非同小可，侍卫正要严加惩处。康熙立即加以阻拦，令人问明情况，得知他叫王四海，是个佣工，回家路上因为饥饿晕倒了。康熙说不要惊吓了他，你们马上热粥喂他。王四海喝了热粥之后苏醒过来了。康熙了解到这个人家里的确很困难，又送他盘缠让他回老家。王四海感激不尽，四处传颂当今圣上的爱民功德。这件小事是康熙治国爱民的一个缩影。他常说，我不用长城，我用人心，人心就是我的长城！为了体现自己的"仁政"，他慎重使用皇帝对死刑犯的勾决权力，甚至于以牺牲法纪为代价，在康熙五十四年（1715）全国仅仅处决 15 名死囚。

康熙清楚地给自己设计了为政的蓝图——"期于家给人足，百姓乐业而已"。

为了实现这一目标，在位 61 年中，康熙废寝忘食，鞠躬尽瘁。对送来的奏折有奏必签，即使白天围猎习武，晚上仍不辞劳苦，与随行学士"举火读奏章"。《康熙起居注册》记载，他每天早上"未明求衣，辨色视朝"，把御案搬到乾清门前去办公，辰时准时上朝，御门听政，巡游在外也要在行宫的大蒙古包里按时办公，无论酷暑严寒，从不间断。

当康熙终于看到天下太平，国势日盛之时，随即提出了"持盈保泰"的思想，他满足于百姓岁足年丰、人民鼓腹讴歌的社会图景。

如果说康熙的勤政除了自身素质外，还受少数民族政权入主中原后时刻潜藏的危机意识、忧患意识所驱使的话，彼得则几乎是带着与生俱来的勃勃雄心，不惜一切代价"用铁索勒激起俄罗斯腾跃向上（普希金语）"！

在另一条道路上，彼得则用严酷的鞭子赶着俄罗斯在近代化道路上进行急行军。

他是一位锐意进取、百折不挠的改革家，是一台不知疲倦的"永动机"。他接过手的俄罗斯实在是太蛮荒落后了！人们心灵完全处于封闭蒙昧之中。95% 的人是极度贫困的农奴，他们文化水平非常低，即使在首都莫斯科，100个人中能识字的也超不过 3 个，连贵族地主和他们的子弟大多数也是文盲，平民中上过学的就更少了。而当时，荷兰已辉煌了近百年，英国已完成了君主立宪制的政治改革，法国在"太阳王"路易十四的带领下已成为欧洲大陆第一强国……

彼得心急如焚，他迫不及待地要使他的祖国摆脱落后、贫穷、愚昧的状况。

为此，他决定首先从自己做起。

从 19 岁开始，彼得开始以下士的身份在军中服役，他亲自驾驶小船攻击敌军战舰，在战斗中为迫击炮装填弹药，他甚至到一个钢铁厂像普通工人那样劳动……

为了排除干扰和反对，他动辄抡起棍棒殴打，强迫大臣执行命令。他的惩罚措施从小额罚款到没收全部财产，从折磨肉体、流放做苦役，直到处死，应有尽有。他的改革将俄罗斯人推向忍耐的极限，甚至连他的儿子阿列克谢也无法承受，积聚力量反对他的改革。

1716 年 11 月，太子阿列克谢叛逃了。彼得借助武力强迫太子回国之后，亲自参与了对太子的刑讯，参与了拷打以及致儿子死亡的整个过程。在太子死去的第二天，一位欧洲外交官惊奇地发现，彼得照常出席了一系列国务活动，仿佛什么也没有发生过。在所有反对改革的风波中，即便是自己的母亲、叔叔、岳父、儿子，彼得也会断然与之决裂！

谁也想不到的是，历史的悖论竟然出现了。

康熙仁政爱民，彼得凶暴治国；康熙修德中外，彼得侵略扩张；康熙激于道义，彼得唯利是图……结果却是俄罗斯一飞冲天，中国却走向回光返照式的最后辉煌。

一组数据最能说明问题：1700 年，中国的国民生产总值占到世界总值的23.1%，而俄国仅占 3.2%，但俄国 1700—1820 年间的国民生产总值增长幅度远远超过欧洲和世界平均速度，更远远超过中国，大踏步跨入西方强国行列。

很明显，站在道德的立场，康熙似乎是胜者。但站在治国的立场，他被后来居上的彼得远远地抛在了身后。

盛衰无常，世事难料。两个同样勤政有为、励精图治的帝王，为何治国的效果迥异？难道儒家宣扬的道德理念敌不过资本主义的贱买贵卖？难道千年难遇的贤明圣君敌不过从不体恤百姓的俄国暴君？是真理战胜不了强权，还是仁政输给了暴政？

其实，中俄两个繁荣强盛的帝国，表面的相似掩盖着实质的差异。

一个是封建主义的迟暮，一个是资本主义的青春。在历史的十字路口，康熙和彼得截然不同的选择，决定了两个国家的不同前途。正如俄罗斯人自己所说，彼得"出于高贵心灵的奇特本能，他一眼洞穿了祖国的所有疾病，理解了'国家'这个词汇的全部美好而神圣的意义，给了俄罗斯可怕而有益的一击"。

彼得的改革涉及全国几乎所有的领域。他一生主持颁布了三千多条法令，改革行政机关、军队，建立军事工业，引进千余名各类专家，建立众多实利主义性质的学校和科学院，并派出一批批年轻人到国外学习。俄罗斯在狂飙突进的改革风暴之下，理性冲破禁锢，科学压倒愚昧，重商主义盛行，资本主义迅速发展，终于紧跟世界先进潮流的步伐迎头赶上，正如彼得骄傲地说："我不能亲手建成和看到一个强大的俄国，但我的继承者一定会沿着这条道路走下去，直到目标的实现。"

康熙继承的是儒家文化"治大国若烹小鲜"的为国之道，他虽然呕心沥血地试图开辟一条富国之路，但他只是在中国重建了小农经济，却没有能力也不可能使中国向资本主义迈出半步。对世界范围内风起云涌的工业革命，康熙茫然无知，毫无准备，反对变革，满足现状。他对内强化封建专制，大兴文字狱，钳制思想。官场贪腐横行，百禁不绝。他重农轻商，致使明末以来的资本主义萌芽胎死腹中。对外则闭关自守，使社会发展严重滞后。他在竭力开创盛世局面的时候，其实已经走上了与近代化潮流背道而驰的道路。

举凡治国不进则退，欲单纯以保守为目的，其势必然难以长久。这就是一个迷途的帝国留下的最大教训。

醉心西学　其道不同

康熙八年（1669）初的一天，紫禁城的午门广场。

正午的阳光刺眼而肃杀，凝固的空气中弥漫着紧张的气息。大清帝国的满朝文武大臣齐聚一堂，表情严肃。这里正在上演一场万众瞩目的生死对决。

事情的起因，是由一桩争议已久的学术公案引起的。

主持钦天监的汉官杨光先早在5年前就上疏康熙，指斥西洋传教士汤若望借编造历法之名藏身京师，意在窥伺朝廷机密，且其所制新历法声称可推算两百年间的天象，这不明摆着是在诅咒我大清江山只有区区两百年寿命吗？杨光先揪住了洋人的小辫子，激情万丈地喊出了"宁可使中夏无好历法，不可使中夏有西洋人"这句极富"民族情感"的战斗口号（颇有点"宁要社会主义的草，不要资本主义的苗"的味道）。御状告到康熙那里，满朝文武中没有一人熟悉西洋历法，因此没有一个人能判别是非。康熙尽管年仅15岁，但却没有犯糊涂。他下令来一次现场考试，由钦天监官员吴明烜和洋教士代表南怀仁一起到午门广场，当着文武大臣的面用不同的方法测算正午时间日影的长度。

结果，南怀仁用一根日晷测出当日正午针影达到的精确位置，而汗流浃背的吴明烜却一筹莫展，屡次测算失误。康熙当即力排众议，将杨光先等一伙人革职，任用南怀仁主持西法治历。

这次惊心动魄的午门对决，激发了康熙对自然科学的兴趣。他深深感到作为一国之君，对科学技术方面也应该有所了解，才能够在此方面取得发言权。从此，对西方科技知识的渴望和热忱贯穿了康熙皇帝的一生。后来说起幼年经历的那场"历法之争"，他对臣下谈道："朕思己不能知，焉能断人之是非，因自愤而学焉。"

多年之后，康熙俨然成了中国"史上最热爱科学的帝王"。

这位称孤道寡的皇帝，对西学的了解和掌握程度令人瞠目：从天文地理，到物理、化学，甚至高等数学、西洋音乐，他全都学过，而且学得还不错。据传教士洪若翰的信件所述，康熙"自己选择了数学、欧几里得几何基础、实用几何学和哲学"进行学习，"神父们给皇帝作讲解，皇帝很容易就听懂了他们给他上的课，越来越赞赏我们的科学很实用……如果对学的东西还有不清楚的地方，他就不肯罢休，直到搞懂为止"。

康熙皇帝对西学的钻研和兴趣是全方位的。他在宫中设立实验室，试制药品，学会了种痘，在他的子女和宫女们身上实验后，效果很好，立即推广到蒙古。为了解人体解剖学的知识，他还亲自解剖了一只冬眠的熊。在黄河、淮河、运河交口的大堤上，他指着东流的河水，耐心地向当地负责管理水利的官员讲解如何计算水的流量。他甚至还在中南海丰泽园内试验起了杂交水稻，居然比今天的世界"杂交水稻之父"袁隆平还早了三百多年！

康熙当政的时期，西方器物纷纷传入中国，一时出现了西学、西艺盛行的局面。康熙对他的洋教师们可谓恩宠备至：在宫廷拨给他们专门的房间，提供一切必需品，甚至在外出巡视时，康熙也常常带上传教士，同住一顶帐篷，同吃一桌饭菜，解衣推食，不嫌琐屑。

1692年，康熙在国内颁布了对天主教的解禁令，鼓励更多的传教士来华。

1693年，康熙皇帝又特地派遣传教士白晋回法国，带去了给法国国王路易十四的礼品，并且进一步表示，希望招聘更多的传教士来华工作。

君王好高髻，城中高一尺。康熙经常让侍从带着仪器随侍左右，当着朝臣的面专心致志地观测天体和研究几何学，并积极把自己掌握的西洋科学知识传授给皇太子及其他臣僚。皇上对西学的满腔热情，顿时激起了王公大臣们的趋附和兴趣，他们迫不及待地让自己的子弟去学习西学知识。西方的机械、水利、医学、音乐、绘画等过去只能被视为"奇技淫巧"而遭国人不屑的东西，现在纷纷传入中国，成了皇室和贵族间的时髦。受康熙的影响，学术界也兴起了学习科学之风，尤其突出表现在数学领域。乾嘉时期涌现出一大批数学人才，就是康熙本人提倡并爱好学习数学的结果。

康熙对西学的满腔热情在西方不胫而走，引起很多人关注。1697年，德国的著名思想家莱布尼茨惊叹道：

> 我认为，康熙帝一个人比他所有的臣僚都更具远见卓识……他以其广博的知识和先见之明远远地超过所有汉人和满人，仿佛在埃及金字塔上又添加了一层欧洲的塔楼。

在莱布尼茨盛赞康熙的同年8月，当时欧洲最大的造船中心之一的荷兰赞丹来了一群学习造船的俄国留学生。学生中有一个名为彼得的人，自称是个下士，他和工匠们吃住在一起。他凿木头、造军舰、学驾船样样出色，被师傅和工友们推荐为"优秀工匠"。他，就是俄国的沙皇彼得。

在瑞典，彼得扮作游客，爬上制高点观察瑞典人的要塞地形，测量绘制要塞平面图；在英国，他冒充学者，上门拜访牛顿，还和著名数学家弗哈森攀上了交情；在荷兰，他不但指挥快艇参加荷兰海军的演习，还利用闲暇去观看芭蕾舞剧……

彼得专门为出国特制了一枚印章，上面刻着一句话："我是一个寻师问道的学生。"

既然康熙皇帝和彼得大帝都是醉心西学、善于吸收新知识的帝王，但为什么俄国走上了世界强国的发展道路，而清政府却日渐衰败？为什么欧洲在16世纪以后就诞生出近代科学，而中国却依然在蒙昧落后的状态中摸索？

实际上，尽管康熙以"悬梁刺股"的精神踏上了西学之路，但康熙研习西学并不是为了经世济民改造中国，促进社会发展，而是唯恐汉人因学问而轻视满洲贵族，他要成为满朝文武所叹服的"天纵神明，贯通中西"的明主和英君。正是为了当科学问题的"最高法官"，炫耀作为最高统治者"断人之是非"的尊严和能力，他才对西学采取了"节取其技能，而禁传其学术"的方针，无论多么先进的科学仪器，只能戴上华丽的镣铐，被深锁在紫禁城的深宫之内。

而彼得对西方科技的着迷，一开始就来自于他振兴国家的强烈愿望，他将西方科技视作霸业利器，带着明确的功利实用目的。他远走天涯寻师问道，缔造了俄国关注世界发展的开放姿态。

很明显，康熙与彼得比起来，缺少的是这样一种认识：从思想上重视西学的兴起及其对历史将会产生的影响，从制度上为其发展创造良好的条件。

在这方面，1944年邵力子先生有一段精彩的论述：

> 对于西洋传来的学问，他（指康熙）似乎只想利用，只知欣赏，而从没有注意造就人才，更没有注意改变风气；梁任公曾批评康熙帝，"就算他不是有心窒塞民智，也不能不算他失策"。据我看，这"窒塞民智"的罪名，康熙帝是无法逃避的。

荣枯异运　盛衰有凭

进入18世纪后，中、俄两国渐行渐远，走向不同的历史发展方向。俄罗斯在彼得开创的工业化道路上阔步前进，而中国则在康熙营造的小农经济形态下盛极而衰。

1685年2月，32岁的康熙正当雄姿英发的盛年，他亲自指挥大军进攻雅克萨，痛击沙俄军队，打得俄国人抱头鼠窜，誓不再犯。此时的彼得还正在乡间玩他的战争游戏，年龄正好和康熙倒过来：13岁，一个毛头孩子。

康熙一生平三藩、收台湾，抗沙俄、扫叛军，攻城略地，捍卫领土，为中华民族赢得了独立和尊严。然而短短一百多年以后，中国就在西方列强的坚船利炮面前不堪一击，同时也沦为俄国的阶下囚。

彼得的军事才能与康熙相比，相形见绌。他一生有很多损失惨重的败仗，然而彼得是个性格坚毅的人，不因失败就垂头丧气。

清朝在康熙的守土御侮、维护统一的政策下，一步步丧权辱国，铸成民族奇耻；彼得则驾驭着侵略扩张的疯狂战车，用无休止的拼杀为俄罗斯的腾飞开辟了道路，取得节节胜利。历史，在这里似乎再次受到无情的嘲弄。

战争是政治的延续，战争是经济的体现。中俄两国在战场上的胜败异位，其实是由不同的国家发展道路决定的。

当康熙和他的子孙把一代盛世推向繁花似锦、高潮迭起之时，大清国这架承重已达极限的大车，早已发出了不堪重负的呻吟。没有人知道，推动中国社会向前发展的主要因素几乎完全耗竭，国家发展潜力即将陷入油尽灯枯之境。社会动荡加剧、行政体制僵化、内部调控失灵，中国已如一潭死水。

相反，朝气蓬勃的崭新俄国正飞速崛起。彼得树立了俄罗斯人民的民族自信心，启动了社会内部存在的潜能。他结束了草原化和东方化的俄国历史，开创了海洋化、西方化的俄国新时代，把一个黑暗愚昧的俄国引向了一条全新的光明之路。

康熙和彼得正是在重大历史转折关头，影响了中、俄两国命运走向的巨人。

彼得在与西方的接触和对抗中，以其敏锐的洞察力，看清了人类历史发展的趋势，为俄国开辟出一条正确的道路。康熙尽管也是一代雄主，他治国平天下的雄才大略甚至远在彼得之上，但在超越阶级、环境的局限，引进新技术和学习、了解外国新事物的远见卓识上，却明显逊色于彼得，始终没能为中国指出一条通往近代化之路。

不同的历史文化背景，是康熙与彼得治理国家的最终宿命。看似个人选择的背后，其实是两种文明的撞击。

古老而持久的中华文明，具有非同一般的坚韧性和超乎寻常的消融性，作为亚洲首屈一指的封建大国，中国长期处于孤立、封闭的状态。千百年来，中华大地内忧外患，战乱频仍，疾掠飞驰的马蹄踏碎了多少帝帜王旗？但无论是纷扰如斯的五胡乱华，还是铁骑横渡的蒙元入侵，都不过是一段段小小的插曲，中华文明从未出现过彻底推翻和重新建立的局面。

而康熙王朝也只是一朵绚丽的浪花，缺少左冲右突的磅礴之势，只能沿着原来的河道奔流到海不复回。康熙不是圣人，他不可能超越自己的时代。在理学唯尊、儒学治国的环境下，英明的康熙内心深处是否也有无尽的苦衷？

他把自己关在深宫中研习西学时，也许最能体味这种滋味。身为一国之君，他连看一本书也要偷偷摸摸。当他的教师法国人巴多明要将人体解剖学绘图准备出版时，他深知解剖人体是与儒家观念直接冲突的。他小心翼翼再三告诫说："这在中国可是'特异之书'，你们可千万不要让一些不学无术之辈滥读此书！"

而只要看一下俄罗斯的国徽双头鹰，你就会明白这个国家的特性。这只视野广阔的"猛禽"兼有东西文化的渊源。

三百多年前，长胡子是俄国人最自豪的标志，东正教甚至把胡子看作是"上帝赐予的饰物"，而在彼得看来，这却是俄罗斯落后的象征。

1698 年，当俄国的贵族们举行一场宴会，欢迎彼得顺利从欧洲返回时，穿着西式服装的彼得却二话不说，掏出剪刀就动手剪他们的胡子。贵族们大惊失色，号啕大哭，不明白沙皇为什么这样做。剪胡子遇到上上下下的顽强抵制。彼得完全不管这些，他宣布："剪胡子是全体居民的义务，要想保留胡子就得交重税。官吏和贵族每年要缴六十卢布，平民三十卢布。"他要剪掉俄罗斯上千年的积弊和不文明，重新为俄罗斯注入全新的活力。

这真是一个有趣的巧合。大清国初创之始，同样喊出"留发不留头，留头不留发"的口号。中国人的辫子，俄国人的胡子，似乎遭遇到同样的厄运，都维系着一国之前途。

但两者却有本质的不同：剃发是满族人家天下的标志，剪胡子则是一场新革命的开始。在中国这个古老的国度里，改革的艰难，甚至远远胜过流血的革命。

剃刀与剪刀背后，是两个民族命运的挣扎。

大道行思　余音未绝

彼得大刀阔斧的改革，尽管卓有成效，但由于丝毫不考虑俄罗斯的特性，割裂了与自己国家传统的关系，最终给国家造成了伤害。

富国强兵是许多国家长期的追求，然而需要正确的制度积累，否则将走上危险的岔路，或是国富民穷，或是掠夺别国，这样的事例屡见不鲜。

彼得把自己的一颗心全部捧给了俄罗斯。他自己全身心地奔跑在强国之路上，他也希望所有人和他一样，事实上这是办不到的。

尽管他向往西方文明，学习西方科技，但本质上他却是一个奉行中世纪思维的改革家。彼得改革的主要领域是军事，国家财力大多用在了发展军事实力上。俄罗斯在巩固改革和取得胜利的同时，却奇怪地变成了一个一贫如洗的国家。俄国史学家安留科夫甚至认为，彼得充其量不过是一个平庸的实干家，而不是一个深谋远虑的改革家，"俄罗斯以国家的破产为代价，换取了跻身欧洲列强之林的地位"。

当时，法国出现了开明的君主专制，英国出现了议会制，欧洲致力于建设资本主义的崭新公民社会，公民权利开始得到尊重。但彼得却背道而驰，对先进的政治体制根本不感兴趣，他要的是至高无上的权威。

与彼得性格粗犷，甚至凶残无情相比，康熙的性格却是刚柔相济、雍容大方。他全面实施儒家的政治路线和思想路线，真正实现了儒家的"大一统"理念，使中国不再有内外之分、华夷之别。他牢固树立"民为邦本"的信念，与民休养，改善民生，有清一代，豁免钱粮之巨，百姓普沾实惠，为历代所仅见。他提出"持盈保泰"的思想，想防止盛极而衰，满而不溢，作为指导国家的政治方针并不错误，但发展到后来却陷入保守落后，不思进取的误区，无法解决封建社会的固有矛盾。

中国落后于西方，康熙固然要负一定责任，但当时的中国走向近代化的通道尚未打开，条件尚未成熟。当时地域广大，民族众多，再加之分散落后的封建小农经济，传统的经济、政治、社会结构，严重地阻挠了近代因素的成长。这是长期历史积累的结果，是任何英雄豪杰都没有回天之力来扭转落后的大趋势。

纵观历史，将国家发展的希望寄托在某一个"明君"身上，而不是形成制度作保障，这是最危险的事情。国家的发展取决于君主意志，一旦君昏臣庸，或"明君"出现重大失误，国家命运就将出现危机。

今天，我们面对一个更加激烈的综合国力竞争的国际环境时代，重新审视康熙和彼得两个人物曾为国家发展制定的方向，会更清醒我们将要走一条怎样的路。

乾隆与华盛顿的权力观

公元 1796 年，世界历史热闹非凡，可圈可点。这一年在全球范围内，可以说是政权更迭、好戏连台的改天换地之年。然而，在我看来，在所有决定这些国家未来的政权兴替中，最值得关注的还是两个人的权力交接，那就是乾隆禅位和华盛顿卸任。

这两位东西方历史上的最高统治者——乾隆是中国执政时间最长的皇帝，华盛顿则是美国的开国之父，他们的权力交接几乎同时进行，他们又同一年去世。从他们对于权力的态度，完全可以映射出东西方不同的价值观念、政治思维、制度设计，更有助于认识我们的政治特色和国运沉浮。

一边是作秀的禅让，一边是磊落的告别

1796 年 2 月 9 日，大清嘉庆元年正月初一。这注定不是一个平凡的日子。

天刚刚蒙蒙亮，庄严肃穆的气氛就笼罩了整个恢宏的紫禁城。大清帝国的文武百官们面容肃整，早早地排班列队进入皇城。在肃立于太和殿两旁的王公大臣们目不转睛的注视之下，86 岁老迈高龄的乾隆手捧"皇帝之宝"国玺，亲授给匍匐在地的颙琰。颙琰毕恭毕敬地接过这一最高权力的象征。从这一刻起，乾隆成为"太上皇"，38 岁的颙琰正式成为新的皇帝。

紫禁城的钟声缓缓响起，朝廷恩赏天下臣民，帝国子民们欢呼雀跃。乾隆在禅位诏书里明确宣布："凡军国重务，用人行政大端，朕未至倦勤，不敢自逸。部院衙门及各省题奏事件，悉遵前旨行。"

这是大清唯一的禅位仪式，也是中国数千年封建历史上最后一次禅让。没有怀疑，大清进入了崭新的嘉庆时代。

而这一年，在地球的另一端，创下盖世之功的华盛顿两届总统任期也即将结束。人民苦苦挽留他们这位伟大的总统继续竞选连任，而华盛顿则坚决拒绝了这一请求。在美国首任总统这个职位上，他如履薄冰，殚精竭虑，对这个职位既感激，又惶恐。他说："我走在尚未踏实的土地上，我的所作所为将可能成为以后历届总统的先例。"他清醒地认识到，自己走的是一条前无古人、充满荆棘的道路，一旦失败，就会成为人类不可能自由和自治的事例，人类追求自由的信心将因此受到重创。

因此，尽管美国宪法并未对总统的连任做出限制，而且以他为美国独立做出的巨大贡献，足以让他有充分的理由继续留在这一权力宝座上。但他谢绝各方的拥护和要求，坚决地表示不再第三次连任。他不愿给初创民主制度的美国留下一个最高领导人贪恋权位的先例。如果一直到停止呼吸还抓住权力不放，那美国将无异于君主政体，他耐心地向民众说："你们再继续选我做总统，美国就没有真正的民主制度了。"华盛顿用自己的行动，为美国开创了总统至今最多只能竞选连任两届的定例。

在乾隆禅位的七个月后，1796 年 9 月 17 日，即华盛顿在第二届总统任期结束前，发表了告别演说，宣布退出候选总统的行列。他在演说中祝福自己的同胞："愿你们在自由的庇护下，认真维护并慎重使用上帝的赐福，各州人民享有更美满的幸福。"

而更加重要的是，在这一重大的历史时刻，他不忘清醒地提示并忠告美国人民要"正确估计支配人类心灵的对权力的迷恋及滥用权力的癖好"。他说：

> 在一个自由的国家里，思考的习惯会使那些受命管理国家的人谨慎从事，不超越宪法规定的他们各自的权限，避免一个部门在行使职权时去侵犯另一个部门的权力。侵犯职权的风气易使各部门的权力集中为一，这样，不管建成何种形式的政府，都会产生一种地道的专制……行使政治权时，必须把权力分开并分配给各个不同的受托人以便互相制约，并指定受托人为公众的福利的保护人以防他人侵犯。（《华盛顿选集》，第 320 页）

离别的时刻不顾人们的欲别依依，仍然到来了。

1797 年 3 月 3 日晚，华盛顿举行告别宴会，气氛庄重热烈。宴会快结束时，华盛顿举杯，向亚当斯、杰斐逊、各国使节及其夫人们，用激动的口气说："女士们，先生们，这是我最后一次以公仆的身份为大家的健康干杯，我真诚地为大家的健康干杯。祝大家无比幸福。"

话音刚落，欢乐气氛顿时烟消云散，英国公使夫人竟凄然泪下。第二天，新总统亚当斯宣誓就职，华盛顿以愉快坦然的心情目送着自己的接任者进入总统办公室。亚当斯事后这样描述权力交接的历史性场面：

> 那真是一个庄严的场面。将军（华盛顿）的光临使我激动万分，他的表情同天气一样安详开朗；对于我，他似乎是享受了一次胜利，我好像听他说："唉，我堂堂正正地卸任，你堂堂正正地就职，看我们两人谁最幸福！"仪式结束，他走过来，热情地祝贺我并希望我任职幸福、成功和荣耀。（余志森：《华盛顿评传》，第 346 页）

华盛顿从纷扰的政治舞台上从容不迫地走下来，回归平民。当时的联邦政府官员没有薪金，华盛顿自从担任大陆军队司令后就没有拿过一分钱报酬。当年他连去临时首都纽约的路费，都是借钱凑足的。今天他离任时仍然两袖清风，一贫如洗。为了感谢他对美国的贡献，家乡的詹姆斯河运公司决定赠送他价值五万美元的股票，这在当时是一笔相当大的财产。这对正需要钱来维持晚年生活的华盛顿不啻是"雪中送炭"。可他转身把这笔股票捐给了列克星敦财政困难的一所学校，这是当时全美国私立学校所得到的最大一笔捐款，他用这笔钱救下了这个学校。

1797 年 3 月 15 日，华盛顿回到了久别的家园，在他梦寐以求的那片土地，开始他告别政坛之后的新生活。这位 64 岁的老人动情地对妻子说："我们终于回到了自己平静的港湾。"从此在弗农山庄，人们每天都可以看到一个在田野上骑马漫步的闲散农场主。他每天天不亮起床，匆匆吃过简单的早餐后，便骑马巡视整个庄园，并听取管家的汇报，经常挽起袖子，与仆人、佃户或奴仆共同劳动。

而在大清国最高权力宝座上的嘉庆皇帝，却很快就发现事情越来越不对劲。

嘉庆皇帝成了提线木偶

按理讲，天无二日，国无二主，连庶民百姓都知道。可早在一年前册立他为皇太子时，老父皇乾隆就在传位谕令中含糊其辞地表示：

> 归政后，凡遇军国大事及用人行政诸大端，岂能置之不问？仍当躬亲指教，嗣皇帝朝夕敬聆训谕，将来知所禀承，不致错失……

既然已经是退休的"太上皇"了，可父皇仍然以"朕"自称，颁旨仍称"敕旨"。乾隆没有移居到"归政"后专门用来养老的宁寿宫，而是仍然稳居皇帝寝宫养心殿。而嘉庆皇帝只能称"嗣皇帝"，乖乖在皇子居所毓庆宫里待着。

或许在乾隆眼里，已经老大不小的嘉庆还只不过是个没有长大的孩子，难以让人放心。扶上马，还得送一程嘛！所以，乾隆虽然已经"归政"，却并不打算真的放手不管归隐林泉。这年初五举行的千叟宴上，他吟诗道："敬天勤政仍勖子，敢谓从兹即歇肩？"——在外人眼里他也许有些贪恋权力之嫌，但在他自己看来却是"朕未至倦勤，不敢自逸"，放着好好的清闲日子不过，还来继续帮你们里外忙活，朕也不容易呀！

嘉庆这才明白，他除了接过一颗"皇帝之宝"的国玺，什么也没捞着，仍然只能靠边站着。乾隆禅而不让，退而未休。一应军国政事，他都只能在太上皇不辞劳苦的"躬亲指教"下战战兢兢地小心办理。所有的旧官新进进宫陛见，都必须先恭请太上皇训话。嘉庆帝形如傀儡，"状貌和平洒落，终日宴戏，初不游目。侍坐太上皇，上皇喜则亦喜，笑则亦笑，于此亦有可知者矣。"在朝鲜使臣眼中，贵为一国之主的嘉庆皇帝竟是这样一副窝囊模样："侍坐上皇之侧，只视上皇之动静，而一不转嘱，观于此亦可见其人品矣。"整个国家陷入了停滞状态，"盖太上皇，诸凡事务不欲异于前日，故自下举行甚难云矣。"老皇帝不松口放权，谁敢轻举妄动？

尽管如此，乾隆还不放心。为了让天下臣民明白如今依然是老皇帝"掌舵"这关键一点，不便明说其中奥妙的朝廷绞尽脑汁，煞费苦心。他们规定，臣子们上书上表，遇"天""祖"二字需抬高四格书写，遇"太上皇帝"字样需抬高三格书写。而遇"皇帝"字样，却只需要抬高二格书写。"嗣皇帝"过生日称"万寿"，"太上皇"过生日则是"万万寿"。

更有甚者，虽然已经改元"嘉庆"，但宫中却仍沿用"乾隆"纪年，连户部造出的铜币，也必须特制出一些"乾隆通宝"——哄老皇帝开心呗！在接见前来朝贺的朝鲜使者时，乾隆还有意通过正式的外交渠道向属国"打招呼"："朕虽然归政，大事还是我办。"朝鲜君臣于是得出结论：庆贺中国皇帝万寿节，只贺太上皇圣节就可以了。（吴晗：《朝鲜李朝实录中的中国史料》第12册，第4912、4916页）

既然如此嗜权如命，乾隆为何还要作茧自缚地来一场假惺惺的"禅位秀"呢？

这实在是情不得已，泼出去的水收不回来。乾隆四十三年（1778）秋，乾隆到盛京谒祖陵回銮时，在路上遇到了一位胆大包天的锦县生员金从善，他从道旁递上呈词，请求当今皇帝早点公开册立太子，以固国本。不管是金生员真的忧国忧民也好，还是取宠邀功也罢，此言显然违背大清秘密建储之制，皇家大事岂容草民多嘴？乾隆勃然大怒，一刀就砍去他那颗多嘴的头。

但乾隆似乎自知，不给天下人一个交代也说不过去。于是郑重宣示："昔皇祖御极六十一年，予不敢比。若邀穹苍眷佑，至乾隆六十年乙卯，予寿跻八十有五，即当传位皇子，归政遐闲……"他的意思是说，清圣祖康熙是清朝最有作为的皇帝，在位时间长达 61 年。为了表示对祖父康熙的尊重，他会在登基 60 年后禅位给接班人。为了安定人心，从乾隆五十八年（1793）起，他就在年节、庆寿宴会、恩科、恩赏、巡幸、祭祀、普免、加授等活动中，都加入"归政"的宣示。那意思很明白：再等等吧，让我再干几年就交权啦！

乾隆确实洪福齐天，果真就顺顺当当地活到了 85 岁。君无戏言，这个时候再不交权，自己也不好意思了。但中国式政治的特色就在于圆融通达，乾隆深谙其中精髓，这才搞了个幕后遥控。嘉庆如梦方醒，自己虽然荣登大宝，却如同一个提线木偶。而操作木偶的不是别人，正是已然"归政"的太上皇。

乾隆留下烂摊子，华盛顿创立好制度

尽管老迈的乾隆自我感觉良好，然而老门神难以捉新鬼，权欲熏心者已看守不好权力。"老人治国"带来的是一片由盛及衰的大动荡。

其时正是川陕白莲教焚香起兵之际，各地水深火热，官逼民反，无业之民如飞蛾般铺天盖地地起义响应，势遂大炽。当号称"十全老人"的乾隆自我沉醉在文治武功的功劳簿上时，大清王朝已经江河日下，国内潜伏着的各种危机，随时可能爆发；而国际上，中国与西方的差距拉大，中国已经不再是什么"天朝"，而是盲目自大的井底之蛙。日益昏聩的乾隆继续"乾纲独揽"，不肯发挥年富力强的嘉庆帝的作用，而任凭宠臣和珅乘机舞弄权柄，专断六部，祸国殃民。乾隆自己年近九旬，虽然勉力支撑，但记忆和精神却急剧下滑，嘉庆三年十一月中旬，乾隆为镇压川、楚、陕白莲教起义而"以勤致疾"，有时"昏眩"，不能如前临朝，连朝鲜使臣也看出"太上皇容貌气力，不甚衰耄……昨日之事，今日辄忘；早间所行，晚或不省，故侍御左右，眩于举行"。

就在乾隆以老迈之躯死死抓住权力不放时，华盛顿却以坚定的意志又一次经受住了权欲的考验。

1799 年接近总统选举，联邦党人因党内分歧和声望日衰，有人又想请出华盛顿竞选总统，他再次坚决拒绝。7 月 21 日，他从芒特弗农农场致乔纳森·特朗布尔州长的信中说明了理由：

> 一旦我这样做将是可耻的，因为尽管这是我国同胞的愿望，而且在大家的信任下我可能当选并任职，但另一个比我更有才能的人却会因此去职……如果我参加竞选，我就会成为恶毒攻击和无耻诽谤的靶子，不但会被加上摇摆不定的罪名，而且还会被诬为怀有野心，一遇时机便爆发出来。总之，我将被指责为昏愦无知的老糊涂。（《华盛顿选集》，第 359 页。）

嘉庆四年正月初二，乾隆"圣躬不豫"，终于一病不起。嘉庆侍疾养心殿，乾隆握住他的手，"拳拳弗忍释"，这里除了父子常情外，似乎也预示着他对权力的最后依恋。他似乎因未能举行"九旬万寿庆典"而遗憾。可是上天不会再给他机会了。第二天，乾隆病情加剧，终于"驾崩"。

就在大清举国为乾隆的逝世而披麻戴孝的同时，无数的美国人也在为他们失去伟人华盛顿而悲痛欲绝。1799 年 12 月 14 日晚，华盛顿因为顶着风雪巡视农场患急性咽喉炎而去世。尽管他一再叮嘱死后葬礼不要过分，但当人们把他的遗体轻轻安放进墓穴，牧师带领大家唱起葬礼曲、念了祈祷文之后，所有的美国人，都情不自禁地恸哭起来。

东西方这两位巨人几乎同时倒下去了，但他们留给后人的政治遗产却是如此的天壤之别。一个听从政治良知和国家民意的召唤，一个为权欲私心而敢冒天下之大不韪。在民主与进步的意识上，乾隆与华盛顿相差何止千万里之遥。

乾隆帝终身掌权，从雍正十三年八月二十三日父死的当天即位，他以乾隆为年号执政 60 年，在太上皇位上 4 年，创造实际掌握中国政权跨 65 个年头的空前纪录。乾隆虽然树立了难以逾越的执政时间，但也给儿子嘉庆留下了一个非常棘手的烂摊子。乾隆创造的"太上皇治国"模式，在清末又演变为慈禧的母后垂帘模式这种"非常之道"，影响中国政局五十余年，给人民带来深重灾难。1911年10月10日，乾隆诞生两百年又十五天后，武昌起义爆发，运转了268年的清帝国迅速被推翻，中国人无意之中以这种特殊方式纪念了乾隆帝的双百诞辰。乾隆"大清亿万斯年之福"的构想破灭，终究未能逃脱历代皇朝盛衰的周期律。

而华盛顿的逝世却并未对美国的政局发生影响。人们并没有因为怀念他而多投他所倾向的联邦党人的票。1801年，民主共和党人杰斐逊当选为第三任总统。华盛顿以他的行动为后来者确立了典范。在美国两百多年的历史中，除了第二次世界大战中的罗斯福以外，所有的总统都是遵守了两任引退的惯例。1951年，美国国会通过宪法修正案，正式将华盛顿开创的这一惯例以法律形式固定下来。

在华盛顿逝世后的两天，国会发表悼念演说，称赞华盛顿是"战争时期的第一人，和平时期的第一人，他的同胞心目中的第一人，他是一位举世无双的伟人……"

成也皇权，败也皇权

有人曾说过，中国古代有一种职业，危险性非常大，死亡率非常高。这个职业就是"皇帝"！皇帝往往死于非命，惨死的概率非常大。常见的"杀法"有：子杀、父杀、叔杀、母杀、妻杀、兄弟杀、祖母杀、外公杀、岳父杀、兵杀、近臣杀、宦官杀、俘杀、自杀等等。

中国皇帝一共有六十多位被杀，占皇帝总数的15%，而且大多数直系皇族的最后命运都非常惨，如叛贼"圣武皇帝"安禄山称帝一年零四天，就被自己的儿子安庆绪刺杀于床上，血和肠从腹部流出数斗。安庆绪眼皮都不眨，当即在其床下挖了一个数尺深坑，用毡子裹着安禄山的尸体，连夜埋在坑中。这些惨遭不测的皇帝中满门抄斩的、断子绝孙的、隐姓埋名的、沦落为奴的也不在少数。可见，当皇帝确确实实是个危险性很高的职业，"过把瘾"的代价也不算低廉。

美国学者费正清评论："做中国的皇帝，在日理万机之中，还须是一个最健康的人。"一旦当上皇帝，都要求臣民称自己为"万岁"，也就是希望活一万年。但实际上，皇帝们的平均寿命远远低于穷苦百姓。从秦始皇算起，直到清朝末代皇帝溥仪，其间2100多年共有皇帝326人，其平均寿命只有可怜的41岁。据有生卒年代记载的大致统计一下，可以得出以下一组数据：

20岁以下的是28人；

20岁—40岁的是84人；

40岁—60岁的是178人；

60岁以上的人是36人。

统计数据显示，中国皇帝寿命超过60岁的不到13%，活不到40岁的高达34%。一个人野心勃勃，历尽千辛万苦夺得皇帝称号的同时，实际上就意味着自己的生命已经进入了倒计时。最凶险的朝代要算是东汉，总共13位皇帝，只有刘秀活了63岁，汉献帝刘协活了54岁（禅位后受到大舅哥曹丕优待），其他的11人没一个活过40岁。

可是千百年来，中华大地内忧外患，战乱频仍，疾掠飞驰的马蹄踏碎了多少帝帜王旗？那数不尽的兵火纷乱、杀戮屠城，那演不尽的机锋权谋、宫廷血斗，谁不是为了一袭龙袍加身、万世江山独霸？唐宗宋祖也好，成吉思汗也罢，都是有秦皇之威，而无尧舜之德。虽然统一江山，毕竟是帝王，打天下只为子子孙孙坐天下，建国家实则世世代代成家国。中国历史上无数人弑父杀子、装神弄鬼，都不过为了权倾四海、沐猴而冠。兔死狗烹、血流成河的最终结局，成为帝制特色，王朝规律，试问谁又曾逃脱过？即使有那么几位禅让退位的皇帝老倌儿，又有谁不是在带血的剑锋顶上了腰际，才一步三回头地无奈下台，逊位下野，以保全身家性命？

"皇帝"的吸引力极大，即使"过把皇帝瘾"就死也心甘情愿。乾隆对皇权的贪恋并非个案，而是有着深厚的制度文化背景。

用黑格尔的话说："中国的历史从本质上看是没有历史的，它只是君主覆灭的一再重复而已。任何进步都不可能从中产生。"皇权并非中国所首创，也不是中国所独有。但世界历史上恐怕很难再找出一个国家能够把皇权精神发挥到如我们这样登峰造极的程度，也很难再找到一个民族能够像我们这样对其有着侵入肌理的文化记忆。因此，不能简单地视中国的皇权为一种政制，甚至也不能把它算作是一种单一制度整体，而是包含规则、规范、信念以及组织等诸制度要素在内的，涵盖政治、经济与社会文化的一整套多元系统。皇权制度的法理基础、组织结构、权力运行方式，都构成了中国文化传统体系的核心。

如果对比近代西方的宪政体制就会发现，宪制国家的法理基础是依据法律的权威来有效地约束国王、贵族、行政官员甚至教会的权威。"国王在万人之上，但是却在上帝和法律之下"，是西方文明的宪政要义。而反观中国的皇权制度，"权者，君之所独制"。所谓的"法"不过是治国之器物、侍奉权力之律令而已。"法乃天子之神器"，皇帝就是受命于天的"天子"，"普天之下，莫非王土"，而他拥有的是毫无限制的权力。这种政治体制根本上是与西方法治与文明完全背道而驰的。但绝对权力的诱惑是超乎于想象的，它使得皇帝们对权力的迷恋一如对生命的留恋，也使得一个大国的治理不得不依赖于一个人的健康和心智。一旦心智失常，国家就滑向巨大灾难之中。

乾隆的晚年，腐败达到极点。他65岁时喜爱上年方25岁的满族随身卫士和珅，很快将其任为宰相，并把自己的幼女嫁给他的长子，建立了帝国系统的贪污机构。有组织的贪污使和珅大发横财，聚敛达15亿美元。遍地烽起长达9年的白莲教起义，使大清衰败的统治难以为继，而乾隆听不进任何忠言逆耳的意见。1886年，弹劾和珅的御史曹锡宝，1887年弹劾和珅亲信刘峨的通政司参议孟生蕙，都先后受到严厉惩处。皇朝的监察机构形同虚设，皇帝的权力毫无制约，毫无纠错能力，人民起义此起彼伏。

因此，当华盛顿这样一位"异国尧舜"后来突然出现在清代人的视野里时，他们甚至不敢相信自己的耳朵。最感兴趣的是林则徐，他实在想象不出，华盛顿在他的国度里为何受到如此热情的拥戴与尊敬？甚至"华盛顿"不仅成为美国人"皇城"首都的名字，连他们生儿育女、开馆造船，也喜欢取名"华盛顿"，"取其吉庆"之意。他很想知道，一个大半生对农场和土地情有独钟的"美国第一农民"，为何具有如此之大的独特魅力？

而华盛顿在中国转化为"异国尧舜"形象的过程中，咸丰年间福建巡抚徐继畲更是倾注了无限热情，堪居"首功"。在他的学术名著《瀛寰志略》里，徐继畲以生花妙笔身临其境般写道："华盛顿建立了自己的国家后，就交出了权力而过平静的生活。众人不肯让他走，坚决要树立他为帝王。华盛顿就对众人说：'建立一个国家并把这种权力传递给自己的后代，这是自私。你们的责任就是选择有才德的人掌握国家领导职位。'"后来人们对华盛顿的诸多歌咏叹颂，大多以此生动的描写为蓝本。徐继畲把华盛顿看成是"一世之雄"，说他可与"尧、舜"相比拟，甚至于把他描述成前所未有的"尧、舜、汤、武合为一人"的形象。

徐继畲的类比固然有些失当，但足见美国的民主体制对清代的高官产生了深刻影响。华盛顿不仅征服了西方世界，也征服了东方文明。很可惜，梦想固然美好，现实却是严酷的。一百多年来，中国人的华盛顿之梦绵延不绝。历史呼唤巨人，登台的却是一个又一个懦夫。于是人们对于好人掌权的梦想，彻底破灭，重新寄希望于宪政和公民教育。

因为即使美国人的"华盛顿神话"，也是"冰冻三尺，非一日之寒"。

"选举告终之时，即暴政开始之日"

华盛顿是美国的独立英雄、精神偶像，但美国人民并没有把他供奉上权力的神坛。在这块土地上，不允许有政治神坛的立锥之地。美国人敬仰华盛顿，却更相信民主制度的力量，对权力始终保持着警惕。他们信奉的是"人世间的一切权力都必须是有限的"，这是美国政治传统中最核心的东西，出于对统治者先天的不信任，使他们必须给权力套上"辔头"。

自从华盛顿的政治神话诞生那一天起，美国的有识之士就保持了一份冷静和理智，破除对华盛顿的个人迷信和崇拜。1775 年，约翰·亚当斯促成华盛顿当选大陆军总司令，可他感到局促不安，因为历史的经验使他深感担忧："凡强者无一不竭力攫取一切他们可能获得的权力。"华盛顿声望高涨、如日中天时，1785 年，亚当斯清醒地忠告美国人民："我为华盛顿的性格感到光荣，因为我知道他不过是美国性格的典型例证而已。"而当财政部长汉密尔顿于 1792

年建议把华盛顿的头像铸造在美国硬币上时，遭到了共和党人的强烈反对，主要理由就是他在制造对华盛顿的个人崇拜。

为了建立一个最科学合理的民主政治架构，美国的开国先驱们一直绞尽脑汁。

1787年，决定美国未来长治久安的制宪会议在费城召开。代表们一致认为，防止将来在美国出现专制比其他任何一切都更为重要。亚当斯甚至为此说了一句颇为极端的话："一年一次的选举告终之时，即暴政开始之日。"为了防止总统的权力过大，这些开国精英们可谓煞费苦心。富兰克林等人力主对总统的弹劾权，他指出："如果不保留弹劾权，那就只有靠暗杀来摆脱一个腐化的最高行政长官了。"有人提出总统任期为15年的提案，立即有另外的人反唇相讥："最好是20年，因为这是国王执政的平均年龄！"最终经过唇枪舌剑的激烈讨论，通过了立法、行政、司法三权分立的原则，并以宪法的形式将总统的选举、任期确定下来。在民主政体中，没有谁可以高高在上，被顶礼膜拜。

文化土壤决定文化传统。如果单纯把一种制度的创建归功于一个人的道德自觉，未免主观武断。华盛顿是无愧于伟人称号的，但他的伟大是建筑在一种优质文化和先进制度的基础之上的。

美国是在英国的宪政思想影响下建立的，其宪政文化是伴随历史的发展而长期衍生而成的。辽阔的北美大陆处女地，英国的殖民统治鞭长莫及，使这里既没有西方式的封建传统，也没有东方式的专制传统。北美人民敢于开拓，崇尚平等，富有自治和民主意识，为美国共和制度的确立形成了得天独厚的社会历史土壤。当年在独立大厅参与制宪立国的55位代表，英才济济，睿智理性，大多数人是博览政治理论经典著作的理论家，如杰弗逊、富兰克林、麦迪逊等人，这些建国精英被称为是一次"神人的集会"。

这些人对孟德斯鸠、卢梭等先贤的思想驾轻就熟。"宪法之父"麦迪逊遍阅历史政治书籍，他说，如果人都是天使的话，那我们还需要政府干什么？既然行使公权力的人都不会是天使，我们自然需要制约拥有权力的人。他们决定采用英国哲学家休谟的观点，即在设计政治体制和确定若干宪法原则时，假定每个人都是一个恶人。在这一观念的基础上，他们竭尽心智地采用了种种预防的措施，进行"分权和制衡"，为总统权力的行使设置了障碍。优秀的精神品质和杰出的经验才能，使制宪代表们在人类历史上第一次精心地设计出一个崭新的联邦国家：国家的权力既彼此分立，又相互制约；既建立了一个强有力的中央政府，也防止了专制集权；既保持了中央的权威，也使地方具有更大的自治性。

在美国建国后的两百多年时间里，世界上平均每两个国家的政府就有一个被各种势力推翻，而美利坚合众国的政府却一直延续到今天。连马克思也赞美美国是"最先产生了伟大的民主共和国思想的地方"。

"近墨者黑，近朱者赤"。权力不是华盛顿和美国的一批开国领袖们想要的东西。他们是一群理想主义者，他们奋斗的目标不是争取个人的富贵尊荣，而是要建成一个他们心目中的理想社会。在"华盛顿们"看来，为了把持最高权力而处心积虑是可耻下流的。为此，华盛顿周围团结了一大批坚决维护共和政体的精英人士。他的得力助手国务卿杰弗逊就是其中之一，他似乎对君主制度有一种与生俱来的憎恶。他对华盛顿的另一个有君主政体思想倾向的得力助手财政部长汉密尔顿始终充满戒心，生怕汉密尔顿对华盛顿"施加"误导和影响；他还敢于当面批评华盛顿，说他的第一次就职仪式"同共和政体的朴素作风不相符合，仿佛是有意要向欧洲宫廷的仪式看齐"。

华盛顿任职期间，在内政外交上经常成为报界攻击的目标。在他 62 岁生日时国会部分议员建议休会半小时去给他祝寿，不仅遭到了另一些议员的强烈反对，而且也遭到了《国民公报》的猛烈抨击，指责这种做法是"臣民对君主的一种效忠仪式——是要树立一种有害于自由的偶像——有君主制的味道"。在如此"严厉"的执政环境和现实政治背景下，华盛顿能选择独裁吗？有什么样的人民，就有什么样的元首。正是有了高度民主权利意识的美国人民，才造就了不敢侵犯人民权利的美国元首。

中国皇权制度自"秦制"以后两千多年的延续和影响，无论从广度还是深度上来说，都远超乎我们所能想象。在两千年的时间长河里，皇权制度有效维系了中华文明的整合与成长。但我们也应当认识到，皇权制度所取得的所有成就，依赖的是一套不同于现代制度的模式，其使得中国走上了一条完全悖逆于现代世界进程的道路。因此，皇权从本质上而言全然是逆现代性的。

光绪皇帝和明治天皇的基因分析

中日两国近代史上，光绪与明治两个历史人物，一个是泱泱大国拥有"九五之尊"的皇帝，一个是狭小岛国"万世一系"的天皇。在同样被西方列强炮轰国门蚕食威逼的危急关头，他们奋起图强，变法维新，试图挽狂澜于既倒，扶大厦之将倾。然而，历史老人仿佛对于光绪过于残酷，而对明治太过恩宠。明治维新演奏了一曲气势恢宏的惊天绝响，使日本的国家变革获得巨大成功，一跃成为近代列强，雄心勃勃地"与万国对峙"；而光绪的变法仅历一百零三天就惨遭失败，谱就一曲国脉悲歌，绘出一个帝国的死亡拼图。

当明治天皇以"民族之父"的形象光芒四射蜚声东瀛时，光绪皇帝却以"瀛台之囚"的身份独尝生命最后的悲凉时光。在历史的十字路口，他们同为一国之君，命运却为何如此大相径庭呢？

性格：羊奶驯化与狼奶哺育

1898 年 9 月 21 日，慈禧亲自指挥镇压戊戌变法，狠毒地杖毙了光绪身边的两位亲信太监，把奕劻等亲王大臣召集至大殿，令光绪跪于案旁，并置一竹杖于案前，气氛威严，杀气腾腾。慈禧对跪在面前的光绪厉声斥骂道：

> 天下者，祖宗之天下也，汝何敢任意妄为！诸臣者，皆我多年历选，留以辅任，汝何敢任意不用！乃意敢听信叛逆蛊惑，变乱典刑。何物康有为，能胜我选用之人？康有为之法，能胜于祖宗所立之法？汝何昏愦，不肖乃尔！

一言九鼎的帝王，瞬间堕落为亡国败家的祸首，光绪连大气也不敢出。慈禧余怒未消，继续指斥："变法祖法，臣下犯者，汝知何罪？试问汝祖宗重，康有为重？背祖宗而行康法，何昏愦至此？"光绪完全处于被动挨打的地位，表现出的软弱真令人揪心，他战战兢兢地回答："是固自己糊涂，洋人逼迫太急，欲保存国脉，通融试用西法，并不敢取康有为之法也。"可怜情状，跃然纸上。

对于光绪复杂的性格成因，张宏杰先生在《光绪：被"帝王教育"败坏的人》一文中分析得颇为透彻。他认为，按照传统的政治设计，中国的帝王必须是由超人的意志和道德感组合起来的完人，因为中国这架庞大无比的政治机器必须要依靠皇帝一人操纵。过高的标准以及严苛的环境使光绪从小成为最容易体会到挫败感的孩子。圣王教育使他成了一个完美主义者，他的信条是要么最好，要么干脆最坏。要么倾尽全力，做得尽善尽美；要么破罐破摔，逃避现实。这种不成熟的心理模式，给国家前途和个人命运带来的恶果可想而知。

性格决定命运。一个人童年的成长经历，对其禀赋气质的形成具有决定性的意义。若是凡夫俗子则罢，而光绪皇帝和明治天皇主宰的却是两个帝国的命运。他们出生经历虽然大同小异，而成长过程却有天壤之别。

当一脸泪珠鼻涕、"脐间常流湿不干"、还不足 4 岁的爱新觉罗·载湉被稀里糊涂扶上皇位时，在焕然一新的日本帝国，轰轰烈烈的明治维新已经开始整整 7 年了。23 岁的明治天皇，这个光绪皇帝未来的强大对手，已然长成一个雄姿勃发的青年。在分发到日本各所学校的天皇照片上，他腰挎战刀，全副武装，目光坚毅，冷酷骄横。当紫禁城的老太监们还在为小光绪皇帝体弱气虚、哭闹拒食而头痛不已时，明治天皇正驾着日本帝国的疯狂战车东征西伐，攻城掠地。短短 10 年间，日本建立巩固起以天皇为中心的中央集权政府，帝国可怕的铜牙铁齿开始磨得霍霍有声。

光绪 17 岁亲政，明治 16 岁亲政，同样是少年登基，勤于学习，本来都应大有作为。然而光绪在慈禧的控制驯化下成长，明治则在武士的拥戴下即位。光绪对慈禧敬之若神，又畏之如虎；明治则崇尚勇武，好勇斗狠，对身边的武士师傅佩服有加。光绪长年生活在慈禧的冷酷威压下，养成懦弱动摇、乖戾任性的矛盾性格；明治则在武士们的精心塑造下成为果敢勇武、具有强烈武士道精神的天皇。截然相反的性格，埋下了他们后来同途异运的人生伏笔。

中国的帝王，绝大多数都是"生于深宫之中，长于妇人之手"。光绪特殊的成长史，更是一部辛酸不幸的奴化史。当时的清王朝，历经两次鸦片战争，已是"日之将夕，悲风骤至"。然而，面对艰难时局，慈禧却置国家社稷于不顾，首先考虑的仍是满足自己的政治欲望。她之所以将年仅 4 岁的爱新觉罗·载湉扶上皇位，完全出于一己之私，因为幼主即位，容易驾驭。光绪只不过是她君临天下的御案上一个不可缺少的摆设罢了。天生孱弱的光绪在她的威权教育之下变得胆怯而懦弱。

据慈禧的贴身女官德龄公主在《瀛台泣血记》中回忆：

> 当光绪初进官的时候，太后就嘱咐那一班服侍他的人，像灌输什么军事知识一样的天天跟他说，使他明白了自己已经不是醇王福晋的儿子了，他应该永远承认太后是他的母亲，除这个母亲之外，便没有旁的母亲了。

既然是母亲，本该给幼年入宫的光绪一份母爱和关怀，可慈禧为了在这个孩子幼小的心灵中强化她绝对权威的形象，使其言听计从，她无时无处不滥施淫威："西太后待皇上无不疾声厉色，少年时每日呵斥之声不断，稍不如意，常加鞭挞，或罚令长跪；故积威既久，皇上见西太后如对狮虎，战战兢兢，因此胆为之破。"（梁启超：《变法通议》）

长此以往，光绪后来连听到锣鼓吆喝之声，也吓得脸色大变。他每天必做的功课，是到慈禧面前去跪着请安，"不命之起，则不敢起"。德龄回忆说光绪帝"一至太后前，则立严肃，若甚惧其将死者然，有时似甚愚蒙"。

长年面对慈禧冷若冰霜的面孔，咄咄逼人的训斥，光绪没有童年的欢乐和自由，变得抑郁多病，优柔寡断，更失去了作为至高无上的帝王独断乾坤的尊严和君临天下的霸气。亲政后的光绪帝，目睹国家的巨变，忧国伤时，也想有所建树。但是长期养成的懦弱性格，使他遇事畏缩，根本不敢和慈禧相抗。待到戊戌激变，大事临头，光绪手足无措，任人宰割。

反观明治天皇，可以说是在凶悍的群"狼"簇拥下，喝着"狼奶"长大的。

日本天皇的权力是通过武士集团与幕府的长期斗争得到加强的。最终，改革派武士通过武力从幕府手中夺取了权力，并全力拥戴天皇。拥有强大后盾的明治天皇可以根据自己的意志大刀阔斧地进行改革，而光绪的身边只是一群手无寸铁、软弱无权的书生，这是他们之间的本质区别。

其实，明治天皇的童年遭遇并不比光绪好多少。1852 年冬，明治出生于京都皇室宫墙外的一间普通小屋，其母亲中山庆子只是其父孝明天皇几十个宫妃之一。当时正逢倒幕派与幕府进行殊死血战，谁都想"挟天子以令诸侯"，势单力薄的孝明天皇夹在中间左右摇摆，处境艰难。

贫苦动荡的童年使明治天皇天性胆小。1864 年倒幕的长州藩士兵与幕府军激战时，炮轰宫廷，竟把 12 岁的明治吓昏了过去。朝臣们十分担心，他们意识到对天皇"强健其体魄，野蛮其精神"的武士教育势在必行。著名的"维新三杰"之一的西乡隆盛担任明治的老师以后，让他接受军事化的训练，凡剑术、马术、角斗术，都教给了明治。到 20 岁的时候，年轻气盛的明治已经由一个文弱书生变成了崇尚武功、争强好胜的武士。

中日甲午战争是明治尚武精神、杀伐野心的一次大展示。明治信心十足地主持了这场战争。1894 年 7 月 25 日，他果断下令日军对停泊在朝鲜丰岛附近的清军北洋舰队发动海盗似的偷袭。初战得手后，又先发制人，发布诏书诬陷中国"更派大兵于韩土，要击我舰于韩海，狂妄已极"，并立即对中国宣战。

为了便于直接指挥，明治迅速把大本营迁往广岛，日军士气大振。一直到第二年4月战争结束，明治天皇亲自督战长达225天，他的行为对日本军队疯狂侵略无疑起到了巨大的鼓舞作用。

1894年11月，日军攻占旅顺，两万中国人被屠杀。欧美报刊报道了日军令人发指的暴行，《纽约世界报》谴责旅顺大屠杀时说："日本是披着文明的皮而带有野蛮筋骨的怪兽。"而这，又何尝不是明治本人的真实写照！

教育：中体西用与和魂洋才

光绪与明治，两人都接受了严格的宫廷教育。光绪比明治晚生19年，但光绪的勤奋好学、孜孜不倦，比起明治来，可以说有过之而无不及。在清代的十位帝王中，光绪的勤学精神可直追其先祖康熙皇帝，而且他对中、西学都有广博的兴趣和研究，达到了较高的造诣。

光绪6岁上学，慈禧经过慎重考虑，给他选了两位师傅，一位是内阁学士翁同龢，另一位是侍郎夏同善。翁同龢主要教光绪读书识字、四书五经，夏同善主要教他写仿格练字。还指派御前大臣，教光绪学满文、蒙古文和骑射。

翁同龢对光绪进行了封建伦理、帝王之学、经世时文和诗词典赋多方面的教育。翁同龢记载光绪学习状况的日记中经常写道："读极佳，一切皆顺利"，"读甚佳，膳前竟无片刻之停"，"读甚发奋，功课虽未照常，亦复八九矣"。每逢宫中节日庆典，慈禧偏爱看戏，而光绪却常常一个人躲到书房读书、写字。他说："随从人皆愿听戏，余不愿也。"连慈禧也承认："（皇帝）实在好学，坐、立、卧皆诵书及诗。"

此外，翁同龢还注意培养光绪的帝王美德，"濒以民间疾苦，外交之事诱勉载滋"，强调为君治国要有"仁爱"之心。光绪十一年，15岁的光绪在一篇声情并茂的御制文中写道："（君王）必先有爱民之心，而后有忧民之意，爱之深，故忧之切，忧之切，故一民饥，曰我饥之，一民寒，曰我寒之。"其仁爱之心可见一斑。他还在一首叫《围炉》的诗中写道："西北明积雪，万户凛寒飞，惟有深宫里，金炉兽炭红。"自己身处炉火通红的皇宫，但还能想到边塞苦寒的老百姓，殊为不易。

在日本，拥护明治天皇登基的维新派也特别重视加强对他进行思想文化的哺育。他们先后任命平田铁胤、加腾弘之、西村茂树等名流学者为天皇"侍讲"，向明治讲授中国古典《大学》《诗经》《资治通鉴》《贞观政要》等。

但是，在饱受儒学熏陶的光绪面前，明治天皇充其量只能算是个"小学生"。那么身为"学生"辈的明治如何远远超越"老师"辈的光绪，带领日本远远跑在了中国前面呢？

正如一位学者所说，日本人是把"外来的东西当饭吃"，积极消化，强壮了自身；而中国却把"外来的东西当衣穿"，虽然抵御了一时寒冷，却无从改变根本体质。

光绪学习的课程和内容，都是严格按照培养一个封建皇帝的要求设计的。他的老师如翁同龢、夏同善都是通过科举正途而博取功名的文职官员，具备很深的封建思想文化修养，却对世界大势、近代文明知之甚少。明治的老师大多有过留洋经历，文武兼备，不但有像平田铁胤这样的国学大师，还有加腾弘之、西村茂树这样学贯中西的启蒙大师，使明治不但学习了封建传统政治伦理，而且对西方近代思想包括科学技术、思想文化都多有涉猎，具有雄阔的视野和开放的精神。

明治对西方文明的领悟和接受速度是惊人的。从他倡导对日本旧生活方式进行天翻地覆的改造运动上，也足见其思想之先进开明。他颁布《断发脱刀令》，果敢废除了日本人剃眉染齿的千年旧俗，还把西式礼服确定为官员的正式礼服。明治率先垂范，从衣食住行入手，通过一系列社会改革在日本建立起适应世界潮流的文明体系。

光绪对西方科技并非没有了解，对西方文化和生活的强烈好奇并不逊于明治。他幼年时就极为喜爱西洋玩具，像西洋钟表、火轮车、留声机都令他爱不释手，各式西洋玩具堆满皇宫。潜移默化的影响之下，光绪从喜爱西洋玩具发展到对西方的坚船利炮和其他先进科技都产生了浓厚的兴趣。当听说世界上竟有一种能以雷电般的速度霎时将信息发送出去的机器，他怦然心动，立即下令替他搞套收发电报的设备，兴致勃勃地"玩"了起来。没多久，朝廷就在全国用上了电报。他搞来了一辆自行车，但宫内很快传出消息说，皇上曾试着骑过那辆自行车，他的辫子夹在后轮子里了，重重地摔了一跤，然后他放弃了——就像其他许多中国人一样。

西方人也对光绪研习西学充满了好感。1892年2月4日，《纽约时报》以新奇的眼光报道了光绪皇帝学习英语的消息：

> 皇帝陛下学习外语这一消息真让此间人士感到意外，他们甚至怀疑这是不是真的……他的政治顾问们在这个问题上显示出了很高的智慧和胆量，而在此之前没有任何人胆敢苟同类似的想法。

然而，同样是《纽约时报》，早在报道光绪学英语的16年前，就一剑穿心地揭示了老大帝国的症结所在：《"四书五经"维系着清国灵魂》。作者清醒地认识到，不管欧洲人如何看待"四书""五经"，但它确实"比我们的基督教教义的范围更加广泛，而且在统治人的思想方面更加享有绝对的权威"。在这样的文化背景下，光绪和清朝历代皇帝一样，骨子里仍然十分推崇僵化呆板的程朱理学，把朱子之道视作无所不能的"圣贤之学"。他尽管对中西学都颇有兴趣，但是紫禁城的高大宫墙，使光绪与世隔绝；毓庆宫的传统说教，使光绪头脑僵化。正如德龄所分析的那样，在皇宫里头，"永远不会有聪明的人。即使有，只要进去经过三五年，也会变得愚蠢起来"。

光绪没有机会像彼得大帝那样出国游历，开阔视野增长才干。正因为他长期脱离实际，轻视实践，所以在面对风云激荡、瞬息万变的时代，他几乎难以嗅到这种大变动的气息，因此在他早期思想中尽管有许多有价值的见解，但却存在根本性的局限。他不但对于西学的认识了解仅止于表层，而在复杂尖锐的政治斗争中，在和慈禧的较量中也往往束手无策，处处被动挨打。

在接受近代先进思潮的道路上，光绪和明治进行了一场名副其实的龟兔赛跑。

1854年，目睹中国鸦片战争的惨败，日本举国震惊，中国天朝的形象开始崩溃。幕府末期的改革派佐久间象山振臂一呼，提出了"东洋道德，西洋艺术"的口号，成为明治改革以至长远立国的基本方针，具体到文化教育上就是从培养"和洋汉才"急转到"和魂洋才"。

尤其在幕末思想文化的冲突转变异常激烈的情况下，"东洋道德，西洋艺术"的口号被仁人志士们接受后，不断得到突破修改，表现出高度的灵活性。实际上已把学习西方从科技扩大到适宜操作的制度、法律方面。"东洋道德"的含义被缩小了，"西洋艺术"的范围被扩大了。而中国的"中学为体，西学为用"是在清朝传统体制已经难以为继的情况下提出的，其目的是为中学巩固地盘，以便维持封建正统的地位。所谓中学、西学之争，其实争的是统治集团背后的现实利益，而不是学术上的真理、强国的策略。

两相比较可以看出，正是不同的制度观念和文化背景，造就了光绪和明治不同的知识结构和治国眼光。光绪与明治的视野、见识之间的差距，在中、日分别组织的两次出国考察中也暴露无遗。

1887 年 7 月 24 日，经过严格考试选拔，光绪亲自用朱笔钦定派遣傅云龙等 12 人于农历九月分赴欧洲、亚洲、南北美洲游历考察。这次非同寻常的行动引起了国内外的广泛关注。但由于动机不明，立意不高，光绪仅要求游历官员考察外国地形要隘、军事设施、制造厂局。由于考察目的仅仅是"详细记载，以备查考"，缺乏借他山之石推动中国近代化的明确意图，这次轰动一时的派遣游历竟成为一次华丽的走秀。而这批宝贵的人才却被置之一旁，很少被重用，这次游历的调查研究成果在近代史上默默无闻，中国走向世界的步伐戛然而止。

而与此类似的是，日本明治维新不久，1871 年就派遣以政府首脑右大臣岩仓具视为首的使节团赴欧美游历考察，明治政府的各部要员几乎全体出动。明治的目标很明确，就是要"求知识于世界"，全方位学习借鉴欧美各国的政治、法律、外交等各种制度。日本政府和全社会对此极为重视支持，拟定了详细的考察大纲，明确分工，太政大臣在给使节团送行时甚至悲壮地说："内治外交，前途大业成败与否，在此一举。"这次游历可以说对日本确立近代化道路和方向起到了决定性的作用。

近代化是普适于世界各国的唯一道路，无所谓是东方或西方的专利。但客观的现实却是，清代的满洲贵族和士大夫既得利益集团，就像大海里的无数礁石，光绪驾着中国这艘巨大的航船在这些礁石之间蹒跚穿行，稍不留心就会触礁沉没；脱胎换骨的日本政府航行的大海是辽阔的，只要明治下定决心改变航向，它就可以改变，不会像光绪那样遭到密如星斗般暗礁险石的阻吓。

用人：秀才幻想与武士实干

对于光绪这样一个发奋图强，却不能左右国家和个人命运的君主，人们往往对他寄予一份深切的同情，但是如果把他与明治相比，他在变法过程中的缺失和遗憾却无法回避。简言之，即用人责之过苛、变法操之过急、政令出之太乱。

王晓秋先生在《近代中日启示录》中比较中国戊戌维新与日本明治维新的成败中指出，明治维新的骨干"大多参加过地方上的藩政改革，久经风浪锻炼，具有斗争经验和政治才干。如大久保利通、西乡隆盛、伊藤博文等人，都是一批富于谋略、精明强干的政治家、军事家"。而"中国维新派的骨干却基本上是一批缺乏政治斗争经验的书生，大多饱读诗书，有才学热情，却往往缺乏运筹帷幄的雄才大略"。

简言之，光绪阵营以康、梁为代表的维新党人，是一伙缺少实际政治经验的书生，"迂"中带"狂"；而明治阵营以伊藤博文为先锋的改革人士，既"深"且"博"。光绪集团和明治领导集团的见识不同，实力悬殊，致使中日两国的变法南辕北辙，云泥之别。光绪集团闭门造车，进行的是一场纸上的变革；明治政府则大张旗鼓地除旧布新，以摧枯拉朽的气势推动了一场全方位革命。

光绪变法的精神教主是大名鼎鼎的康有为。他博通经史，但其理论近于空想。他有书生的激情，却没有为政的沉稳。而他性格上的急功近利、虚荣自负、遇事偏激，使他既敢于挺身国难又难以驾驭大局、既自命孤高又幼稚天真。在风起云涌的大变革中，他不善权变通融，做事往往过于理想，当时代需要他担起扭转乾坤的大任时，不是勉为其难，就是自不量力。

光绪本来是一个虚心求贤、思贤若渴的皇帝。早年他就反对以君王的个人好恶来选择人才，主张"王者用人，不可循一己之私心"，而应尽"取天下之善"，主张"用人当取其大节"。但面对大清王朝这架缓慢行进的沉重破车，他一忍再忍，终于忍无可忍，不得不挥起手中的鞭子，狂烈地朝群臣抽打过去。在这一过程中他难免违逆理智，在朝臣们眼中变得苛刻寡恩起来。

新政开始之时，光绪帝便认为"盈廷皆守旧"，对他们百般不满。这一时期比较常见的现象是，每天被召见的枢臣动辄遭到谴责。军机大臣翁同龢等人屡屡受到斥责，这些在翁日记中多有反映。戊戌五月李符曾致张之洞密函也说："自康召对，枢臣进见多被诮责，从前奏对，不过一二刻，近日率至五刻，诸大臣深嫉苦之，然以上遇厚，弗敢较也。"由于君臣之间日益缺乏信任，嫌忌丛生，对政事的处理随之出现问题。这些都注定了光绪无法从善如流，把握时机，领导维新变法绕过重重险礁走向胜利。

不能完全责怪光绪的急功近利，闭关自守的天朝确实太缺少洞识世界大势的通才。中国清政府即使在整个洋务运动期间，也没有一位实授尚书和督抚以上的官员跨出国门一步，少数号称开通的大员，对近代政治原理也几乎是一无所知。"执政大官，腹中经济，只有数千年之书，据为治国要点。"当时的伦敦《每日新闻》发表述评说：

> 在大清国，没有任何具有影响力的人物访问过欧洲。因此，也就无法给大清国的政治带来现代气息。大清国派驻国外的公使们在国内一点地位也没有，而外交使节的委派则完全是通过徇私舞弊的方法完成的。

这些人到了国外后，他们对西方世界的思维方法和行为准则的全部认识也只不过是一些肤浅的表面知识，然而他们对西方世界更加奢侈的生活方式却大加推崇。当他们回到国内并获得官职后，他们的侈奢倾向几乎是毫无例外地诱使他们做出更具欺诈性的劣行。

翻开一部日本明治维新的历史，主导改革的武士阶层可谓英才辈出，群星灿烂。他们以对上影响天皇、对下动员全民的积极姿态，把明治维新变成了一场全民族的革命。这是一个需要巨人并产生了巨人的时代，他们在关键时刻引领日本校正航向，乘风破浪地勇往直前。

"侨闻学而后入政，未闻以政学者也"。明治天皇倚重的"维新三杰"都是极具胆略和丰富实践的政治家，他们在推翻封建幕府的"开港倒幕""王政复古"斗争中经受了严峻的考验，建立了崇高的威信，为新成立的明治政府制定了"富国强兵""殖产兴业""文明开化"的立国目标和基本方针。他们目光远大、学识广博、知行合一，远非光绪集团那些来自书斋、边学边干的改良派们可比。

更重要的是，明治天皇敢于不拘一格用人才。只要是具有雄才大略、真才实学的人才，都是明治天皇的座上之宾，甚至对曾经拼死反对明治政府的人，他也能做到"读诗读妙处，看人看长处"。这里仅举两个比较著名的事例。一个是榎本武扬，他是顽固支持德川幕府的海军副总裁，一直与明治新政府武装抗拒到最后。政府军参谋黑田清隆（后出任日本第二任内阁总理大臣）再三劝他投降，他均坚决拒绝。但是在拒绝信中他写了简短的附言："我在荷兰留学时研究的《海律全书》，是关于国际法的独一无二的著作，如果将它焚于战火太可惜了，希望送给黑田参谋。"他退守到北海道五棱廓最后一个阵地，依然拼死顽抗。最后在政府军猛攻下，为了不使跟随他顽抗的八百名官兵送死，决定以自杀换取官兵生命。被部下强行制止后终于束手就俘，成为新政权的阶下囚。

黑田清隆非常赏识他的为人和才能，对送《海律全书》一事感叹道："死到临头，还把对国家将来有用的书送给敌将，真是令人钦佩！"榎本武扬这个明治政府的死敌在1872年出狱后，不久就受到明治天皇重用，出任了驻俄国大使并授海军中将军衔（当时是日本海军中唯一的将官）。1874年在俄国谈判北部问题，经过顽强努力与沙皇亚历山大二世签订"桦太千岛交换条约"，立下奇功。后来他又历任海军、农商务、文部、外务大臣，成为著名的政治家、外交家，为开发北海道、修改与列强所订的不平等条约，以及对日本在图强之路上的政治、经济、军事和文化科学事业的发展，都起到了非常重要的作用，被誉为近代日本"万能似的人物"。

另一个例子则是与伊藤博文一起威迫李鸿章签订《马关条约》的陆奥宗光，他曾在1877年西乡隆盛发动反政府的武士叛乱时，密谋策划响应。西乡隆盛兵败自杀，陆奥宗光也被下狱监禁。但到1882年被明治政府特赦后，1883年就在外界界出仕，1888年任驻美国全权公使，后历任农商务大臣、外交大臣，在国际外交界纵横捭阖，大显身手，成为效忠明治政府的重要外交家。

投之以桃，报之以李。日本改革派武士也为树立天皇的威信而不懈努力。19世纪70年代末，伊藤博文掌握权力，明治天皇被拥到了政府前台，开始定期亲临内阁，参与国政。明治天皇的政治威信在经常外出巡幸中得到提高，这是以往天皇所少见的行为。他在位 45 年，先后到皇都之外巡幸 96 次，足迹几乎遍及全日本。

施政：病急投医与运筹帷幄

光绪毕竟是热血奔涌的男儿，爱新觉罗家族开疆拓土、不甘认输的基因仍然在他身体内留存。他虽然懦弱，但毕竟是皇帝，绝不甘心一场变革草草收场。慈禧幕后的重重打压，反而刺激他以只争朝夕的精神，带着一种逆反似的情绪加快了变法的步伐。

大清王朝瞬间掀起了穿云裂石的惊雷春潮。

据统计，"百日维新"期间，光绪先后颁发的各种改革诏令，计有 180 条之多，按 103 天计算，平均每天颁 1.7 条之多。最多的一天（9 月 12 日），即颁发了 11 条维新谕旨，可见这场运动的来势何其凶猛！（孙孝恩、丁琪：《光绪传》）

神州大地，开始群情汹涌，从沉睡中渐醒。中国历史上第一次响起了一场气势宏大的多声部政治大合唱，北京的政治温度急剧上升。当革新"诏书每下，薄海有识之士，皆感激零泣，私相劝奋"。开明人士弹冠相庆，所谓"如春雷之启蛰，海上志士欢声雷动，虽谨厚者亦如饮狂药"。有的官员在奏折中兴奋满怀地指出："朝廷变法自强，举行新政，此乃中国图存之命脉。"还有人欢呼："皇上发愤自强，雷厉风行，破数百年积习之弊，造四万万苍生之福。"

一切渴望国家振作复兴的人们，似乎都从变法维新中看到了大清光明的未来。一些地区开始出现"争言农商之学，争译农商之书……上行下效，风气大开"的新局面。

然而，全面开花的变法却是不分主次，抓不住要害。在国难当头的时刻，在焦灼、亢奋的心态影响之下，维新派提出了"大变、快变、全变"的激进改革思路，他们一心只想"毕其功于一役"。

仔细研究一下光绪谕办的维新事项就不难看出，变法缺乏周密的计划和科学的统筹，不是稳打稳扎而是急功近利，不是循序渐进而是贪大求全。改革的内容从政治、经济、军事、文化教育，以至修理街道等琐事的措施也涉及了。新政上谕纷至沓来，急而乱，多而杂，前谕方下，后谕又催，不分轻重缓急、主次先后，令人眼花缭乱，甚至口径不一，朝令夕改，令人无所适从。新政每一措施都重要，结果究竟什么是主要的，什么是次要的，后来连改革者也弄不清楚了。正如英国人赫德所说：维新派"不顾中国的吸收力量，三个月内所想改革的政事，足够中国九年消化"。

"避暑山庄好避暑，百姓都在热河中"，维新派在政治改革上激情燃烧，而在解决民生问题上却一筹莫展，从而远远地脱离了底层群体，尤其是农民群众。维新派却拿不出解决民生问题的具体方案。光绪帝颁布的新政上谕数以百计，却没有一件关系老百姓的切身利益。不仅如此，某些新政措施却与老百姓的切身利益发生了直接冲突：

> 北京为了整顿街道，下令禁止在前门大街设摊贸易，将所有摊贩赶到西河沿，甚至禁止店铺悬挂招幌，违者笞罚，使平时熙熙攘攘的大街为之一空；而改寺庙为学校之举，在一般农民眼里，几乎与洋教和洋鬼子的勾当相差无几。尤其像科举制改革这样涉及全国数以百万计士绅前途的大举措，变法者们要求在当年就把全国的生童试改为策论考试，连准备的时间也没有，这对历经数十年寒窗之苦的"皆与八股性命相依"的一般士人来说，实在是过于苛求。老百姓对维新派的种种措施讨厌至极。可维新派对草根"愚民"们将要造成的困难毫不在意，全然没有估计到这种情绪所蕴含的巨大能量，这是有可能毁掉任何变革的可怕力量。

光绪不断急切地推出新的举措，来证明自己的不同凡响。然而年轻的皇帝显然求治心切，不通变达。他的行动中透显出冲动与鲁莽，意志又缺乏耐力和坚韧，不够成熟稳健。英国人赫德在1898年10月中国的变法失败后不久，与友人的通信中写道：

光绪皇帝所走的路是对的，但他的顾问康有为等人没有经验，他们简直是因好心而扼杀了进步。他们可以说是因狼吞虎咽而死，不知消化，想要在三个月内吃三年的粮食。

然而今天看来，不管如何努力，实际上历史舞台留给光绪改革的空间实已太少。大清日暮途穷，他乱世为帝已然不易，更何况身边还有一个如此霸道强势的慈禧。改革无法推进的最根本难题，还是在于大清的臣子们都知道他们的皇帝只是个空架子。在变法中，他们要么等待观望，窥探太后实意，要么明争暗抗，千方百计拖延塞责。光绪的命令一出紫禁城就如泥牛入海，他像个无可奈何的拳手，招招打在棉花上。

三个月里，光绪发布了不少实行新政的诏书，尽管言词峻切，催迫甚急，却遭到多方抵制，大多数诏令一出宫门便如泥牛入海，毫无反应。掌握中央和地方实权的人员，除湖南巡抚陈宝箴以外，几乎没有人执行变法诏令。束之高阁还算好的，绝大多数是群起反对。变法遭到了极大的阻力。

光绪与大臣们的博弈，从议设制度局一事中暴露无遗。康有为曾上一折，请开"制度局"定新制、任命新人入局推行新政。旧军机大臣立即大怒曰："开制度局是废我军机也！"表示宁可悖忤皇上圣旨，制度局也"必不可开"。一时"朝论大哗，谓此局一开，百官皆坐废矣"，京师甚至谣传康有为欲"尽废六部九卿衙门"。

光绪帝知道此议难获西太后首肯，便想借群臣之议行之，表明此非自己与康有为的私见，便要总理衙门议行。但总理衙门一直拖延，在光绪的催促下才议奏，驳回康有为折。光绪大怒，又命军机大臣与总理衙门同议，但这些人根本不把"日日催之，继之以怒"的光绪皇帝放在眼中，结果"仍驳其不可行"。光绪帝更加愤怒，亲以朱笔书上谕命两衙门再议，甚至有"须切实议行，毋得空言搪塞"之语。但这两个衙门仍将康折驳回，光绪帝"无如之何，太息而已"，"而诸臣之敢于屡次抗拂上意者，亦恃西后为护符，欺皇上之无权也"。

这也导致他更加急火攻心，在新政改革中不知顺势而为，导致大政失当。从改革机构这一新政内容来看，康有为曾主张不必裁减旧衙门，只需添置新衙门，并主张官爵分离，给年事已高的冗员爵位及优厚物质待遇，这是较稳妥之措施，而光绪帝一次就下令裁撤了十多个衙门，这样就触犯了大批官员的特权和地位，必然会使矛盾激化，使他们群起而反对变法。

如果说光绪在变法操作上显得紊乱和操切，明治政府则井井有条地推动了国家变革。明治维新一开始就制定了明确的总纲领、总目标："开拓万里波涛，宣布国威于四方"，并公然宣称要将日本建设成为"与各国对峙"的强大国家。1868 年明治维新政权建立以后，通过废藩置县，各藩全部解体，实行"四民平等"；通过地税改革，废除封建领主土地所有制，对资本主义发展有重要意义；文化开明、殖产兴业、富国强兵使西方文化大量进入日本。

对于一场摸着石头过河的国家变革，明治政府同样会犯错误。但他们能及时总结经验教训，予以纠正，而不像光绪集团那样铤而走险，一错再错。当时日本的欧化政策也走了一段弯路，曾出现过一些片面追逐西方文明的皮毛与崇洋媚外的不良倾向，甚至政府领导成员之一的井上馨也曾错误以为"化我国为欧洲帝国，化我人为欧洲国民"。有人大力倡导日欧通婚，认为和洋人大量结婚可以提高日本国民的素质。

针对这些偏差和失误，明治政府认真总结教训，积极采取办法，及时加以纠正和改进。如木户孝允一再强调：日本学习西方文明绝不能脱离国情，单纯地模仿欧美，不能搞"装饰门面的开化"。若"不顾善害，只管漫然杂取"，后果不堪设想。日本虽然下定"破旧有之陋习，求知识于世界"的决心，但明治政府对西方先进文化和科技人才采取的态度是借助而不依赖。如日本聘请外籍专家，主要是请他们传授当时所急需而自己又无能为力的技术，但与此同时又十分注意培养本国人才予以取代。最终，明治的改革措施既吸收和借鉴了欧美发达国家的经验，又不死搬硬套别国的模式，而是符合于当时日本国情，具有独特的创造性。

结局：民族之父与瀛台之囚

明治取得了辉煌的成功，他的改革使日本结束了江户幕府的封建专制统治，摆脱了西方列强的殖民枷锁，维护了国家和民族的独立，使日本迅速走上了资本主义的近代化发展道路。明治维新因其在日本史上具有重大的进步意义，而彪炳史册。而明治也以"民族之父"的形象光芒四射。

而百日维新失败以后，27周岁的光绪被囚禁于瀛台，变成"欲飞无羽翼，欲渡无舟楫"的囚徒，前后长达10年时间，超过了他人生的1/4。在这孤苦无聊的10年中，烦闷的光绪即使想向内务府索取几件乐器消遣，也必须经过慈禧太后的批准。

然而，命运之神并不会永远只眷顾一个人。

明治天皇患有糖尿病，伊藤博文之死使他遭受猛击，病情恶化。1912年7月并发尿毒症，深受病痛折磨。他经常念叨说："我如果死了，世上将会变成什么样子呢？我已经想死了。"他讲这些话，不仅是病痛之故，显然也是出于对日本未来风云莫测的担忧。天皇月底病逝，明治时代宣告结束。天道无常，日本的侵略扩张之路，正是明治维新以后才出现的。明治维新刚结束，日本就迫不及待地选择了侵略战争，选择了夺取殖民地来为本国工业化扩大市场和资源的基本道路。而日本帝国波澜迭起、速兴骤亡的命运，也从此开始。

戊戌变法虽然失败了，但这场轰轰烈烈的运动给中国社会造成了一次巨大震撼。绵延数千年的专制统治大厦，从内部发出即将倾覆的异响。一个新的社会形态，在久已僵化的土壤中即将顽强地破土而出。统治集团内外矛盾进一步加深，使清王朝统治阶级内部进一步分化，一些地方封疆大吏纷纷提出变法、改革的主张。1901年1月29日在流亡之际的清政府被迫宣布变法，客观上重新认定了光绪帝和康、梁等人的维新思想，承认政治体制必须变革。张之洞曾向慈禧建议"立宪实行，越速越妙；预备两字，实属误国"。短短几年间，晚清的政治格局发生了重大变化，不可否认，戊戌变法运动起到了不可低估的作用。

光绪向左，明治往右。两位皇帝身后留下了两个国家的兴衰成败。然而如果天假以年，他们能得以继续旁观自己国家后来上演的悲喜大剧，不知会做何感想？

慈禧与维多利亚女王的距离有多远

　　1900 年，当新世纪的曙光冉冉升起的时候，东方最大帝国的统治者慈禧太后正扮着农妇带领一帮蓬头垢面的王公贵族，丢魂落魄地奔逃在前往西安的乡间土路上。他们身后是火光冲天血流成河的皇城北京。昔日君临天下的紫禁城，此时已沦为八国联军烧杀抢掠的人间地狱，远远传来的隆隆炮声依然令人心惊肉跳，胆寒不已。

　　而在遥远的英国伦敦白金汉宫，西方最大帝国的统治者——维多利亚女王也正在衰病之中度过一生最后的日子。上帝似乎不再眷顾这位幸运的女王：儿子、孙子意外病故的噩耗接连传来，在一连串雪上加霜的打击面前，她的病情日益恶化，精力一天天衰竭。但人们惊奇地发现，女王依然拖着沉重的病体表现出对政务一如既往的关心。12 月中旬，她还不顾宫廷御医和顾问们的反对，坚持出席了在温莎宫举行的爱尔兰工业品博览会。

慈禧太后与维多利亚女王，一位是东方帝国的太后，一位是"日不落帝国"的女王，这两位当时世界上最有权势的女人，却在踏进 20 世纪的门槛时遭逢两种截然不同的命运。维多利亚女王树立起不朽的时代丰碑，而慈禧太后留下的则是满目疮痍的山河；维多利亚代表了生气勃勃、高歌猛进的资本主义文明，慈禧太后则是愚昧落后、暮气沉沉的专制王朝象征。而隐藏在她们身后的，则是两大帝国的兴衰沉浮。

祸福相倚，悲欣交集

1851 年 5 月 1 日，是万国博览会开幕的日子，这一天成为整个伦敦的盛大节日。

来自世界 25 个国家的人们，汇集在当时欧洲最宏伟和最富想象力的神奇建筑"水晶宫"那巨大的穹顶下，参加这次规模空前的聚会。大英帝国在这次展览会上显示了作为"世界工厂"的强大实力，出尽了风头。成千上万的英国人为自己国家征服自然的伟大成就所陶醉，他们认为自己是大自然中的优等生，是上帝的宠儿。他们一个个眼噙热泪，趾高气扬地走进展厅，分享作为一个大英帝国臣民的自豪。

在万众喧腾中，维多利亚女王怀着从未有过的骄傲和自信前往"水晶宫"，亲自来给博览会剪彩.兴奋的女王反复用一个词来表达自己的情绪: 荣光、荣光、无尽的荣光。晚上回来后，42 岁的维多利亚女王在日记中写道：

> 今天是我一生中最伟大、最光辉的日子。我亲爱的阿尔伯特的名字将和这一天一样永垂不朽。对于我来说，这是最值得骄傲和喜悦的一天。此刻，我心中充满了无限感激之情……

维多利亚女王没有理由不感到幸福和自豪。这是她人生最美好的巅峰时刻：在她的时代里，大英帝国空前团结，成为有史以来最强大的一个帝国。没有一个女王像维多利亚一样，在出色地完成了女王的职责的同时，又拥有作为普通女人的幸福，可谓爱情事业双丰收。丈夫阿尔伯特博学多才，具有非凡卓越的组织才能，成为她信任依赖的良师益友。整个这届博览会就是由阿尔伯特一手策划并精心组织的，它大大提升了大英帝国的国威，极大地增强了英国人的民族自信力。

当维多利亚女王享受着大英臣民们排山倒海的欢呼致敬时，在大清国紫禁城戒备森严的深宫大院里，年仅17岁的"杏儿姑"（即后来的慈禧）正战战兢兢地由太监们领着去参加"选秀"。杏儿姑娘十分幸运，从众多秀女中脱颖而出，得以留在皇宫并被封为"兰贵人"。正所谓"天生丽质难自弃，一朝选在君王侧"，这是改变她命运的重要一步——她没有高贵的血统，只不过来自下五旗的镶蓝旗；没有显赫的家世，父亲不过是一个普通的官员。她入宫后也只被封为位列后宫第六等的"贵人"，是个毫不起眼的小角色，要想登上皇后的宝座还遥遥无期，希望渺茫。

然后谁曾想到，仅仅10年后，慈禧和维多利亚的命运就发生了翻天覆地的逆转。

1861年11月2日，咸丰帝死后仅103天，慈禧太后与恭亲王奕䜣联手发动中外瞩目、惊心动魄的"辛酉政变"，以雷霆霹雳之势一举荡平了咸丰死前诏封的"顾命八大臣"，将肃顺、端华、载垣处死，其他五人革职遣戍，改年号为"同治"，开始两宫垂帘听政。年仅27岁的慈禧，正式走向这个庞大帝国的权力巅峰。从此她三次垂帘听政，操控清末政权，直接影响了中国近代历史的走向。

然而，上天对任何人都是公平的。谁也无法对慈禧太后和维多利亚女王的一生命运做出简单的评判。作为女人的慈禧，个人生活也是十分不幸的。她27岁没有了丈夫，40岁不到死了儿子，青年丧夫，中年丧子，几大不幸都让她占尽了。她虽然拥有至上的权力，却无法得到一个普通女人所能得到的男欢女爱，也无法获取一个正常的母亲所拥有的儿女绕膝、含饴弄孙的幸福。

当大清帝国在风雨飘摇中苟延残喘时，西欧大陆的大英帝国正昂首挺胸地进入全盛的维多利亚时代。英国的经济、文化空前繁荣，科学、艺术极大发展，君主立宪制走向稳定成熟。日不落帝国独步天下，傲视全球。这时也是英国经济实力最雄厚的时期，英国建立了世界上独一无二的庞大殖民帝国。一位当时的作家这样描述了全球市场对英国产品的需求：

> 供印度用的斧子和供北美洲土著用的战斧，销往古巴和巴西，
> 适用于贫穷的奴隶的枷锁、手铐和铁颈圈。……在美洲的原始森林里，
> 伯明翰的斧子砍倒了古老的树木；在澳大利亚放牛的牧场上，回响
> 着伯明翰的铃铛的声音；在东印度和西印度，人们用伯明翰的锄头
> 照料甘蔗田。

维多利亚，这位 18 岁登基时还不知所措的女王，一直到 82 岁才去世，伴随英国走完了 19 世纪，命运似乎要让她完整地见证和享有英国的荣光。在人们的心目中，女王头顶上的王冠已经成为帝国荣耀和威严的象征，女王已经成为人们生活中不可缺少的精神寄托。这一点甚至一直延续到今天——世界上许多河流、湖泊、沙漠、瀑布、城市、街道都以维多利亚命名。

面对无情的历史，人们不禁要产生这样的疑惑：

为什么慈禧太后嗜权如命、殚精竭虑，也曾在内外交困中强撑危局，力图振兴雪耻，到头来却凄凉退场，落得个祸国殃民的骂名；而维多利亚女王安心担当"虚君"的角色，甚少干预国家大政，但她却被英国人由衷地尊敬和怀念，连她的名字也成为繁荣富足的象征？

对于中国人来说，这不仅仅是两个女人的命运问题，它还是一部长达一百多年屈辱历史的组成部分。追溯两个女人的命运轨迹，其实也就是探讨两个国家成败兴亡的缘由。

同样天生丽质，同样才干出众

对于整个人类历史而言，19、20 世纪都是前所未有的惊涛骇浪的大世纪。历史提供给每个民族和国家的机会都是一样的，但为何慈禧太后和维多利亚女王的治国水准会如此天差地别，迥然不同，我们可以尝试从不同的角度寻找答案。

可以从她们的学识才干上入手。

1819 年 5 月 24 日，维多利亚降生在伦敦肯辛顿宫。她的父亲肯特公爵爱德华是当时的英国国王乔治四世的弟弟，她的母亲则出身于一个历史十分悠久的德国王族。从 5 岁起，维多利亚就开始了启蒙学习。到 11 岁时，小公主便能用英语、法语、德语与人交流对话。肯特公爵夫人把确保女儿能培养成一个知识渊博的女王作为自己一生的最高目标。为此，她不惜挖空心思，殚精竭虑。少年时期的维多利亚就是在这样特殊的环境中度过的。这不仅造就了她丰厚的学识，更培养出良好的习惯和极大的耐心。经历过无忧无虑的童年之后，维多利亚成为世界上最强大的国家的女王。

登基后不久，年轻的女王很快就展现出了她的政治才能。首相墨尔本向女王建议，更换她身边的两个女侍，因为这两个人的丈夫是效忠前政府的。

年轻的女王这样回答："我不会换掉其中的任何一个，我对她们的政治观点不感兴趣，因为我不需要和她们讨论政治问题。"

维多利亚统治的时期，特别是 1851 年以后，在英国历史上被称为维多利亚时代。她在位的六十余年正值英国自由资本主义由方兴未艾到鼎盛、进而过渡到垄断资本主义的转变时期。在她的统治下，英国从一个普通的欧洲国家成为一个强大的帝国。她用枪炮打开了世界上许多国家封闭的大门，使其殖民地遍布于世界每一块大陆和所有的海洋。这适应了资产阶级的需要，所以赢得了资产阶级的积极支持与广泛拥戴，成为第一个获得"大不列颠和爱尔兰联合王国女王"和"印度女皇"头衔的英国君主。

人们也许会认为，正是因为维多利亚接受了全面的开放式的西方教育，才具备如此优秀的统治才干。而慈禧太后深受"天不变道也不变"的儒家思想束缚影响，根本不可能开眼看世界，更不可能有所作为。也许正是贫乏的学识和狭窄的视野注定了她只能奉命危难，苦撑危局，因循守旧，一事无成。

然而，慈禧能够在佳丽如云、竞争激烈的后宫一枝独秀，脱颖而出，深蒙咸丰皇帝宠幸并将其牢牢控制在手中，必然有其超人之处。

当时，满族妇女与汉族妇女一样不能入学，获取文化知识的途径十分单一。慈禧小的时候家境并不好，在当时"女子无才便是德"的社会里，既无机会也不可能接受非常好的教育。但机会是要靠人去争取的，如果慈禧仅仅做些护肤调粉的活儿，她可能就不是外国公使夫人口中叱咤风云的"母龙"了。慈禧向来认为女人应该有自己的生活空间，应该读书识字。她具备一项后宫嫔妃们无人能抵的能力——能读写汉文，这在当时的满族妇女中是极其罕见的。她十分喜爱《诗经》，一有闲暇，就会独自吟咏。后来，她成为大权在握的皇太后，尽管政务繁忙，还吩咐每天午后，宫中有身份的宫女们一起集中朗诵《诗经》，讲解史书，每10天考核一次，优秀者有奖。由于她的倡导，宫里学习《诗经》成风，以致小太监们也争相吟诵。

慈禧还擅长绘花鸟画，很有天分，在圆明园居住时，"因日习书画以自娱，故后能草书，又能画兰竹"。这些优势让她在后宫鹤立鸡群，引人注目。恽毓鼎《崇陵传信录》记载："西后入宫时，夏日单衣，方校书卷，文宗（咸丰帝）见而幸之。"可以设想，炎炎的夏日，她单衣伏案，校读书卷，这样好学而美丽的女人，能不让年轻的咸丰怦然心动吗？

当英法联军朝北京进发之时，天子之都暴露于侵略军的炮火之下，优柔寡断的咸丰帝无决断国事之魄力。慈禧挺身而出，下一严厉之谕旨，严令统兵大臣与洋人决战，近畿州县，整团阻截，悬赏杀敌，晓谕中外。可见初涉政事的慈禧就以强硬果敢著称。而英法联军突破清军道道防线并攻陷天津这天，正逢咸丰帝在圆明园与后妃共宴。酒至一半，得军机处奏报英、法联军已陷天津，正杀奔京城而来。咸丰帝顿时慌了手脚，吓得束手无策地和众嫔妃抱着哭成一团。就在满朝文武惊慌失措时，只有慈禧一人保持着理智清醒，她不惜违反祖制，从储秀宫的帷幕后站出来，大声对咸丰帝说：事情危急至此，哭有何用！"恭亲王素明决，乞上召筹应会之策。"危机才是考验人的试金石。巨变面前，咸丰帝的懦弱动摇暴露无遗，而慈禧的冷静沉着和敢作敢为也确实表现出她不同凡响的一面。

平心而论，在强大观念和制度的笼罩之下，被剥夺了早期教育权的叶赫那拉·兰儿，在政治演出中表现的才干和能力，还是很出人意料的。她比大部分男人还刚强果断、机智精明。在丈夫死后，她以闪电般的手段发动宫廷政变，夺取最高权力，但她只杀了为首的三个大臣，对其他人都轻轻放过，并且当众焚毁了从三大臣家搜出来的政治信件，从而稳定了局面，安定了人心，这在古今中外的政变流血事件中都不多见。

即使抛开学识不说，慈禧的驭人权术也确实有一整套。在平定太平军和其他乱事后，慈禧将该收回的军权坚决收回，该放权的时候又绝对信任，中央与地方的关系处理得很好；而在内乱后的重建中，慈禧与奕䜣乃至曾国藩、左宗棠、李鸿章等汉人督抚的配合默契，由此出现一段难得的"同光中兴"也不是完全偶然。她在处理政务之余也在不断加强学习，从写一道百余字的谕旨出现十几处错别字到对朝政的处置游刃有余、从容应对，这说明慈禧的学习和适应能力是非同寻常的。

维多利亚并非清心寡欲

在中国近代史上，慈禧太后一直以权欲熏心、穷奢极欲的形象骂名不绝。历史学家唐德刚甚至这样认为："西太后原是个阴险狠毒，睚眦必报，狐狸其貌而虎狼其心的泼妇人。"

如果我们把目光转向同一时期的维多利亚女王的所作所为，就会明白这是较为公允的说法。

维多利亚女王留给人们的似乎一直是温文尔雅的形象，和不计得失甘当幕后英雄的淡泊宁静。事实上大错特错。维多利亚其实是一个复杂的人物。她有时温柔善良，有时却强硬冷酷；她有时顺应时代潮流，有时却又顽固地与之对抗；她对内尽量保持慈善大度，对外却贪得无厌支持殖民扩张……特别是当她坐稳王位后，一有机会，便会毫不犹豫地去维护、巩固甚至企图扩大自己的王权，加强王权的专制。这时她便会把自由、民主、和谐这些名词抛到一边，而暴露出固执、任性、自私的一面。

作为英国的女王，在国内政治斗争中保持中立原本是应有之义。但几乎没有哪一位大臣敢斗胆要求维多利亚女王这么做。19世纪中期后，随着英国两党制的成熟，党派斗争越来越激烈，没有哪位政治家不想拉拢君主而获得政治上的支持。即位初年，维多利亚女王就积极参与朝政，和首相墨尔本子爵（1779-1848）配合默契，倾向于辉格党人，与托利党人格格不入。1846年以后，女王坚决反对外交大臣帕默斯顿的对外政策，逼使帕默斯顿辞职。这些斗争把她自私专横的一面暴露无遗。在位后期，她转向保守党并同首相本杰明·迪斯雷利结为至交，积极支持他的殖民侵略政策。为了扩张领土，女王政府不惜使用一切手段。国际政治斗争的肮脏龌龊，使我们根本无法把这些手段和形容女王的"美丽、温柔、高贵"等美好的字眼联系起来。

1868 年至 1874 年是被维多利亚称为"骚乱不安"的 5 年。普法战争后，法国帝制的废除，共和国的成立，极大地推动了英国国内激进的共和主义思想的发展，报刊上不断出现攻击王室、攻击君主政体的言论。作为君主制度的象征，女王成为各种自由主义激进分子攻击的靶心，他们甚至提出了废除女王，成立共和国的要求。

而自由党首相格莱斯顿的上台，更把已经风声鹤唳的维多利亚逼向绝境之地。他居然准备接受查尔斯·狄尔克爵士入阁。这个家伙是个狂热的共和主义鼓吹者，他在英国要求废除君主政体，建立共和国。因为对王室的攻击，他成为轰动全国的著名人物。女王怎么可能容忍这样一个反对自己的敌人进入内阁呢？而格莱斯顿也不愿意做出让步，双方僵持了近一个月。有人出来劝导女王说，如果她一意孤行，很可能会导致一场政局危机，而那时女王将成为全国舆论攻击的焦点。维多利亚这才不得不退让一步，只好讨价还价地对格莱斯顿说："像狄尔克这样的人，只能从低级职位干起。"狄尔克最终只担任了外交大臣助理之职。

不久，女王与内阁之间一场更为激烈的冲突发生了。1881 年初，她在出席议会致辞时惊讶地发现，未经自己许可，她的讲稿竟被篡改了。讲稿中的内容早已偏离了政府此前的既定外交策略，这是她坚决不能接受的。争执之中，在枢密院会议上，有的大臣甚至以辞职相威胁，他们认为女王粗暴地干涉了政府的政策，放话说与其这样就不会让女王出席会议。双方难以达成妥协，不欢而散。内阁大臣们一个个拂袖而去。临出门时，他们冷冰冰地抛过来一句话："君主只能按内阁大臣们的意愿致辞。因为君主的职责是，只能点头，而不能争辩！"（伊丽莎白·朗福德：《维多利亚女王》）

格莱斯顿触及君主利益的改革浪潮接踵而至，维多利亚女王如坐针毡，她深恐自己将步拿破仑之后尘，被赶下那金碧辉煌的宝座。这个一向倔强的女人陷入了进退维谷的困境。当格莱斯顿把一份份代表内阁的议案摆到她的办公桌上逼她签字时，她愤怒得恨不能一把火烧掉这些完全违背她本意的文件。但形势再明白不过：她要么欣然签字，那她所醉心的君权依然可以得到有限度的保留；假如她一意孤行拒绝签字，那么将冒着激怒民众并被掀下宝座的巨大风险。

维多利亚女王手中的御笔悬停在空中迟迟不愿落笔，抖动的笔尖把她的痛苦和犹豫表露无遗。许久之后，在一声无奈的哀叹之中，她终于在空白处歪歪斜斜地写下自己的名字……尽管一次次表现出烦躁和愤怒，她还是不得不接受现实。维多利亚女王心中积郁忧愤之情，当格莱斯顿在新一轮的大选中败下阵来时，她才出了一口恶气。离开内阁那天，格莱斯顿前来拜别女王，维多利亚高高在上，只冷漠地说了一句："格莱斯顿先生，我想你现在总该休息一下了吧！"

直到 19 世纪 60 年代后期，维多利亚女王终于明白，废除至尊、削弱王权、追求自由平等正成为这个时代最得人心的潮流，如果她不顺应这个潮流就真的连现在的地位也无法维持下去了。她的政治态度在晚年发生了重大变化。

她开始一步步朝一位成熟的立宪君主迈进，乐于只做帝国精神的象征。她四处巡视，乐于在各种呈文上签上橡皮图章一般的名字，乐于参加各种各样规模宏大的庆典，履行一个君主的仪式性职责。

王室与帝国对于荣耀、尊严的共同需要，使得后期的女王与内阁之间的合作变得十分默契。内阁在名义上把女王抬得很高，而女王也乐于不再过多地去干涉内阁的政务。人们把国王比作国家机器的轮子，虽然转动得很快，但不发生多大效力，因为它与机器的其他部分是脱节的。但是女王仍然是国家机器不可缺少的一环，英王具有不可替代的作用。英国君主立宪制，经过维多利亚与内阁的反复磨合较量，终于达到一种平衡并基本定形。

不得已的慈禧太后

从维多利亚女王的执政经历可以看出，在每一种既定的政治权力框架之内，如果道德成为一个首要指标，恐怕没有几个政治人物能够过关。所以对政治人物的评论，更应该从执政者所处具体环境和历史条件对其行为的约束性的角度去看待。即便从道德的角度而言，也应该分清公德与私德。

对比维多利亚女王的作为，从慈禧所处的不可抗拒的环境条件出发，我们多少可以还原一个真实的政治人物的形象。也可以看出，在每一种既定的政治权力框架之内，政治权欲的多寡并不是评论慈禧与维多利亚优劣的试金石。

美国学者斯特林·西格雷夫在《龙夫人》中认为：

> 慈禧太后不是恶魔，而是一个富有魅力的女人，有很多显而易见的怪癖。在一个女人被当作痰盂一样对待的帝国里，她极力想保住自己的位置。

1861年咸丰皇帝去世之后，慈禧很快成为各派政治势力矛头所向的焦点。在险象环生、危机四伏的紫禁城里，在严酷、恶劣的政治环境中，作为一个女人，为了避免成为他人刀俎之下的鱼肉，慈禧一生都在进行艰苦卓绝的斗争。她个人的命运何尝不是专制王朝政治的缩影。在人治至上的帝王时代，政治通常是血腥而残酷的。处于当时那种险恶政治斗争环境中的人物，即使秦皇汉武、唐宗宋祖，谁的权杖上不是阴魂不散？谁的王冠上不是血迹斑斑？在权力斗争的旋涡中，没有手腕本不能自存，何况还想实现政治抱负呢？

尽管如此，慈禧并没有搞酷吏政治，也没有搞株连九族。历史上其他"女人干政"的例子，也难以和慈禧相提并论。比如汉初吕后诛杀诸旧臣，制造断手足、挖眼睛的骇人听闻的"人彘"；西晋皇帝司马衷的皇后贾南风淫荡成性，重用外戚宦官，杀害贤良；北魏宣武灵皇后，毒死亲生儿子元翊，并滥杀无辜，搞垮北魏王朝。这些例子，至少反证出慈禧的执政能力并非是女人干政中最糟的典型。

慈禧上台时，正是大清国风雨飘摇的危难之时：英法联军洗劫北京，太平军占据半壁江山，捻军回民不断起事，帝国几无宁日。国事如此焦头烂额，结果咸丰一死，便剩下慈禧与同治一对孤儿寡母——这也决定了整个清末的历史走向。在执政的最开始，慈禧可能只是想给儿子同治看好江山，届时将权力移交给长大的皇帝，历史学家唐德刚称之为"姨太太"心理。慈禧自己也曾说："我几次垂帘，不知内情的人，有的认为是我贪图权势，实际情况是形势迫使我不得不这样做。"

这话虽说是慈禧的自我辩解，但也有几分道理。年轻的同治皇帝荒唐透顶，虽然是自己的亲生儿子，但继承了他父亲的浪漫风流，根本不是治国之才。同治死后，皇帝继承人便成了大问题，最终慈禧选中自己妹妹的儿子载湉做皇帝。从名分上来说，这个安排在当时是不合适的，但却又没有更好的安排。由此，慈禧也只能二度垂帘，再次培养一个小皇帝。

进退两难之中，慈禧太后也由一个积极的执政者变成了一个单纯的王朝看护者。在这种心态下，同治年间的朝气和生机也明显日渐枯萎，日益走向保守和颓唐。由此可以看出，慈禧最终目的不过是为将来的"明君"做一过渡——晚清之所以不能和日本明治维新或者德皇、沙皇等相比，原因还在于慈禧这种"女人当政"的心态：她不是一位能力挽乾坤的好舵手，也没有进取心，最多只能守成。"精于治术而昧于世界大势"，这是目前学者们给慈禧太后最公允的评价。

女王也不能无法无天

那么，最后我们就要探讨开篇提出的问题了：为什么慈禧专权能得以成功，而同样身为一国之主维多利亚却不得不淡出王权？为什么慈禧勇于任事却"越帮越忙"，让内忧外患的大清帝国不可收拾，而维多利亚女王全身而退悠游林下，大英帝国却能蒸蒸日上高速发展？

答案其实很简单：不同的政治文化建设，造就了不同的治国模式。英国人最先运用现代社会的运作机制——民主体制本身包含着强大的纠错机制，故能保持国家的长治久安。而在中国，专制威权的文化传统根深蒂固，没有任何一种力量可以牵制统治者，使他们不能为所欲为；合理的民主政治制度难以建立，就难于形成科学健康的决策执行机制。几千年来，国家和社会因此付出了巨大的运作成本。

追根溯源，"封建"一词在欧洲与中国的含义是不一样的。在中国，它意味着"普天之下莫非王土，率土之滨莫非王臣"，代表着集权和专制；在欧洲由于封建制就是庄园制，而庄园不仅是一块地产，而且是一个政权单位，贵族领主在庄园上不仅有司法权，还有经营权、行政管辖权，俨然是一个独立王国。所以欧洲的封建制度意味着分权，意味着国王没有大一统的权力。

正如历史学家所言，英国是一个"原生自发型"的现代化国家，这是英国历史自然发展而非外力强迫的结果。在英国实行封建制度初期，国王与贵族都很清楚自己的地位，知道按照本分自己应该拥有什么，不应该拥有什么。虽然没有成文的法律，但是天长日久，国王和贵族遵照彼此间的承诺，各自履行义务、享受权利，成为英国社会约定俗成的一种规则。不过，国王和贵族之间的关系，并非一成不变。围绕王权与民权之间的斗争，一直没有停止过。

在大英图书馆的珍品展厅里，一张黑粗泛黄的羊皮纸，静静地躺在玻璃板下幽暗的光影里。这张单薄的羊皮纸，就是距今已有约八百年历史的《大宪章》，虽然它的边缘已经残破，当年用羽毛笔书写的字迹也早已模糊，却成为对君主权力进行限制的永久见证。

它一共只有六十三款，短短几千个字，却第一次把国王和贵族之间一直以来既约定俗成但又模糊不清的权利关系，转化为了明确的法律文字。从此以后，英国国王的权力不再是至高无上的，他只能在法律的限制之下行使权力。《大宪章》里有两条最著名的条款，第一条就是国王要宣誓"向任何人施以公正，不能剥夺他人的权利"；另一条是，如果法庭没有判决，国王也不能逮捕和剥夺他人的财产。这两个条款表明，臣民的权利是独立的，不是国王恩赐的，所以国王也不能剥夺它。尽管在很多时候，《大宪章》并不被大多数英国人明确感知，但是，这种长期的重申和普及，却积累起深厚的传统力量，将契约和法制的基本精神，注入英国人的思想根基。

就在《大宪章》签订21年之后，英国的官方文件中出现了"议会"这个词。这个由贵族和国王的议事会转变而来的机构，逐渐成为依靠《大宪章》的法制原则来限制君主权力的重要力量。在英国的历史上，逐渐形成了两大原则，一是"王在议会"，国王必须通过议会来进行统治；第二是"王在法下"，就是说法律高于国王，国王必须服从法律。

在此后的英国历史上，国王与议会的博弈和较量起起落落，从未停止。但无情的事实反复证明一个真理：凡是英明的国王，都深谙如何平衡与议会之间的矛盾，国家发展也会蒸蒸日上；反之，国家就会陷入内乱和纷争之中，而他们自己也得不到好下场。王权和民权之间的这种斗争，是英国政治史发展的一个主线。正是在这样的抗争博弈之中，英国走出了中世纪，走进了现代世界。

英国人的君主立宪之路，并未就此一帆风顺。此后，在暴政与民主的决斗中，英国人不屈不挠地进行了各种反抗和尝试，终于在 1688 年采取了一种被后人称为"光荣革命"的方式，结束了王权的专制，正式确立了议会高于王权的政治原则。英国历史出现了史无前例的变革——国王由议会决定产生，这意味着君权从"神授"变成了"民授"，它根本性地改变了在英国已经存在了千年之久的王权性质。英国的君主立宪制的本质，就是依法治国，谁都不能高居法律之上，谁都不能为所欲为。

一个国家外部的崛起，实际上是它内部力量的一个外延。在一个国家内部制度还没有健全的情况下，就很难成为一个大国，即使成为一个大国，也不是可持续的。英国君主立宪政体的确立，标志着一个人统治一个国家的时代在这个岛国永远地结束了。百年时间的积蓄之后，英国人开始释放自己的能量。光荣革命前后的英国，人口大量增长，商业和手工业迅猛发展，对外贸易成为越来越重要的国计民生。在打败了西班牙、葡萄牙之后，英国人将"海上马车夫"荷兰也赶下了海上霸主的位置。此时，在英国人眼里，除了陆地霸主法国，其他国家已不是对手。

历史的车轮驶入 19 世纪，随着英国资本主义经济的迅速发展和议会民主制度的几番改革，国家的最高权力已不可逆转地向议会转移，国王成为"统而不治"的"虚君"。但权力欲极强的维多利亚不甘心只做名义上的国家元首。她力图使自己的意志左右国家的决策，曾两度与内阁发生激烈冲突，还破例使用国王权力罢免了外交大臣帕默斯顿的职务。

但是正因为英国具备悠久深厚的宪政传统，不列颠这块土地赋予了这个民族务实、保守、宽容的禀赋，才使法制的传统如此坚实而不可动摇。1872 年，一名年仅 17 岁的青年阿瑟·奥康纳突然开枪刺杀刚要跨上马车的维多利亚女王，被现场抓获。在审理这起未遂刺杀案时，法官裁定这名凶手精神失常，只判他一年监禁。维多利亚女王大为光火，竭力要求将这名危险分子流放国外，以免他日后再出来干傻事。法官彬彬有礼地解释说："对不起，女王殿下，我不能这样做，因为奥康纳罪不当此，大英帝国的法律原则不允许我滥施刑罚。"

维多利亚女王最终还是在自己的统治徘徊在十字路口的关键时刻，对时代精神与社会潮流有了深刻的理解，对于自身作用和地位有了清醒的认识，进而及时调整姿态，履行职责。后来的历史中，正因为她什么都不做，安心于担当"虚君"的角色，詹姆斯·瓦特先生的蒸汽机才能在亚当·斯密那只"看不见的手"的驱动下，开启了至今都让英国人念念不忘、津津乐道的"维多利亚时代"；而在长达半个多世纪的统治生涯中，虽然她的政治权力越来越少，但她作为英国"象征"的政治价值却越来越大，维多利亚也因威望日炽而成为国民信仰的支柱，用实际行动赢得了她在英国历史上的不朽和荣光。

中国政治的千年死结

慈禧太后与维多利亚女王的治国之途之所以南辕北辙，背道而驰，原因不在于个人素质的高低，也不在于道德胸怀的差异，关键是她们背后的制度文化在起决定性的作用。

梁启超先生在其《论正统》中说，历代最高统治者皆以正统自居，拥有至高无上的独裁专制权："统之既立，然后任其作威作福，恣睢蛮野而不得谓之不义。而人民之稍强立不挠者，乃得坐之以不忠不敬大逆无道诸恶名，以锄之摧之。"而一般的官僚士大夫，则"自为奴隶根性所束缚，而复以煽后人之奴隶根性而已"。

正统中国的专制制度，到了清代已达到了高度完备、登峰造极的顶点，与之相适应的正统皇权思想、忠君思想等政治伦理观念，更是盘根错节，紧紧地束缚着人们的思想。

既然皇帝乃"受命于天"的"真龙天子"，因此君主的权力，决不能容许任何人分享。否则，即是乱臣贼子，大逆不道，人人得而诛之。在震惊中外的"辛酉政变"中，清廷决定从热河回銮北京之时，肃顺等人自恃为"赞襄政务王大臣"，显然轻估了正统皇权思想对朝臣的巨大影响力量。慈禧太后与小皇帝回銮北京后，则竭力利用满朝文武的忠君意识，将自己打扮成长期以来受人欺侮的孤儿寡母，肃顺等人则是欺君藐上、专权谋逆的乱臣贼子，直如西汉王莽之于汉平帝一般。

1861年11月2日，奕䜣与文祥、周祖培等人入朝待命，载垣、端华等阻止说："外廷臣子，何得擅入？"奕䜣等人立于宫门之外。未久，有旨下，命将肃顺、载垣等人治罪。载垣、端华厉声呵斥道："我辈未入，诏从何来？"赞襄政务王大臣与慈禧、奕䜣的斗争已经公开白热化，文武百官及兵丁侍卫面临着是忠于"王事"，维护皇权，还是倒向赞襄政务王大臣一边的抉择。奕䜣紧紧抓住人们的正统皇权和忠君思想，大声喝道：有王命在此，"谁敢者？"遂有"侍卫数人来前，褫二人冠带，拥出隆宗门。"（薛福成：《记咸丰季年载垣、端华、肃顺之伏诛》）

另据王闿运的《祺祥故事》记载，当奕䜣向载垣、端华出示将其治罪的上谕时，两人面对赫赫皇权、皇命"皆相顾无语"。奕䜣问其是否遵旨，载垣等只得向皇权低头称"焉有不遵"，遂束手被擒。慈禧等人掌握着小皇帝及颁布诏旨之权，虽奉有咸丰帝遗诏的赞襄政务王大臣，也实在无可奈皇权者何，正统皇权思想在生死政变中的巨大影响作用充分显示出来，诚如台湾学者庄练先生所说："死的皇帝敌不过活的太后。"

就慈禧个人而言，她的确善于玩弄政治权术。但人们切不可忘记的另一点是，她之所以能掌握清廷最高权力数十年之久，并非仅仅是其具有多么高深莫测的政治本领或手段，而是其特殊的地位和身份。她占有新帝生母的有利地位，更便于"挟天子以令诸侯"。这种正统皇权代表者的政治优势，在以后对恭亲王奕䜣的多次贬抑打击中，在其维护个人权力的诸次斗争中，都起着相当关键的作用。

而反过来，中国皇权本质上的逆现代性，使国民政治心理幼稚化、社会民众心理奴隶化，严重僵化阻滞了社会的进步。有何等的政治体制，就有何等品位的公民。专制体制、高压政策下的公民，都容易患上严重的"软骨症"，都普遍缺乏刚性人格。因为公权太强大了，民权就被迫软弱。在慈禧当权的年代，严酷的专制让举国上下一潭死水，长夜无歌。君臣关系变质为一种绝对的服从依附关系，后来则发展为"君要臣死，臣不敢不死"的死节愚忠观念。

在这种国家政权和文化观念之下，当权者人人噤若寒蝉，谁敢轻易发表不同的声音？即使偶尔有正直之士敢于发出一点称世之音，虚骄自大的最高统治者又何能听得进去？在义和团事件中，全国八个总督中只有一个摇摆观望，其他都反对依靠这些愚民的骗术"扶清灭洋"；还有一大批巡抚持同样的态度。在决定是和还是战的关键时刻，总理各国事务衙门大臣徐用仪、袁昶、许景澄、户部尚书立山，内阁学士联元等在京大臣一再上疏或在慈禧和光绪皇帝面前直言，坚决反对向各国宣战。可是，在乾纲独断的专制制度下，慈禧太后不但听不进去这些常识，还把他们的脑袋砍掉！

而这样的专横残暴，即使放在中世纪的英国也是不能容许的。例如，1215年的英国《自由大宪章》的第 39 条就明确规定："任何自由人，如未经其同级贵族之依法审判，或经国法判决，皆不得被逮捕、监禁、没收财产、剥夺法律保护权、流放，或加以任何其他损害。"而在中国，人身的基本自由和以自由为基础的民主、法治，这些现代社会的基本运作机制，在慈禧一类宗法专制者的头脑中没有任何位置。皇权的专断决定了其合法的伤害权、抢劫权，"破家县令""灭门知府"的专制威权令人不寒而栗。

一个国家如何对待"法"的创制、执行以及对法律规则本身的认知，反映了其制度文化内核中的内核。如果说中国的皇权如脱缰之野马，那么英国的王权则被套上了"紧箍咒"。慈禧和维多利亚所执掌的政权具备截然不同的制度基石和法理基础。

贰

——补天乏术的孤臣逆将

"李自成怪圈"与"克伦威尔法则"

1644：幸运年

1644年农历三月十九日，巍峨雄壮的北京城骤雪初晴，江山如画。

零星的炮声渐次停息，滚滚的浓烟正慢慢散去。在李自成大军摧枯拉朽的凌厉攻势下，北京城终于被一举占领。农民军战士青衣白甲，背负弓刀，威武雄壮地迈着铿锵的步伐举行入城仪式。

正午时分，农民军领袖李自成骑着高头大马，在牛金星、刘宗敏和数百精骑健兵的护卫下，一路踌躇满志地驰奔而来。一行人来到红墙黄瓦、雄壮庄严的承天门前，一骑当先的李自成面带矜持的微笑，顾盼自雄。这是一场期待已久的漂亮完胜，也是一次自信十足的精神宣誓。他抽出一支利箭，当着众人的面指着不远处高悬的"承天之门"匾额，斩钉截铁地朗声道："如能安定天下，则一箭射中四字中心！"言毕一箭飞射而去，正中"天"字之下。这可不是个好兆头，众人一时面面相觑。极善拍马奉承的牛金星灵机一动，立即大声拱手相贺："中其下，当中分天下！"李自成听了十分满意，仰天大笑，扬长而去。

在世界的另一端英国，1644年，同样是克伦威尔一鸣惊人锋芒毕露的幸运之年。在马斯顿草原上一场决定英国命运的大会战中，克伦威尔率领"新模范军"和国王查理一世领导的王军展开殊死搏杀，歼敌3000余人，俘敌1600余人，缴获大炮16门。

这是一场改变英国命运的伟大战争。国会军在马斯顿草原战役中取得决定性胜利，使这次战役永载史册，成为英国资产阶级革命成功的重要标志之一。而谁也无法想象，45岁的克伦威尔，这位一举扭转乾坤的最耀眼的英雄，仅仅是两年前才参加国会军的一名"新兵"。这位半路从军的穷乡绅既没有读过军校，也未曾受过专门的军事训练。

1644年，幸运女神同时眷顾了东西方这两位揭竿而起的造反者。这一年，他们都是光芒万丈的领袖，都是万众瞩目的"救星"。随之而来的革命风潮摧枯拉朽，惊天动地。李自成率领他的大顺农民军一鼓作气打进北京城，明朝中央政权被推翻。历史紧接着上演了惊人相似的一幕：5年后，在克伦威尔的主导下，英国最高法庭以暴君、叛徒、杀人犯和国家公敌的罪名，将国王查理一世推上了断头台。倒霉的查理一世成为人类历史上第一个经过议会和民众审判并被处死的国王。

无论是崇祯皇帝主动将绞索套向自己的脖子，还是查理被迫将脑袋伸向断头台，都如同晴空霹雳一般震撼了整个世界。因为将东西方这两位大国君主送上黄泉路的人，一位原本只是安分守己的贫苦驿卒，另一位则是经营着农庄的英国乡绅。

没有人会怀疑，他们都将创造崭新的历史。

命运的逆转

历史风云波诡云谲，变化万端，无论谁也想象不出，李自成和克伦威尔生前身后的命运，竟然会发生那样翻天覆地的逆转。李自成"革"了大明王朝的命，他建立的大顺政权却运祚不长，兴亡转瞬，其后入主中原的大清仍然延续了明王朝的政治体制；而英国则最终以一种全新的制度"革"了君主专制的命，逐渐过渡为一个现代化的国家。当李自成领导的轰轰烈烈的农民起义最终演变为中国历史上又一次以暴易暴的怪圈式循环时，克伦威尔则带领英国步入了波浪式上升的发展轨道。17世纪中叶成为中英两国分道扬镳的十字路口，英国通过资产阶级革命焕然一新，成为人类社会近代化历程中的领跑者；而历经明末剧变的中国，却在封建社会的泥沼中越陷越深，并最终被后来居上的英国用炮舰屈辱地轰开脆弱的国门。

翻开中国历史，万花筒般的1644年也许是最奇特、最不可思议的一年。这一年，在西安、沈阳、北京、成都四地，分别有四个不同的年号："大顺永昌元年""大清顺治元年""大明崇祯十七年""大西大顺元年"；这一年，中国有四个皇帝：李自成、顺治（其实是多尔衮）、崇祯、张献忠。但是关于四方博弈的最后结果，刘亚洲将军曾经在《甲申再祭》一文中打过一个十分形象的比喻：

> 如果把甲申年发生的一切看作是一场历史的交媾的话，那么不妨可以这样比喻：崇祯把房间打扫干净，李自成把床铺好，张献忠替人家宽衣解带，最后多尔衮兴冲冲地云雨巫山。

一切都只怪胜利来得太快，以至于连李自成自己都还恍然如梦。明朝仿佛是一棵高耸入云的参天大树，李自成挥斧运斤、汗流如雨，早已砍得筋疲力尽、腰酸背痛，想不到在最后不经意的一击之间，这棵巍峨的巨树竟然轰然倒地。这实在是令他措手不及，欣喜若狂之际有点晕头转向。当他带领那帮从血泊里爬出来的泥腿子兄弟们，扛着大刀长矛雄赳赳气昂昂地挺进北京城时，无法想象他们内心汹涌着怎样的激动和不安？古往今来，多少历史教训告诉人们：把控成功有时远远比承受失败更加困难，就像正确掌控财富远比创造财富本身更重要一样。

旧社会处死犯人时，有一种死法就是把犯人饿上多日，然后给他吃驴肉卷大饼，要多少给多少。犯人饥饿多日，狼吞虎咽，终致胃涨而死。"二战"即将结束的时候，盟军从德国集中营救出很多囚犯。他们中大多数人已经饿得像骷髅了。可悲的是，在享受盟军提供的大餐时，很多人无法自控，因为猛地一下吃得太多而不幸撑死了。

李自成带进北京城的，正是这样一帮眼睛发红的饿汉。

在亲眼看见皇家帝室的豪华富贵，这帮起自山乡沼泽的农民义军无异于刘姥姥进大观园。在最初几天装模作样的自我约束之后，开始争先恐后极尽享乐腐化之能事，恨不得连北京城的地皮也刮去三层。

彭孙贻《平寇志》记载说，大顺军一进北京城，就忙着拷掠明官，追赃索饷，四处抄家，搜索金银。大将刘宗敏制作了五千具夹棍，"木皆生棱，用钉相连，以夹人无不骨碎"，拷夹百官，夹打炮烙，备极惨毒，城中恐怖气氛逐渐加重，人心惶惶。各路将领就抢占明朝百官的府第，并夺其妻子。这"占其妻子"有时甚至是"执其夫人，褫其底衣，抱之马上淫辱，以为笑乐"。

刘宗敏、李过、田见秀等整日狂歌欢宴，召集优伶、妾童各数十人，佐酒助兴，环而歌舞。高兴起来则大赏其钱，一发怒则愤而杀之。诸伶含泪而歌，有的一不小心犯"闯"字讳，立即被处斩，欢笑场一下变成恐怖的人间地狱。而文官呢？牛金星春风得意，做起了太平宰相，天天忙着率领文武百官演练李自成的"登极大典"。甚至当李自成赴山海关迎战吴三桂的时候，留守京师的牛金星依然玉带锦袍，手摇金扇，坐着八抬大轿，往来拜客，遍请同乡，俨然无事一般。

几十万将士在京城享乐，连一般的农民军战士也忙得不亦乐乎，他们充塞巷陌，以搜马搜铜为名，沿门淫掠。老百姓稍有违抗，即兵刀相向。所到之处，鸡犬不留，风声鹤唳，令人色变，搞得民怨沸腾，里巷罢市。

战争形势瞬息万变，一旦失去有利时机，必将铸成不可挽回的千古大错。当李自成以为吴三桂势必传檄而定、献关纳降时，山海关风云突变，吴三桂一怒冲冠，降而复叛。至此，李自成大梦方醒，被迫东征。而当李自成下达出征命令之时，大顺军战士已经是"俱珍宝盈囊、金钏累累满臂"了。他们带着大包小包的金银上路，完全不像是一支大敌当前十万火急开赴火线的队伍，而像一支浩浩荡荡的土老财般的搬家大军。大顺军撤出北京之际，饱受其害的北京市民怒不可遏，奋起截杀，李自成四面受敌。有的老百姓甚至主动为清兵当探子，把大顺军的行踪告诉清兵，使清兵迅速追踪到一些大顺军并将其打败。

40 天前那支人们夹道欢迎的"替天行道"的"义军"，40 天后就成了人人喊打的"过街老鼠"。天壤之别，实在令人瞠目。

这之后李自成兵败如山倒，溃败之速实在出人意料。1644 年农历四月二十一日，李自成与驻守山海关的明军将领吴三桂在一片石大战，眼看吴军渐渐不支，谁知吴三桂已暗中调头降于清朝摄政王多尔衮，两军联手夹击李自成，大顺军顿成强弩之末，全军大败。主将刘宗敏受伤，急令撤退。四月二十六日李自成逃回京城，仅剩三万余人，二十九日李自成在北京匆匆称帝，临行前火烧紫禁城和北京的部分建筑。七月渡黄河败归西安，不久，弃西安，经蓝田、商州，走武关。李自成屡战屡败，清军一路紧追不舍，各地的大顺政权相继被摧毁，大顺军失去了可靠的后方和广大民众的支持，领导集团内部矛盾开始激化。李自成疑心日盛，听信谗言，妄杀对大顺政权赤胆忠心的大将李岩，败局终于不可收拾。

在一路惊慌失措的溃逃之中，李自成的大将刘宗敏、军师宋献策先后被俘。仓皇中，李自成迫使他的三个妃子投江自尽。

穷途末路之下，李自成走到了人生的绝路尽头。

大顺永昌二年（清顺治二年，1645 年）五月，在湖北通山县九宫山下的李家铺，李自成又被清军追上。护卫李自成的卫兵人困马乏、士气低落，身边最后的二十来名溃卒也被冲散。李自成单枪匹马逃走，时逢大雨，山高路滑，他牵着马独自艰难地步行至九宫山西麓的牛迹岭下，正好遇上乡勇头目程九伯带人穷追而来。狭路相逢，李自成和程九伯奋力搏杀，辗转扭打于泥泞之中。李自成身经百战，程九伯哪里是对手，被打翻在地。李自成一只手拼死摁住程九伯，另一手欲拔剑杀之，谁知剑被血渍与泥水粘在剑鞘里面，急切中拔不出来。程九伯狂呼"救命！"他的外甥金某闻讯飞奔而来，急提手中铁铲朝李自成脑袋猛力一铲，李自成顿时脑浆迸裂，倒地毙命，时年仅 39 岁。

"虎落平阳被犬欺"，可怜李自成这样一位转战十余年、叱咤风云、威震万方的英雄人物，多年来明王朝"万金之赏莫能购，十道之师莫能征"，竟在楚赣之交的万山丛中如此窝囊地死去，以这样凄惨的结局为自己悲壮的一生画上了句号。

1653 年 12 月 16 日，一场英国历史上绝无仅有的就职仪式在伦敦市政厅举行，奥列弗·克伦威尔将军就任英格兰、苏格兰、爱尔兰的护国主，成为英国的最高统治者。

英国议会很快发现，他们又要面对一个比国王更难对付的对手——因为，新的游戏规则是暴力最强者说了算。

作为一个军事独裁者，克伦威尔曾经先后成立和解散了三个不同的议会，采用了两部不同的宪法。英国革命产生了一个意外的结局：革命因反抗一个人的专制开始，却以另一个人的专制结束。革命推翻了一个旧体制，却没有建立一个有效的新体制。

1653 年 4 月，克伦威尔召开军官会议，要求解散议会。作为"护国公"的克伦威尔把国家的立法、行政、军事、外交大权都抓在自己手里，成为没戴王冠的国王。护国公制度的实质就是军事独裁，他的权力达到了顶峰，国务委员会的 41 名委员全部是他的亲信，为保持稳定，克伦威尔干脆把全国划分为 11 个军管区，各由一位少将担任行政长官。

在消灭了国王的英吉利共和国里，憎恨国王专制暴政的英国人民突然发现，他们转身又生活在一个专制独裁的清教徒掌权的国家里。克伦威尔关闭了所有的酒吧和剧院，禁止所有的体育运动。但最坏的事情是他禁止人们欢庆圣诞节，甚至派兵去老百姓家里搜走所有的圣诞礼物和圣诞食品。清教徒统治下的英格兰的生活变得非常单调乏味。

然而，再强悍的独裁者也敌不过时间这个对手。1658 年，克伦威尔因患疟疾在伦敦去世。"君子之泽，三世而斩。"可惜，克伦威尔不明白这个道理。他和中国的秦始皇一样，幻想着护国公制度能绵延万代，遗命长子理查德·克伦威尔继承父位。但事与愿违，克伦威尔刚一咽气，他创立的英吉利共和国就出现了乱象。

克伦威尔的儿子虽然坐上了"护国公"二世的宝座，但是他寸功未建，也实在不是一个治国之才，桀骜不驯的军中将领没人买他的账，国家政权落到了你争我斗的高级军官手中。于是，失去了强人统治的英吉利共和国很快陷入混乱之中。1660 年，查理·斯图亚特在举国一致的拥护下，重登大宝，为查理二世。

"护国公"二世见势不妙，溜到法国。仅仅活了 11 年的英吉利共和国就这样走进了历史。

查理二世一登上王位就进行了疯狂的报复。克伦威尔被宣布为"弑君犯"，查理二世下令把"护国公"克伦威尔已经腐烂了的尸体从威斯敏斯特大教堂的墓地里掘出来，并命人拖着穿过伦敦城。然后，遗体被送到了日常处决普通犯人的泰伯恩行刑场，在那里被吊在绞刑架上。然后克伦威尔遗体的头颅被整个砍了下来，挑在长矛尖上游街示众，而尸身则被扔进了坑里草草掩埋。

"眼看他起朱楼，眼看他宴宾客，眼看他楼塌了"。没有人会想到，李自成和克伦威尔这两个身处同一时代的英雄，最后都以这样的悲剧收场。但他们留给后世的是褒贬不一的名声，却耐人寻味。

野心家，还是大英雄？

李自成还在世时，对他的非议之声就已经开始了。

汤若望是给古老中国带来西方先进科技的传教士，历经大明、大顺、大清三个朝代。但这位给整个中国带来光明火种的西方人，显然对李自成和农民军并无好感。他认为李自成的军事才能毫无疑问，但他无法理解李自成对大明王朝的"不忠不义"，而且认定支配着李自成内心的主要成分，绝大多数是为了贪图尊荣富贵，和不见得高尚的个人动机。因此，汤若望对李自成的"叛逆"行为进行恶毒诅咒。

而对李自成最著名的评价，莫过于郭沫若在《甲申三百年祭》中的说法："在过短的时期内获得了过大的成功，这都使自成以下如牛金星、刘宗敏之流，似乎都沉沦进了过分的陶醉里去了……纷纷然，昏昏然，大家都像以为天下就已经太平了的一样。"他认为李自成被胜利冲昏了头脑，忽略敌人，不讲政策，进京后首领们生活腐化，发生宗派斗争，最后终于导致失败。

可怜的李自成英雄一世，最终还是被伟大领袖作为反面教材而载入历史。无独有偶，克伦威尔如果泉下有知，一定会和李自成同病相怜，惺惺相惜。

翻开世界人物宝典，很少有人像克伦威尔这样拥有戏剧化的人生。从清教徒乡绅到叱咤风云的军事天才，从受穷苦士兵爱戴的统帅到爱尔兰战场上的杀人魔王，从封建君主专制的坚定反对者到实行独裁统治的无冕之王，他给英国资产阶级革命留下了太多鲜明的印记。

克伦威尔是英国历史上最有争议的人物之一。颂扬他的人，将他视为一代英主，出将入相，不唯军功赫赫，政绩累累，而且功业标榜千秋，是古往今来英国人中最伟大的人；不喜欢他的人，则将他视为弑君者、独裁者和野心家，视之为历史上最善编造谎言、最虚伪、最野心勃勃的坏人，说他是世界上曾有过的最臭名昭著的暴君之一。恩格斯说他是"兼罗伯斯庇尔与拿破仑于一身"，而丘吉尔则认为"克伦威尔在很多方面和现代的独裁者不是一种类型"。休谟说他在许多方面是"一个优秀的人物，甚至是一个卓越的天才"，然而他却是"靠了欺骗和暴行才使他成为国家第一把手的"。

克伦威尔也许想不到，他生前集各种荣耀与尊贵于一身，虽非国王但却至尊无比，但死后长期不得安息，不仅被仇敌刨棺戮尸，悬首示众，而且还在长达几个世纪的时间里，为人们评论是非，议论短长。

但不论任何人，都无法否认克伦威尔在英国这场波澜壮阔的资产阶级大革命中所具有的历史地位。对此，即使克伦威尔的敌人和怀疑者，也无法完全否认克伦威尔过人的胆识以及雄才大略。对英国资产阶级革命始终持敌视态度的克拉伦顿，对克伦威尔的评价中似乎也充满了矛盾：

> 他是一个勇敢的坏人，这个篡位者尽管罪恶滔天，应受到诅咒，打入地狱，但他仍有某些优点使这个时代的某些人对他加以称颂。他具有一种特别的通晓人的本性和脾味的本领，而且还有一种伟大的精神和令人敬佩的郑重其事和远见卓识，以及一种宽宏博大的坚定性。

同样，英国长老派代表人物巴克斯特对克伦威尔也感到困惑："（他）本质上是诚实的，他一生中大部分的经历是虔诚的，有良知的，但在取得荣誉和功名后他堕落了。他的宗教热情完全为野心所取代，而且随着成功逐渐发展。当他的成就击败几乎所有对手时，他为那面临着他的最大诱惑所征服，正如他征服别人一样。"法国启蒙主义运动的代表人物伏尔泰则干脆将克伦威尔说成一半是流氓，一半是狂热分子。

回顾历史对于李自成和克伦威尔的各种矛盾评价，不禁疑问重重：李自成和克伦威尔，到底是为了实现个人野心而谋朝篡位的一代枭雄，还是推动历史前进的民族英雄？他们到底是推动了本国的社会进程，还是倒行逆施，误导了民族的发展之路呢？因为仅仅从结果来看，李自成和克伦威尔最终都未能创建出一种切实可行的崭新政体，而只能转身奔向那张专制王权的陈旧宝座。革命如果只是流血的循环，王冠的更迭，那么革命本身还存在任何合理的价值吗？寻找这个问题的答案，我们必须把眼光投向他们身后留下的广阔世界，从他们留下的政治遗产中探讨他们革命的成败。

如果仅从结果来看，无论是草莽英雄李自成，还是革命斗士克伦威尔，最终都坐上了那把皇帝的宝座，只不过名义不同罢了——一个是建号称制的封建皇帝，另一个是遮遮掩掩的"护国公"，他们的革命目标似乎殊途同归。所不同的是，李自成作为一个幸运的农民，推翻了另一个成功的农民朱元璋建立的封建王朝，但时间却实在短了一点——仅仅在前朝皇宫的龙椅上坐了一天便仓皇撤出京城，而克伦威尔却能在护国公的宝座上稳稳当当地坐了5年。

然而，克伦威尔这个"护国公"毕竟不是封建皇帝，李自成这种梁山聚义式的农民军领袖也无法和资产阶级革命家相提并论。一场全面的革命包括摧毁旧的政治制度以及旧的正统模式，由一批新的更有生气的精英人物取得政权，创立新的更强有力的政治制度。革命的政治任务的完成依赖于创造新的政治结构，从而使权力的集中和扩大得以稳定化和制度化。明末农民起义虽然规模巨大，其剧烈程度远非英国资产阶级革命所能比，但对社会改造的深刻程度却正好相反。李自成最终起义失败，究其源头是仍然没有走出小农意识的怪圈。所以，就注定了农民起义最终只能充当地主阶级改朝换代祭坛上的牺牲品，李自成所进行的事业不可能使中国社会获得一个新生，而且李自成内心也远远没有这样宏大的目标及实现的能力。

错位的革命

历史似乎在这一相同的时空里出现了错位：李自成更多地具备了西方式的民主作风，而克伦威尔则深谙"外宽内深"式的东方权谋。结果是表里如一、纯朴厚道的李自成，明显不如惯耍手腕、铁血无情的克伦威尔更加得心应手、事半功倍。

李自成不如历史上成功的流民皇帝刘邦那样举重若轻、运筹帷幄，也不如朱元璋那样从容无情、心狠手辣，而是始终在艰难、痛苦及无可奈何的状态下彷徨挣扎、左右摇摆，这也注定了他的失败。

李自成与其他各路农民义军，起事之初都是各自为战，自成一军的。后来由于李自成不断取得胜利，出现了百川归流、众人来投的局面。除张献忠部外，各支起义军都是听从他的号令。但要把原来松散的同级关系，整合成严格的上下级关系，则并非各路当惯了"山大王"的义军首领们所愿意遵奉的。

史籍记载反映，直到攻占北京之后，大顺政权内部的权力结构仍然是集体议政方式，众将领平起平坐，可以自由地各抒己见。在进入北京城之初，李自成每天早晨起来，骑马入西华门议事，或方巾，或白绒帽，无冠带仪从，唯四五骑为前导。他与牛金星、刘宗敏等二十余人均坐而议事，凡有大事，皆集众共谋之。甚至在吴三桂降清、山海关军情紧急的情况下，李自成还是召集刘宗敏等大将共商讨敌之计。

在戎马倥偬的岁月，集体议政成为农民军领导层习惯的权力运行规则，它是一种义军首领的平等联合，是建立在相互信任和彼此了解基础上的，甚至包含了相当浓郁的江湖义气和情感默契。"只要起义军将领的立场未变，他们在情感上就不会改变，乃至反对改变这种政治上的平等联合"。（简修炜、章义和：《李自成起义是旧式农民革命的最高峰》）

但在思想资源上，李自成和他的追随者显然是无法和克伦威尔的革命团队相比的。这也注定了李自成的队伍必然行之不远。

农民政权毕竟完全是照搬封建王朝的形式建立起来的，它没有也不可能去改变这个基础。几千年的中国封建传统社会中，"真命"或者"天命"的思想一直根深蒂固。在帝制大一统的传统中国政治进程中，所谓"天地君亲师"和"三纲三从"的封建礼教，如同牢不可破的铁律笼罩整个社会，成为不可挑战、不可更改的社会价值观念。这种天尊人卑、君尊臣卑、父尊子卑的不平等关系被视为理所当然，结果注定只能实行等级森严的君权政治或者神权政治。这与同时代的克伦威尔所在的西方已经萌发的人文、民主、平等思想是完全不同的。

大顺政权在没有推倒朱明政权之前，其内部力量在大敌当前的战争岁月中，保持着高度的团结一致性。但取得暂时胜利后，它就陷入了一种迷乱的困境中：起义究竟按哪些人的意志、朝什么方向发展？到底谁才最有资格坐上义军领袖的"第一把交椅"？一方面农民军最后必然形成的专制政权要求权威和意志必须高度集中统一；另一方面原来起义中形成的平等相待的兄弟之义，不仅不能造就新的更集中的权威，反而产生了攀肘涣散力量。这使李自成进退失据，无所适从。

中国历史上，农民起义军不管提出的口号是"贵贱均田"，还是"替天行道"，在最初争夺天下时，大都以"江湖义气"为革命纽带，大家有饭同吃，有难同当，有福同享。这是笼络人心的一种重要手段，必要时甚至还需要像梁山好汉那样神神鬼鬼地借助"天命"排好座次。但一旦夺取胜利后，当初的哥儿们义气在利益权势的诱惑面前不堪一击，如果没有崇高理想的激励和先进制度的约束，同室操戈的悲剧将不可避免地上演。

《甲申传信录》《再生纪略》等史籍就有大顺将士对李自成当皇帝感到心中不平的记载。李自成称帝，刘宗敏很不服气，说什么"我与他同作响马，何故拜他"。这种非议之声自然会形成对李自成向封建帝王转化的阻碍力量。再加之李自成秉性宽厚，不擅权术，使他在政权组织问题上左右为难，从而引起了起义军内部新的矛盾。

原则和纪律在感情与义气面前，一下变得如此苍白。李自成对这些同生共死的兄弟很快就失去了威信和约束力。农民军既形不成领导核心，也树不起核心领袖的必要权威，最终只能导致集团分裂，各自为政，人心离散。

李自成并非没有尝试通过高官厚禄拉拢人心。在未入北京之前他就开始了大规模的分封。但在强敌环伺的情况下，这种滥封滥赏带来的负面影响也是直接明显的，即官兵的离心离德和战斗力的严重下降——原来冲锋陷阵出生入死的大将，变成了享受荣华富贵的公卿大臣，原来愿以自己的血肉之躯去抵挡敌人刀枪来保护首领的士兵，成了无人敢管的霸王功臣。原来并肩战斗出生入死时兄弟父子般的那种感情消失了，取而代之的是歌舞升平中官僚与骄兵的沉沦，大臣间产生矛盾和隔阂，上下间不再令行禁止，言听计从。

据一些资料记载，李自成召集众将开会议事时，"诸贼出入宫闱，奔突禁阙，同坐同食，嘻笑嘈杂，全无统摄"，他们之间"无上下之别，极尊伪将与其兵丁皆席地并坐"，直呼李自成为"大哥""老李"。李自成置酒宫中，召集文臣武将聚餐敬酒时，牛金星、宋献策等文臣还算恭敬回应，但刘宗敏、李过等武将却"举手而已"，刘宗敏张口闭口只喊李自成为"大哥"，李自成也无可奈何，不敢计较。

表面看来，是李自成与部下关系融洽，民主气氛浓厚，但实质上，却完全是小农的散漫意识，缺少共同的理想，不能树立起绝对权威，而导致群龙无首。在起义军战士眼里，"刘李诸老爷不过老掌家而已"，有的甚至恶言秽语中伤李自成，说什么"我等汗血杀来天下，不是他的本事"，因而出现"时聚族殿上，谑浪笑傲，秽亵不堪"的场面。

大顺政权的领导核心，文臣牛金星，武将刘宗敏，可谓李自成的左右手。但牛金星却大树个人权势，四处拉帮结派，广结同党，凡是同乡故旧，皆得重用。李自成要刘宗敏停止夹拷百官，还不得不以"天象示警，宋军师言当省刑，宜酌放之"为借口。领导层中各行其是，李自成对各路神仙都难以形成约束。

李自成的个人权威遭到前所未有的挑战，而这一切又都源于他自己本身先天存在的思想矛盾性。

每个人性格思想的形成，都是无不与其生活经历有关。在那个"学而优则仕"的时代，读书人一旦高中，到衙门里做官，就摆起架子，作威作福，欺压百姓。李自成自己就深受贪官酷吏的压迫陷害，对此一直怀恨在心。明思宗在崇祯元年（1628）对驿站进行精简改革。李自成因丢失公文被裁撤，失业回家，并欠了债。同年冬季，李自成因缴不起举人艾诏的欠债，被艾举人告到米脂县衙。县令晏子宾将他"械而游于市，将置至死"，受尽侮辱，后由亲友侥幸救出。年底，他杀死作威作福的债主艾诏。接着，因妻子韩金儿和村上名叫盖虎的通奸，李自成又杀了妻子。两条人命在身，官府不能不问，吃官司不能不死，于是这才"逼上梁山"，参加义军。李自成惨痛的个人经历，使他内心深处对黑暗专制的等级压迫切齿痛恨，他自己也并不十分情愿再坐上那把继续吃人的龙椅，但从明末总的形势来看，在腐朽霉烂的封建文化土壤上，代表新的生产力的阶级仍然没有出现，建立一种前所未有的崭新政体完全没有可能。李自成注定只能用封建主义去反对封建主义，以李氏王朝的新龙椅去取代崇祯屁股下那把摇摇欲坠的破龙椅。这就是他的矛盾纠结之处。

李自成的革命怪圈，使我想起了 20 世纪最具原创性的思想家之一、美国的汉娜·阿伦特在《论革命》一书重点探讨的问题："当革命摧毁了君主的绝对权威之后，如何构建一个新的权威（绝对性），作为一切权力的合法性源泉？"阿伦特援引卢梭在《社会契约论》中的名言来说明这个悖论："政治学的大问题，是找到一种将法律置于人之上的政府形式，这个问题之难，可以与几何学中将圆变方的问题相媲美。"

黄金收买的革命最不可靠

李自成和他的农民军具有深深的小农思想的阶级局限性，不可能像英国资产阶级那样具备先进的指导思想，从坚定的革命信仰中汲取奋勇前进的动力。

克伦威尔的母亲于 94 岁那年去世。虽然这位老母亲并不希望儿子出将入相，还成天为他的安全提心吊胆，但对他的生活目标却表示出充分的理解。临终前她还握住儿子的手，含笑为他祝福：

> 上帝用他的光辉照耀着你，在处于逆境时抚慰你，使你能为了最崇高的上帝的光荣进行伟大的事业，拯救他的人民。我亲爱的儿子，我的心永远和你在一起，晚安。

克伦威尔虽然是一个狂热而坚定的宗教信徒，但他的信仰却是建立在深邃理性基础之上。在当时英国错综复杂的局面下，人们如何去判断什么才是上帝真正的"旨意"呢？某些清教徒声称上帝的旨意能直接展示在他们的面前，并往往将他们个人的看法假说成是"天意"。克伦威尔从不搞这一套。他在一次意在获得上帝旨意的祈祷会上说："我并不认为我已经得到了可以代表上帝讲话的东西。"他相信有些人可能是"按上帝的精神讲话的"，但是当"神的意志和神的发现"被作为政治活动的依据时，为了防止自我欺骗出现，人们必须采取谨慎的态度。他说："我们，几乎我们所有的人很容易把某些东西称为信仰，而这可能仅仅是世俗的幻想而已。"

至于克伦威尔自己，他更多地相信"天命"，而不是"神示"。既然世界上所发生的一切事情都是由上帝的旨意决定的，那么政治家们的任务就是去发现隐藏在事物内部的真正意图。因此每当遇到复杂的政治危机时，他总是宁愿多花点时间冷静地观察再做处理。这种迟缓不是优柔寡断，而是慎重的思考和判断。一旦下了决心，他就立即如同策马扬鞭驰向战场一般义无反顾、勇往直前。

而反观李自成的信仰，却显得那么虚无缥缈。

牛金星依附李自成之后，举荐了一个叫宋献策的卜卦人。宋献策身高不满三尺，精通河洛之术，见了李自成之后，就陈上谶记，上面有"十八子，主神器"六个字，意思是将来的天下必定姓"李"。李自成大喜，封他为军师。

崇祯十一年（1638）十月，李自成在函谷关被官军围住，损失惨重，就连妻子女儿也都失散，身边只剩下刘宗敏、李过、高一功等18人。

李自成的手下刘宗敏骁勇善战，本来是蓝田县的锻工，后来一直跟随李自成。他看到贼匪的势力越来越小，也想归降官兵。李自成察觉后，就私下对他说："有人说我能当天子，不料竟然一败至此。现有神明在上，我们就来卜上一卦。如若不吉利，你就砍了我的脑袋，去投奔官兵。"刘宗敏听了这话，就与李自成一同卜卦，谁知三卜三吉。刘宗敏于是痛下决心，回营杀掉两个妻子，表示跟随李自成到底，至死不变。其他人也被他煽动，一多半人杀死了妻妾。李自成把所有的军资全部烧毁，轻装上阵，成功突围。

主导李自成和起义军的，正是这种带有浓厚封建迷信色彩的信仰。

封建时代，正统的儒家思想是和统治阶级的利益结合在一起的，难以成为农民斗争的思想武器。而替天行道、天父下凡以及刀枪不入之类臆想中的传说，才为农民起义提供了精神力量的源泉。李自成仍然是利用民间信仰进行政治号召，他们的斗争因深信天命而带有浓厚的迷信色彩。李自成深信"十八子，主神器"的卦辞，以建立李氏王朝为奋斗目标，他提出"三年免征""五年不征""均田免粮"的口号，看似触及封建经济制度的根基，实则没有脱离封建王朝初建时的休养生息策略。他们的斗争方式也不外乎官逼民反、天逼人反的老套路，目的也只是杀贪官污吏、土豪劣绅，有田可耕，少交赋税。

革命的政治任务的完成依赖于创造新的政治结构，从而使权力的集中和扩大得以稳定化和制度化。共同的信仰和奋斗目标，应该是团结革命者的最强有力的精神纽带。

而在中国历史上，"大碗吃酒肉，论称分金银"，是历次农民起义的鲜明旗帜和有力号召。李自成和所有农民领袖一样，没有能力提出更明确清晰的政治纲领，也就没有办法进行坚定有力的政治号召。他团结招纳部属的手段多是利益收买，和当年的梁山好汉并没有本质的区别。而建立在利益基础上的事业往往是最不可靠的，"以势交者，势倾则绝；以利交者，利穷则散。"（《中说·礼乐》）

小生产者的极端自私性，是难以满足的。那么，李自成是如何继续巩固团结农民军将士的呢？大顺政权在西安创建起始，李自成就封刘宗敏等11人为侯爵，刘体纯等72人为伯爵，39人为子爵，50人为男爵。高官厚禄给他们带来了荣华富贵，也暂时成为凝聚大顺军人心士气的利益纽带。"贵贱均田"是李自成提出的起义口号，但起义军内部却贫富悬殊，甚至连马匹的分配也有严格等级区分。据《平寇志》载：李自成起义军"以马为家，大头领有六七十骑，或百骑，小头领亦有二三十骑"。连马都当作私有财产，而且占有不平均，可见农民军敛财求富到了何种程度。

在进攻北京之前，为激励官兵，李自成就像一个大掌柜一样和将士们提前"约分京师财物"：皇宫的内藏归他自己，皇亲国戚的财物归刘宗敏等人，明朝文臣的财物归牛金星、宋献策，小家富户的财物归各路小兵小将。可是，李自成进京后，并未兑现封赏承诺，当见军心动摇时，才"先行大赏：将领人百两，兵卒人十两"。结果，让一心暴富的大顺军将士"皆大失望"。面对这种赏不慰贪的局面，李自成只好放纵其下，大肆淫掠，无一家得免。大顺军更借拷掠前明京官而大搞株连，甚至连僧房饭肆也搜括俱尽。

一时间，那些起义军战士们身上各怀财宝，斗志全无。他们认为起义的目的已经达到了，"掳掠腰缠，多者千余金，最少者亦不下三四百金，人人有富足还乡之心，无勇往赴战之气，临敌必至怯亡，平日渐将溃散"。而起义军内部则出现"上下争利、文武争权"的乱象。从上到下追名逐利，纸醉金迷，李自成软弱无力，难以驾驭。由于起义军内部无法整肃，以致那些降将降兵闻风而动，出卖了旧主还想出卖新主，随时都准备着"弃暗投明"，百万义军几乎成为"乌合之众"。

历史也为此开了一个极大的玩笑：大约七百余年前，另一场声势浩大的农民起义黄巢起义爆发了，正因为李自成的党项人祖先追杀黄巢有功，被唐僖宗赐名李继迁。想不到七百年后，他的后代李自成以比黄巢还悲惨的结局退出了历史舞台。

李自成的悲剧又是不可避免的。李自成有帝王之志，但无帝王之才。何况那个时代没有给李自成提供让中国社会脱胎换骨的条件，也注定不会产生一个让中国改天换地的李自成。不管李自成是否会坐稳江山，保住皇帝的宝座，最后都必将以悲剧的形式收尾。李自成即使坐稳了皇帝的位子，并且代代相传，但终有一天，这个政权还是会被新的社会形态所推翻，这是历史发展的必然规律。因此李自成的悲剧，实质上也是所有农民起义共同的悲剧。

两千多年治乱循环，不过就由这些悲喜剧连接而成。于是，以李自成和克伦威尔领导的两场群众运动为标志，17 至 18 世纪末的东西方已经出现了不同的发展趋向：东方继续沿着它原来的轨迹进行封建王朝的循环；而西方则发生了一个质变，开始了更高层次上的历史发展。东方从属于西方的历史发展大势在那时已经埋下了伏笔。

李鸿章和伊藤博文的较量

生前身后　命运迥异

甲午战败，1895 年 4 月，天朝首辅李鸿章枉驾屈尊，赴"蕞尔"小国日本马关乞和。议和期间，日本首相伊藤博文来访。两个"老朋友"展开了一场有意思的对话：

伊藤博文：30 年前，还是受到中堂大人您的感召，博文这才奋然投身政界啊！

李鸿章：这个倒是闻所未闻。

伊藤博文："一万年来谁著史？三千里外欲封侯！"当年中堂壮志，气冲霄汉。博文那时 20 多岁，读了中堂此诗，热血沸腾哪！

李鸿章：年轻狂妄，不值一提。

伊藤博文：不然。一万年来谁著史？自然是中堂这般人物。博文不才，虽略通汉学，不敢谈万年之事，但心中有几个疑团，今日幸会，还请赐教。

李鸿章：有话请讲。

伊藤博文：贵国汉有霍光，一代权臣，中堂与之做比，自以为如何呀？

李鸿章：霍光是宰相，我不是。

伊藤博文：那诸葛孔明呢？他是忠臣、儒臣，军事家、政治家、外交家，博文以为，华夏三千年，集此五种资格于一身者，孔明之后，中堂一人而已。

李鸿章：孔明赞主创业，鸿章保主守业，守业比创业难哪！其他的嘛，老夫的犬马恋主之诚，鞠躬尽瘁，死而后已，或与孔明似之？

伊藤博文：那中堂与德国的铁血宰相俾斯麦相比如何呀？世人论中堂，称为"东方俾斯麦"，中堂如何自评？

李鸿章：他与我，都志在富国强兵。

伊藤博文：中堂以为博文如何呀？

李鸿章：历史自有定评。

这是电视剧《走向共和》的一个片段。李、伊二人，均心高位尊，在各自国家莫不举国听命，权倾一时。然而，"风雨孤舟夜，关河两鬓霜"，李中堂此时乃以一介丧权辱国之身，向胜利者纳款乞和，讨价还价，其羞怨复杂的心情，可以想象。而伊藤博文则以胜利者的礼貌周全，带着故意不露声色的傲慢气焰，顾盼自雄，和中堂大人青梅煮酒，东瀛论剑，笑谈四海英雄。

"真是岁月无常，天翻地覆啊！"伊藤道，"我曾经给过大人一句忠告，希望贵国迅速改革内政，否则我国必定后来居上，如今10年过去，我的话应验了吧？"李鸿章叹了一口气说："改革内政，我非不欲做，但我们国家太大，君臣朝野人心不齐，不像贵国一样上下一心。如果我们两人易地以处，结果会如何？"伊藤思忖片刻，表示："如果你是我，在日本一定干得比我强；如果我是你，在中国不一定干得比你好。"

马关谈判是一场恶狼与羔羊的较量。年近七旬的李鸿章，刚刚遭到日本极端分子小山丰太郎开枪刺杀，弹中颧骨，但他仍头缠绷带，强忍剧痛，抱着"争得一分是一分"的态度，在谈判桌上拼力力争，"舌敝唇焦，磨到尽头处"。但居高临下的伊藤却面无表情，毫无商改之处。清廷怕担骂名，骑墙推诿，李鸿章最后只好忍辱含悲，签下了中国近代史上最耻辱的《马关条约》。

马关归来，李鸿章已经精疲力竭了。谁想刚一回国顿遭万人唾骂，举国上下群情汹汹，恨不能食肉寝皮。有人甚至写出了一副四处传扬的对联："杨三已死无苏丑，李二先生是汉奸！"（李鸿章排行第二，杨三为当时苏昆名丑）朝廷见民怨沸腾，即令李鸿章奉旨"入阁办事"，实是"久居散地"。轰轰烈烈的"洋务自强"，如风中泡沫，转瞬破灭。

秋风白发人，英雄末路处，李鸿章忧谗畏讥，仰天长叹：

> 予少年科第，壮年戎马，中年封疆，晚年洋务。一路扶摇，遭遇不为不幸。自问亦未有何等陨越。乃无端发生中日交涉，至一生事业，扫地无余，如欧阳公所言："半生名节，被后生辈描画都尽。"环境所迫，无可如何。

此时又有谁知道，甲午战争的失败，李鸿章一手经营的北洋水师全军覆没，他心中其实比任何人都锥心痛苦。他的朋友吴汝纶回忆说："平壤之败，李相痛哭流涕，彻夜不寐……及旅顺失守，愤不欲生。"

而远在东瀛扶桑，举国狂欢。"醒掌天下权，醉卧美人膝"的伊藤博文，在日本成为争相传颂的盖世功臣，日本人专门为他塑立铜像，晋赐侯爵，赐金十万，功成名就，好不风光。

甲午之败，非但日中两国成雄败寇，乾坤倒转，国运迥异，同时更是李鸿章和伊藤博文生平事业最后定格的一幕历史悲喜剧。

"伤心最苦人易老，哪堪西风吹暮年。"李鸿章这个大清国的头号"消防员"，一生四处"救火"，疲于奔命，签订了一系列为后世诟骂的不平等条约。他的每一次出场，无不是在家国危死之时，承担的无不是"人情所最难堪"之事。泱泱神州，时局艰难，风雨如晦，李鸿章心力交瘁，如风中落叶。他涕泪交流地对朋友说："我已垂老，尚能活几年。总之，当一日和尚撞一天钟。钟不鸣了，和尚也死了。"

1901 年 11 月 7 日，这位大清国的重臣已处于油尽灯枯之际，临死之前一个小时，俄国公使还不放过这位行将就木的可怜老人，恫喝催促，站在床头逼迫他为条约签字画押。俄国人走了之后，身着殓衣的李鸿章已处于口不能语的状态。身边的人哭号着对他说："俄国人说了，中堂走了以后，绝不与中国为难！还有，两宫不久就能抵京了！"延至次日午刻，目犹瞠视不瞑。其心腹周馥哭号着说："老夫子有何心思放不下，不忍去耶？公所经手未了事，我辈可以办了。请放心去吧！"李鸿章忽然睁大眼睛，嘴唇喃喃颤动，两滴清泪缓缓滚出眼窝。周馥一面哭号，一面用手抚其眼睑，李鸿章的双眼方才合上，须臾气绝。终年 78 岁。

李鸿章临终前，曾吟诗一首：

> 劳劳车马未离鞍，临事方知一死难。
> 三百年来伤国步，八千里外吊民残。
> 秋风宝剑孤臣泪，落日旌旗大将坛。
> 海外尘氛犹未息，诸君莫作等闲看。

一番伤国怀乡、离乱落魄之情，泪湿青衫，力透纸背，哪里还有当年挥毫写就"丈夫只手把吴钩，意气高于百尺楼。一万年来谁著史，三千里外欲封侯"、令伊藤博文也佩服得五体投地的李鸿章的影子啊！

可临死，他还念念不忘提醒国人警惕虎视眈眈的强盗邻居。这其中，自然有伊藤博文和他主政下迅速崛起的日本。

出身不同　背道而驰

李鸿章与伊藤博文，一个是中国的首辅大臣，一个是日本的首任首相，地位相当，时代相同，风云际会，砥柱中流。面对共同的"千年未有之变局"，历史发令枪猛然打响，在中日近代化大比拼的赛道上，洋务运动与明治维新同时起跑。怀着富国强兵的同样梦想，李鸿章和伊藤博文作为领军人物，带领各自的国家一路追赶。尽管日本起步比中国还迟，然而最终结局却大相径庭，一悲一喜：大清王朝愈加摇摇欲坠，日本帝国则一飞冲天。

世事流云，人生飞絮，同样是"经世之才"，一个身背骂名，抑郁而终；一个大功告成，奇勋盖世。这样悬殊的结果，难道真的是南橘北枳、水土不服？还是真如李鸿章所抱怨的，只怪"君臣朝野人心不齐"？斯人已乘黄鹤去，当时成败已沧桑。千秋功罪，任人评说。

事实上，也许很多历史学家都忽略了，解开二人命运的密码，1865年是一个重要的年份。

1865年1月12日，日本改革派武士不顾实力悬殊，奋然在下关发动长州起义，与封建幕府势力决一死战。起义领袖高杉晋作奋然写下绝命书："国家有难，心中如火"，为"忠义之鬼，快哉，快哉！"（百日维新失败后，谭嗣同在菜市口临刑时，也曾高呼："有心杀贼，无力回天。死得其所，快哉快哉！"其言何似，其情何异。）举事之际，很多人突然犹豫观望，幻想通过谈判媾和自保，高杉晋作坚决反对，他形单影只，与众人争得面红耳赤。在此箭在弦上、千钧一发之时，伊藤博文率领力士队30人和另外80人挺身而出，支持起义。经过浴血拼杀，起义竟奇迹般取得了胜利，长州成为倒幕斗争的强有力的基地。

而在同一年，42岁的李鸿章早已官至两江总督，扩建金陵制造局，开始了振兴中国近代军事工业。可以说无论是沙场征战，还是洋务维新，24岁的下级武士伊藤博文在老前辈李鸿章面前，都只是个姗姗来迟、微不足道的青皮后生而已。

谁又能想到，这场龟兔赛跑，其实从一开始就胜败已定。

李鸿章和伊藤博文都属于"士"阶层。不同的是，李鸿章出身"以科甲奋起"的士大夫之家，而伊藤博文则出身于破落武士之家。两人都有补天之才，凌云之志，但阶级出身不同，成长环境有别，其人不同，则其道相异。李鸿章要补的必然是封建王朝的"天"，伊藤博文则要打破封建专制的坛坛罐罐。为维护大清王朝，李鸿章"无论如何之事，不惊其魂，不恼其心，彼能忍人所不能忍"，流连帝制官场，享受权力巅峰，连梁启超也忍无可忍，批判他是"有阅历而无血性之人也"。

梁公此言，其实差矣。李鸿章一生事业，与"血性"无关。

"社会存在决定社会意识"。自明末资本主义萌芽昙花一现，一直到鸦片战争前后，中国封建社会还是"铁板一块"，封建制度相当牢固。"学而优则仕"，"封妻荫子"，"功成身退"仍然是中国士人千百年来梦寐以求的至高理想。就李鸿章而言，从他办团练、统淮军，为挽救清王朝统治浴血奋战那天开始，历史就注定了他只能是一位"卫道""救时"的封建官僚。他24岁即成为科场得意的青年才子，眼光超卓，手腕敏捷，一路凯歌，扶摇直上：大学士、北洋大臣、直隶总督……诚如他自己所言"遭遇不为不幸"。这样的际遇，岂能不"谢主隆恩"？又岂能不拼死为大清王朝效犬马之诚？他一辈子的事业荣华，都靠自己流血流汗奋斗得来，焉能不嗜之如命，甘之如饴？

曾国藩深谙此点，评价他的两个弟子"俞樾拼命著书，少荃（李鸿章）拼命做官"。李鸿章以高度的自觉、狂热的劲头、强烈的欲望追逐功名权力，不分顺境逆境，不问成败利钝，功名利禄就是他的命根子。最具代表性的一件事是，李鸿章后来赏爵封疆，位列首辅，被授予万众瞩目的"文华殿大学士"，有了"丞相之名"，成为有清一代唯一获此殊荣的汉人。当时有着帝师之尊的翁同龢对"文华殿大学士"这个高居汉臣之首的名号觊觎已久，趁李鸿章闲居落拓众叛亲离之际，派袁世凯以旧僚之名前来游说他交出此位，以李代桃僵。袁话未说完，李鸿章早已如割心肝，气冲斗牛，将他骂了个狗血喷头！

李鸿章在那个时代确实具备他人罕有的开拓意识，但他断不会成为伊藤博文那样具有资产阶级思想的革命者。可笑孙中山年轻时，还曾充满幻想去说服中堂大人一起"闹革命"、兴共和，幸得老人家胸怀宽大，阅历深厚，把孙文一笑打发之。要不早以"谋反"之罪，要了他的脑袋！

反观伊藤，则南辕北辙。

1853年7月8日，美国"蒸汽船之父"、东印度舰队司令培里率队悍然闯入日本，震惊全国。当武士们穿着旧式甲胄，扛着生锈的铁铳，用牛车拉出炮筒前往防备时，才发现他们的全部火力，还不及美舰的二分之一。培里使用的洋枪洋炮，让幕府武士们看着胆战心惊，完全丧失了战斗意志。培里代表美国总统提出了开港通商的要求。这位前不久刚在美国与墨西哥的海战中大获全胜的将军，十分自负地对前来交涉的日本使者说，你们最好不要抵抗，因为一旦开战，结局只有一个，那就是：美国必胜。

向来就有深重"岛国焦虑"症的日本人，面对冒着滚滚黑烟的战舰和美国人不容置疑的"开国"通牒目瞪口呆。软弱无能的幕府统治者一时慌乱无措。培里在炫耀武力的同时，用电报机、望远镜、蒸汽机车和大炮彻底俘虏了日本人的心。正如明治初年的启蒙思想家福泽谕吉在《文明论概略》中写道："嘉永年间美国人跨海而来，仿佛在我国人民心头燃起了一把烈火，这把烈火一经燃烧起来便永不熄灭。"这把烈火就是指"汲取西洋文明的热情"。

外因是变化的条件，内因才是变化的根据。当时的日本，远不如中国封建皇权统治稳固。幕府与天皇、幕府与外藩、高级武士与下级武士之间矛盾重重，危机四伏。封建藩主穷奢极欲，他们的信条是"农民和芝麻越榨越出油"。包括伊藤博文在内的一些下级武士，景况日益破落。他们诅咒"门阀制度乃我父之敌"，怨恨因出身低微而不能升迁，火山蕴藏在他们心中。

美国黑船的一声惊鸣，使原本一心练习剑术、成为剑士的伊藤博文们幡然醒悟：学剑只能敌一人，而不能"与万国对峙"。他们认识到仅仅改朝换代，不足以救日本了！

伊藤博文正是在揭竿而起推翻封建幕府的血火斗争中崭露头角的。在倒藩过程中，他深感必须"明察世界大势，欲与五洲各国并立，就不能以世禄之制建立国政"，为此于明治元年首先提出"废除诸藩"，"使全国政治划一"的建议。最终，武士们以"王政复古"的名义，历经长达15年奋战，终于推翻了幕府的统治，扶持明治天皇成立新政府。可以说，伊藤博文的身上虽留有封建武士的胎记，但他追求的是近代日本走向资本主义的方向，走的是与李鸿章截然相反的道路。

这里深藏着令人深思的历史悖论。美国学者鲁思·本尼迪克特对日本民族精神和文化性格做出过精辟解析，她在著名的《菊花与刀》一书中这样写道：

> 日本文化有双重性，就像菊花与刀。菊花是日本皇家家徽，刀是武家文化的象征。日本人爱美而又黩武，尚礼而又好斗，喜新而又顽固，服从而又不驯，忠贞而易于叛变，勇敢而又懦弱，保守而又求新。

不管"菊花"也好，"刀"也好，只要能达到进取自强，进而征服对手的目的，在日本人的世界里，敌人可以成为最好的老师，比如美国；老师也可以成为被打的敌人，比如中国。

有意思的是，2003 年 8 月，日本横须贺市举行了规模宏大的庆祝活动，以纪念培里在横须贺登陆 150 周年，还给培里塑了铜像。当年美国军舰敲开日本国门，日本人内心尽管充满着恐惧和自卑，但他们庆幸自己被及早惊醒，奋起直追。当时的中国则像一个衣衫破落的梦游患者，被列强的炮火惊醒后，只是怒不可遏地觉得惊醒他的人罪该万死。

世上已无李鸿章，时代的悲剧已成历史。真正的大国不应被误读，更不应自欺欺人。正是因为知耻后勇，知难而进，才有今天中国真正的腾飞和崛起。

外交运筹　南辕北辙

> 清国铁腕人物、美利坚合众国的贵宾李鸿章昨日下午 2 时乘"圣路易斯"号邮轮抵达纽约，他的头衔除大清国直隶总督外，还有"清国总理大臣"、"外务大臣"、"北洋大臣"、钦封一品正堂等。他既是著名的军事将领，又是政治家、金融家和外交家。这次他是作为大清国特命全权公使结束访俄使命后正式访问美国的。他在码头受到了美国政府代表的贵宾式接待，这不仅表明了他个人所具有的崇高尊严，同时也表明了大清帝国的伟大。
>
> ——郑曦原编：《帝国的回忆》

这是来自 1896 年 8 月 29 日《纽约时报》的报道。当时洋人的眼中根本没有"东亚病夫"的半点位置，而对李鸿章却表达了他们崇高的敬意。当李鸿章乘坐的邮轮到达纽约港时，美国海军最强大的舰队依次列阵港湾，鸣炮致敬欢迎大清国的重臣。

在不可一世的洋人面前，李鸿章从容自在地抽着美国雪茄，悠闲地品尝法国红酒，听英文歌曲，谈新闻自由，用美国卢杰将军的话来说，李此次访问"就像是一个国际大家庭里的大哥哥探访远方的弟弟"。

一位英国人这样描述了他所看到的 73 岁的李鸿章：

> 他像来自另外一个世界的身材奇高、容貌慈祥的异乡人。他蓝色的长袍光彩夺目，步伐和举止端庄，向看他的每个人投以感激的优雅的微笑。从容貌看来，这一代或上一代人都会认为李鸿章难以接近，这不是因为他给你巨大的成就或人格力量的深刻印象，而是他的神采给人以威严的感觉，像是某种半神半人，自信超然，然而又有文雅和对苦苦挣扎的芸芸众生的优越感。

在西方人眼中，只知有李鸿章，不知有中国。他是东方智慧的完美化身，是富有人格魅力的慈祥长者。当他在盛大的游行队伍簇拥下经过华盛顿拱门时，"有五十万纽约人目睹了他身着长袍代表国家尊严的形象"。

这就是洋人眼中的李鸿章，完全是一副对西方世界了然于胸的李鸿章。

事实果真如此吗？长袍马褂的李鸿章，难道真的搭上了时代的列车？

睁眼看世界，19 世纪，是西方的黄金时代，却是中国人最痛苦羞辱的时代。西洋文明如红日之东升，喷涌而出：火车、电话、大炮、巨舰；追求科学、民主、人性尊严……在人类文明接力赛中，欧洲由跑步而飞奔。而此时的中国，充斥满眼的是愚昧贫穷、贪污腐化，男人叩首、女人缠足。上自朝廷、官府，下至士大夫，自恃疆土辽阔，地大物博，盲目乐观，高枕无忧，即使边陲海疆有事，那也相隔遥远，与己无关，何碍大局！

在举朝昏昏的同僚大员中，李鸿章的近代意识和世界眼光，确实要高出一筹。但他"知西来之大势，识外国之文明"，也只不过是比他的前辈曾国藩、左宗棠、曾国荃等高明。他的国际意识和外交观念，则未能与时俱进。

李鸿章向以"才大心细""劲气内敛"见称，他久历宦海，人情练达，政治才能也许不在伊藤博文之下，正如有的日本论者所说，伊藤博文的"智略未及李鸿章"。但李鸿章对真正意义的近代国际关系，包括国家主权原则、国际法原则和势力均衡政策等内涵可以说不甚了了，搞外交直觉多于理性，权谋胜过策略，完全是靠春秋战国纵横家那套合纵连横之术，左支右绌，疲于应付，最后无不以失败告终。

内治不修，何谈外交。按道理讲，李鸿章目睹时局艰难，清楚国力孱弱，立足忍小愤而图远虑，求和平而不轻启边衅，是明智之举。可惜他试图天真地依赖"以夷制夷"，利用各国的势力来玩弄平衡，"专以联某国制某国为主"，而所谓联者，又非平时结交，全靠临时拼凑。对时局的错误判断，对列强的不甚了解，导致"偷鸡不成蚀把米"，总是被别人玩弄。既浪费了时间和精力，也耽误了战备和时机。他早年就对日本的狼子野心洞若观火，不断激励同僚"要当刻刻自强，便可相安无事"。然而正因没有正确的外交思想，他又对日本抱有"某种模糊的希望"。1894 年日本蓄意使朝鲜局势破裂发动甲午战争时，他仍把国家的命运寄托于列强身上，沉湎于"万国问日开衅之罪"和"俄人兴兵逐倭"；而早在 1874 年底，他其实就已看出日本崛起对中国生存的威胁，他曾在奏折中忧心忡忡地说：日本"伺我虚实，诚为中国永远大患"。

李鸿章的外交术，放在当时的中国诚为第一流，置之世界，则令人瞠目。如梁启超言："挟小智小术，欲与地球著名之大政治家相角，让其大者，而争其小者。"概言之，李氏外交术不外乎"三板斧"：始以"天朝"自大，继畏"西夷"如虎，终以妥协收场。

相反，在日本人那里，实力和强权才是最重要的。明治维新初年，明治天皇即颁布亲笔谕示说，在诸国争雄竞长、飞跃前进之时，必须结束以往"偷一日之安，忘百年之忧"的状况，"开拓万里波涛，布国威于四方"。1873 年岩仓使节团访德时，俾斯麦密授心机说，如今世界各国表面上都说要以礼仪相交，实际上"是强弱相凌"，万国公法完全"系于国力强弱"。说白了，落后就意味着挨打，自强才能自立。伊藤对这些说教心领神会，奉守唯谨。他知道，所谓国际公法只是挂在墙壁上的诺言，是镜中花水中月，"不足恃，也不足守"。日本誓死图强自立，跻身世界列强，最终得以奉行务实外交，强权外交。

李鸿章虽然也知道"洋人论势不论理"之类的道理，却对近代国际交往准则一知半解。比如他轻信"联俄抗日"，让狡猾的俄国人通过《中俄密约》获得西伯利亚铁路的筑路权，迫使清政府租让旅顺口，黄遵宪叹他"老来失计亲豺虎"，真可谓一语中的。然而，一间关了几千年的铁屋子，猝然打开，黄老夫子您又怎能要求读着"四书五经"、兼爱非攻的李鸿章一下成为"世界公民"？ 1896 年他由俄赴德访问时，德国大臣欢迎时说："唯早来二十五年，岂不更妙？"亲昵之中不无辛讽之意。

1901 年 9 月，在西方列强威逼下签订完空前悲惨的城下之盟《辛丑条约》，78 岁的李鸿章伏在病榻上颤抖不止地给朝廷写下最后的奏章，也是他生平外交思想的最后总结：

> 臣等伏查近数十年内，每有一次构衅，必多一次吃亏……今议和已成，大局少定，仍望朝廷，坚持定见，外修和好，内图富强，或可有转机。

"是处青山可埋骨，他年夜雨独伤神"，70 年来的家国离乱，直到此时李鸿章才明白"外修和好，内图富强"有多么重要！难以想象他即将告别人世时写下"必多一次吃亏"时是怎样的心情？在黄河岸边的辉县，从陕西回銮的路上读到李鸿章这份奏章，"太后及帝哭失声"。

洋务维新　其"道"不同

1901 年 12 月 26 日，即李鸿章死后 50 天。一代大家梁启超便写出煌煌大作《李鸿章传》。该书叙述评价了李鸿章的风云一生，并率先把李鸿章与伊藤博文做了比较分析。梁启超认为："鸿章必为数千年中国历史上一人物，无可疑也。李鸿章必为 19 世纪世界历史上一人物，无可疑也。"在早年的"栉风沐雨之阅历"方面，"伊非李之匹"，而李在政治识见和客观环境方面，难比伊藤。梁还把李鸿章放在近代"国民国家"的政治理念下进行评判，指出"今日世界之竞争不在国家而在国民"，而李鸿章"不识国民之原理，不通世界之大势，不知政治之本原"；"知有洋务而不知有国务"，"知有兵事而不知有民政，知有外交而不知有内治，知有朝廷而不知有国民"，认为李鸿章是时势所造之英雄，非造时势之英雄。

梁启超学贯中西，识见犀利。千载而下，恐怕对李认识评判的客观全面，无出其右者。不过，梁任公只见树木，未见森林；只见其果，未证其因。

苹果埋进肥沃的土壤就会生根发芽，投进五色酱缸只会腐烂变质。让我们试着从文化结构上找找原因。

据李鸿章的幕僚范当世说，李在直隶任内，喜看《管子》，甲午战争后喜看《庄子》，就这么两本书。李鸿章是沿着传统的科举道路跻身官场的，他的知识结构是中国传统儒家文化，这种知识结构本身的弱点与缺陷，决定了他不可能走得更远。著名科学家周光召指出："中国古代大多数知识分子不善于做定量的数学分析和形式逻辑的推理……所以对自然界的理解常常是一种猜测，缺少科学根据。"中国传统的儒家文化尽管不乏深刻的见解，合理的成分，但总体上，其基本主张、价值观念、思维方式，与现代化发展趋势是不相适应的。就连被称为"东方圣哲"，终生致力于弘扬儒家文化的著名学者梁漱溟，晚年也曾深刻反思说："儒学开不出新天地来。"

伊藤博文的知识结构和文化观念，显然要比李鸿章开阔新颖得多。梁启超说："伊有优于李者一事焉，则曾游学欧洲，知政治之本原是也。"他多才多艺，学过汉语，在倒幕运动中又学会了英语，不断从洋学中获得启益。1863至1864年，他曾留学英国。时日虽短，见识颇丰。他在日本政要中向以"勤学家"和"读书癖"著称，直至做了总理大臣后，依然驱车至丸善书店看书，连外国的新闻杂志都期期必看。

然而，在几乎没人知道世界上有蒸汽机的大清国里，头上顶戴花翎、脑后依然拖着辫子的李鸿章，练淮军、兴北洋，开招商局、置机器局，制造兵器、倡设铁路……如果没有点儿洋务真功夫，能办出中国47个"第一"？仅仅从自身文化结构上找原因，显然是不够的。伊藤博文照样精通儒学，乐此不疲（他的姓名就来源于《论语·雍也》："君子博学于文"），甚至他的治国名言就是"一手拿《论语》，一手拿算盘"。他为什么没有"中毒"呢？

追根溯源，李鸿章在理智上倾向于未来，而在感情上却倾向于过去。他的脚跨进了新时代，而脑袋却还留在旧时代，如梁启超说："伊藤博文能制定宪法为日本长治久安之计，李鸿章则惟弥缝补苴，画虎效颦，而终无成就也。"尽管他接受了鸦片战争后"经世之学"的影响，但他对西学的了解，始终停留在比较浅薄的"器物"层面上。他作为大清重臣，迫于满朝清流物议之压力，变革只敢触及器物层面，绝不敢越"中体西用"雷池一步，抱残守缺，胶柱鼓瑟，"未尝有立百年大计以遗后人之志"。如他自己所言，只是"做一日和尚撞一日钟"。

早在明治维新开始之初，"维新三杰"就为日本制定了明确的立国目标和基本方针，即"富国强兵""文明开化""殖产兴业"三大政策。随后颁布的《五条誓文》，把上下一心、破除陋习、学习欧美等五条作为大政方针，为日本朝向近代资本主义强国开辟了道路。

一个国家的近代化，如何正确对待"西化"和西方文化，也是一个非常重要的问题。台湾学者柏杨比喻得好，大清朝就像一个被击败的癌症末期的老拳师，在观察强大对手的优点时，不归功于对手的强壮如牛，反而归功于对手有一副漂亮的拳击手套。老拳师认为自己只要也有这么一副漂亮手套，就可发生同等威力。

李鸿章并非是掩耳盗铃的睁眼瞎，他既羡慕西洋文明的巨大威力，又固守中华文化天下第一的陈旧观念。中西文化的矛盾与不调和，妨碍了他在深层次上吸取西方近代文化。他培养西学人才，要么为军事人才，要么为翻译人才，比如他在 19 世纪 70 至 80 年代，所奏派的二百余名正式留学欧美的学生，全是学习军事和工程技术等，没有学习西方哲学、政治和文史等学科的。

在事关国计民生的大政方针上，他遵循历代封建王朝"重农抑商"的弊政，只为清政府谋财，不重视为老百姓谋利。他只重视"劲卒"，不重视"豪商"，推行缺乏经济灵魂的政策结果，是中国既没有"豪商"，也没有"劲卒"。整个中国的近代化，都是在畸形的轨道上爬行。

当大清国"天朝"上下羞羞答答撩开西洋的神秘面纱时，日本举国喊响了全面"脱亚入欧"的口号，掀起了一波又一波"文明开化"的狂潮。天皇吃起了牛肉，官员们穿起了燕尾服，举国上下刮起了铺天盖地的"欧风美雨"：吃西餐、穿洋服、说英语、理分头、跳交谊舞甚至嫁洋人，都被视作"上流生活"。有一首打油诗说："敲敲短发蓬松的天灵盖，文明开化的声音就响起来。"

伊藤博文"喜好洋风"，是"欧化政策"的积极倡导者。但他顺应大势，照顾国情，既不妄自尊大，也不妄自菲薄，扭转了浅薄庸俗、极端西化的倾向。

日本一时出现了西服与和服并存、酒吧与茶室共处、西洋歌剧和日本浮世绘竞相夺目的奇观。在此基础上,伊藤博文大力"劝奖百工"、扶持私营企业,使日本经济欣欣向荣。耐人寻味的是,尽管强调"富国强兵",但伊藤博文却始终把"殖产兴业"作为"富国强兵"的基础。伊藤博文既重视"劲卒",更重视"豪商",结果日本"豪商"遍地,"劲卒"无敌。

按近代文化标准,伊藤博文要比李鸿章"文明开化"得多。1896 年李鸿章访俄时,俄国财政大臣维特评论对李的印象说:"从中国文明的角度看",他是"高度文明的",但"从我们欧洲的观点看,他是没有享受什么教育,也并不文明"。

在维特评价李鸿章 5 年之后,伊藤博文于 1901 年 9 月获赠美国耶鲁大学名誉法学博士学位。

天地人和　霄壤之别

在国际风潮雷动、国运江河日下之际,清朝士大夫阶层还是媚夷、艳夷、鄙夷、仇夷。这些人对外来文化从来不屑一顾。他们孤陋寡闻,夜郎自大,擅长舞文弄墨,高谈阔论,对西方的"奇技淫巧"往往嗤之以鼻。从皇帝大臣到街头小贩,坚定地认为,以牛奶为饮食的红毛巨鼻的西洋人,肯定有犬羊的本质:英国王位竟由女儿继承,简直是无父无君的蛮夷之邦;法国国王长发披肩,据说还煮食儿童,显然是女扮男装的活妖精;俄国女皇就更不知廉耻了,经常更换情夫,还将他们随时杀头……洋人们可怜又可悲哪!

这样低劣的民族,值得我物华天宝的"天朝大国"去学习吗?西学在中国所受的冷遇,可以想象。在这样的文化土壤上负重前行,李鸿章显然是极其孤独的。

梁启超说:"日本之学如伊藤者,其辈无数;中国之才如李某者,其同辈中不得一人。"李鸿章固然不完美,而梁启超仍断言"现今五十岁以上之人,三四品以上之官,无一可以望李之肩背者"。日本明治政府的主要官员,绝大多数曾留学或考察过欧美,"维新三杰"更是家喻户晓,成为维新启蒙的精神导师。文相森有礼曾留学英美，是日本著名启蒙思想家；外相井上馨是"欧化政策"的首倡者；藏相松方正义是日本新产业政策的制定人。这样"异体同心"的领导核心自然能使伊藤博文的政治主张顺利推行。明治维新的成功，非伊藤博文一人之力，不但有时代的切实要求，更是日本民族统一的思想、统一的信仰、统一的力量使然。

反观晚清，在面临民族存亡的生死关头，朝廷大员仍党同伐异，权衡官场得失，清流物议，飞短流长，唯恐李鸿章独抢风头。骄奢淫逸、权力欲极强的慈禧太后把持临朝，因循腐败。而日本明治天皇和洽臣众，"励精图治"。在举朝浑噩的环境中，李鸿章犹如"鹤立鸡群"，但却孤掌难鸣；被日本人称为"际遇最好"的伊藤博文，在"臣民一心"的政治环境中，自然"水涨船高"，扬帆远行。

那么，假如伊藤博文主动找上门来"传经送宝"呢？1898年戊戌变法，在康有为等维新党人的积极运作下，下野后的伊藤博文来华游历，京师盛传光绪皇帝要聘请这个外国人做客卿、当顾问。这下可捅了马蜂窝！御史杨崇伊上奏慈禧太后"一旦伊藤果用，则祖宗所传之天下，不斥拱手让人"。慈禧又惊又怒，如临大敌，立即从颐和园匆匆赶回宫中，不但严格审查光绪会见时的问答底稿，还躲在勤政殿后秘密监控。光绪虽然话到嘴边，可哪里还敢乱说乱动，问了一些"贵侯于何日到""一路平安否"的屁话，15分钟便草草收场。伊藤博文本来盛赞中国变法之伟业，很想为中国做些事情，见此情景，心如明镜，兴致全无，失望而去。这位最了解李鸿章的老对手后来感叹说："李鸿章的任务，比起今天人们所能想象到的，要艰巨得多。清政府从整体上看，给李鸿章增加了很多障妨。它充满了官僚主义陋习、地方主义观念和派系的明争暗斗。"难怪德国铁血宰相俾斯麦也为李鸿章悲叹不已："唯与妇人孺子共事，则无如何矣！"

当时清政府"雇佣"的英国雇员，中国海关总税务司赫德打过一个很形象的比喻，他说："恐怕中国今日离真正的改革还很远。这个硕大无比的巨人有时忽然跳起，哈欠伸腰，我们以为他醒了，准备看他做一番伟大事业，但是过了一阵，却看见他又坐了下来，喝一口茶，燃起烟袋，打个哈欠，又朦胧地睡着了。"

"五更风雨梦千里，半世江湖身堪忧"。前无古人，后无来者，悲哉李中堂，惜哉李中堂！

多年前，李鸿章自己一番回天无力的悲凉独白，恐怕是他内心的最好注解：

> 我办了一辈子的事，练兵也，海军也，都是纸糊的老虎，何尝能实在放手办理？不过勉强涂饰，虚有其表，不揭破犹可敷衍一时。如一间破屋，由裱糊匠东补西贴，居然成是净室，虽明知为纸片糊裱，然究竟决不定里面是何等材料。即有小小风雨，打成几个窟窿，随时补葺，亦可支吾应付。乃必欲爽手扯破，又未预备何种修葺材料，何种改造方式，自然真相破露，不可收拾，但裱糊匠有何术能负其责？

天道无常　谁人可变？

李鸿章与伊藤博文出生的时代，可谓"生正逢时"，却又"生不逢时"。

当时正值法国大革命风潮已息之时，绝世英雄拿破仑寂寞地死于绝域孤岛。西欧大陆的波澜平息，各国暗自养精蓄锐，磨刀霍霍，以备在对东方的新一轮争夺中抢先占得制高点。瓦特发明蒸汽机，英国从此冲涛跋浪，奋起直追，鸦片战争中英人坚船利炮，横冲直撞，西风之来，奔腾澎湃，如狂飙怒潮，势不可挡。

地球多事之秋，乱世需才之际，风雷激荡，百事维艰，正待天降英才，施霹雳手段，挽狂澜于既倒，从头收拾旧山河！

可惜，天生骏骨的李鸿章"才自清明志自高，生于末世运偏消"，大清王朝这座千疮百孔的风中朽厦实在是太老太破了！清室自乾隆以后，盛极而衰，民力凋敝，官吏骄横，海内多事。民间起义纷乱不绝，而举朝上下犹抱着火药桶跳舞，醉生梦死，文恬武嬉，太平歌舞，水深火热。李鸿章纵使再有千头万臂，其实也撑不住岌岌可危的破屋了！他对此其实早已洞悉，正如他自己所言，只能凄惶地抱着"尽一分心酬圣主，收方寸效作贤臣"的态度，疲于应付，左支右绌。

梁启超一生都是李鸿章的"政治公敌",但在听到李鸿章逝世的消息后,也怀着"敬李鸿章之才""惜李鸿章之识""悲李鸿章之遇"的复杂心情,写出如下挽联:

> 太息斯人去,萧条徐泗空,莽莽长淮,起陆龙蛇安在也?
> 回首山河非,只有夕阳好,哀哀浩劫,归辽神鹤竟何之。

然而斯人虽盖棺,却尚未定论。近代以来,伴随对李鸿章"卖国""误国"的非议批判,为他开脱平反的声音也一直不断。著名维新思想家、当年被李鸿章派往英国留学海军的严复,更作挽联曰:

> 使先时尽用其谋,知成功必不止此;
> 设晚节无以自见,则士论又当何如?

严复同样认为,当初李鸿章办洋务办海军,若不受到那么多的掣肘,后来也不会有甲午、庚子的惨败。反过来,到了兵临城下之际,李鸿章不出来主持和议,收拾残局,则士大夫又要攻击他为保名节而误国。

今天,随着大量历史资料的发现,时代观念的进步,人们对于李鸿章给予了越来越多的理解。弱国无外交,在国力羸弱的晚清,妥协和退让也是不可避免的。一次次炮口威逼之下的委曲求和,既是难事,更是污名。每到国难临头,满朝文武无一人愿为天下计挺身急难,而只知下绊为难。官场圆滑世故之流弊,有当时社会上流行的一首《一剪梅》为证明:

> 仕途钻刺要精工,京信常通,炭敬常丰。莫谈时事逞英雄,一味圆通,一味谦恭。大臣经济在从容,莫显奇功,莫说精忠。万般人事要朦胧,驳也无庸,议也无庸……

李鸿章的勤政是出了名的,他既做官又做事,不是那种"多磕头少说话"的庸官。他不避劳苦,不畏谤言,勇于任事,周旋于列强,奋争于虎口。他白发远行的孤苦身影，令避祸趋福、潜身缩首之辈相形见绌。在内政外交上，他顶多"误国"而非专门"卖国"。尽管他的政治识见、外交手腕、治国方略，确有诸多失误，但他为中国近代化立下的汗马功劳，不容抹杀。

中国近代化所走过的曲折坎坷之路，为中国人提供了极其宝贵的经验和教训。一代人有一代人的历史使命，我们也许不该过分苛责李鸿章。从最初的"器物上感觉不足"引发洋务运动，到"从制度上感觉不足"引发辛亥革命，进而"从文化根本上感觉不足"引发五四运动，一路走来，中国睡狮才渐行渐醒。炎黄子孙永远不会忘记那段难忘的历史，正是一代代人前仆后继，勇于探索，才有中国今天的繁荣和进步。

九泉之下，中堂大人您也不必再抱怨自己"半生名节，被后生辈描画都尽"了！

世间不可料，人事常反复。甲午战争后，日本尝到甜头，几番得手，终于膨胀到要建立"大东亚共荣圈"的地步，陷入万劫不复的军国主义泥潭。伊藤博文也日渐成为一个狂热的侵略分子，为日本疯狂扩张鸣锣开道，奔走谋划，任何时候都把强权暴力作为唯一手段。1909 年 10 月，伊藤博文到中国与俄国人商谈侵略朝鲜事宜，在哈尔滨车站被朝鲜爱国志士安重根刺杀身亡。崇尚暴力的伊藤博文最终死于暴力，这就是历史的报应。此后近半个世纪，日本帝国走上法西斯道路，速兴骤死，直至第二次世界大战后痛定思痛，反思猛醒，才真正重新崛起于东方。今日之日本，又屡次打着"维和"旗帜走向海外，将"防卫厅"升为"防卫省"。其言其行，令人侧目。

"人世几回伤往事，山形依旧枕寒流。"天道无常，谁人可变？

洪秀全的人格与西乡隆盛的骨头

　　19世纪中期，中日两国几乎同时发生了两场轰轰烈烈的大起义，影响深远。那就是中国的太平天国起义和日本的西南战争，这两场运动的领袖分别是洪秀全与西乡隆盛。他们在各自的国家穿云激浪，翻覆乾坤，"飞起玉龙三百万，搅得周天寒彻"，令统治阶级心惊胆寒，闻之生畏。然而洪秀全与西乡隆盛两个末路英雄，却有着天壤之别的结局，尤其是中日两国对两人身前生后的毁誉评判，则更是南辕北辙。货真价实的"叛乱逆贼"西乡隆盛的声望，早已远远盖过了作为"农民领袖"的洪秀全。探寻他们成败得失背后的精神差距，比较中日传统基因的根本异同，不无耐人寻味的启示意义。

洪秀全的骨灰被大炮轰上了天

1864 年 7 月 19 日，天京（今南京）内外，黑云压城，火光冲天，滚滚的硝烟中弥漫着强烈的人肉焦臭味儿。

正午时分，随着曾国荃一声令下，"轰隆"一声惊天巨响凌空怒炸，太平门处的城墙被炸塌二十余丈，整个天京城地动山摇。数万眼睛血红狂狼暴兽般的湘军一齐呐喊如潮，挥舞着刀剑像龙卷风一样席卷向坍塌的城墙。守城的太平军从各处赶来拼死封堵缺口，他们从城墙扔下雨点般的炸药包，冲在最前面的四百多名湘军敢死队员一片惨叫，全被烧死。但成千上万的湘军不顾一切地踩着同伴的尸体，打着漩儿挤成一团蜂拥而入。太平军再也抵挡不住洪水般呼啸而来的敌人。战至傍晚，九门皆破，天京失陷。湘军"见人即杀，见屋即烧"。残存的太平军与之展开激烈的肉搏战，许多人大叫着"不留半片烂布与清妖享用！"举家自焚而死。

所有人都疯了！他们无一例外都只想猎取一个最重要的人物——天王洪秀全。

然而湘军将整个天京城翻了个底朝天，也不见洪秀全的踪影。7 月 30 日，湘军总兵熊登武得到一个太平军黄姓宫女告密，这才知道洪秀全已死十多天了。在她的指引下，曾国荃派人从天王府的大殿内挖出了洪秀全的尸体。

一直到死，洪秀全都保持着他固有的神秘感。临死前，他命人用十几层厚布，在他死后将他自己裹得严严实实。湘军掘开坟墓，将洪秀全浑身的厚布全部扯烂，扛到城南雨花台给曾国藩当面验看。

曾国藩和洪秀全，两个苦苦搏杀了 11 年的对手，一直都只是相互耳闻，却从未谋面，想不到今天会以如此奇特的方式见面。曾国藩在日记中这样记述这位老对手："胡须微白可数，头秃无发，左臂股左膀尚有肉，遍身用黄缎绣龙袍包裹。"

"天意从来高难问。"刚刚验毕洪秀全的尸首，本来晴空万里的南京城，突然狂风骤起，暴雨袭来，约半时方歇。

8 月 1 日，曾国藩断然下达了最严厉的惩处方式："戮尸，举烈火而焚之！"

洪秀全的尸体再次被拖了出来，被刀斧剁得粉碎。即使这样，还不罢休，曾国藩又命人把肉泥拌进火药，装入炮弹，然后接连发射出去——就是死了，也要让洪秀全灰飞烟灭，阴魂无归。

然而，如果说"焚尸扬灰"对于死后的洪秀全只是一种毫无意义的报复，那么临死之前，他那走火入魔神秘荒谬的表现，则说明远在湘军的大炮把天京城墙轰塌之前，洪秀全的理想信念已经破灭，精神世界已经坍塌了。

当天京城被围数月，面临城破的巨大危险时，天京城内出现了前所未有的恐慌情绪，每个人的心理底线都处于崩溃的边缘。全城弥漫着地狱般的恐怖气氛，一时风声鹤唳、人人自危，以至于"人妖鬼妖互相为患，殊令眠不贴席也。门以内则见妖见鬼，时时哄闹；门以外则拘奸缚盗，救火驱鬼，时时鼎沸"。

而此时的洪秀全，已接近恍惚疯癫的状态了。

长期的享乐生活已严重削弱了洪秀全的意志，损坏了他的智力。刚刚进入天京，洪秀全就派人拆掉了明朝的故宫，命令将那些巨柱和石料运到玄武湖边上，去构造一个新的宫殿。宫殿建成之后，洪秀全整天把自己锁在金碧辉煌的天王府中，谁也不见。他一方面杂乱无章地思考着一些哲学和神学问题，幻想着如何把王权跟宗教更紧密地结合起来，建立一个超级的奴隶王朝，让臣民同时成为自己的教民，无私地贡献所有的一切；另一方面，他像历史上所有的帝王一样，苦练房中术，想在谜团一般的两性交媾中，得到极度快乐，也摸索一种解脱之道。但他的所有努力都失败了。到了后来，离群索居让他心灰意懒，及时行乐成了唯一的安慰。

中国历代皇帝都讲"天命"，造反者也讲"天道"。但没有谁像洪秀全那样一味靠"天"。他为臣民们炮制着迷魂汤，自己也忍不住喝下这迷魂汤。于是从此以后，"格外不由人奏"，听不得一点不同意见，也听不得任何理性劝谏的声音。脱离群众使他更加高高在上，迷狂虚妄，甚至扬言"朕睡紧都做得王，坐得江山"。与其说这是恶性自我膨胀，不如说是狂热的自我迷信。他在半睡半醒的状态下，除了玩弄点权术，根本没有多少应对复杂现实的办法。只能再三强调"认实天情"，既稳住别人的信心，也借以从纷繁的现实中自我摆脱。

惊心动魄的天京事变不仅使洪秀全丧失了自己的道德权力，领导集团内部的残暴也暴露无遗。人们对洪秀全"上帝之子"的身份开始表示怀疑，对他后宫生活的纯洁性也提出质疑。"天王"曾经神圣的地位从天上堕入尘世，神秘的面纱千疮百孔，政治动员到了举步维艰的地步。正如美国著名汉学家白鲁恂所言："在中国文化里最大的权力来源不是制度，也不是武器，而是无私的道德地位征服人心。"一个高高在上、疑神疑鬼、缺乏能力的天王，成了真正意义上的孤家寡人，军心民心分崩离析，天国神话逐渐破灭。他自造的那个"天"终于靠不住了，他只能黯然地走向死亡。

随着天京的最后一道屏障、长江上游的重镇安庆失守，和各地太平军节节败退的消息传来，洪秀全愈加颓废消沉，麻木自欺。当形势急转直下，李秀成一再劝他率众突围、"让城别走"时，洪秀全勃然大怒，声色俱厉地训斥道："朕承上帝圣旨、天兄耶稣圣旨下凡，做天下万国独一真主，何惧之有？不用尔奏，政事不用尔理。尔欲外去，欲在京，任于尔。朕铁桶江山，尔不扶，有人扶！"此时天京城总共才剩三万人，仅有一万多人是太平军，真正能战斗的不过三四千人，李秀成问：天京城内兵微将少，怎么办？洪秀全答道："尔说无兵，朕的天兵多过于水，何惧曾妖者乎？尔怕死，便是会死，政事不与尔干。"

拒绝了李秀成"让城别走"的建议，剩下的结果只能坐以待毙。

在天京被围困的最后关头，洪秀全眼见城池守不住了，精神彻底地崩溃。他整天嘴中念念有词，不断呼唤神灵，乞求上天让地下长出食物，让自己的天兵天将饱餐杀敌。然而粮食毕竟无法从天而降，许多人饥饿而死。全城男女腹饥难耐，日夜围着忠王府哭求救命。李秀成不得已将自己家中仅剩的米谷发放救济穷人，但他所辖的官兵又没有粮食，不得已又将他的母亲以及妇女首饰金银作为军资。然而这点接济又怎能解决根本问题。随后李秀成奏请天王，允许饥民出城逃生，天王对此大为不悦。洪姓家族又趁火打劫，将出城逃生之人所带财物搜刮掠净，闹得满城风雨，日夜不宁。到4月全城粮食已尽，洪秀全命人将苔藓野草之类东西"取来做好"，美其名曰"甜露"。李秀成奏"此物不能食"，洪秀全说："取来做好，朕先食之！"颇有与民众同甘共苦之志，可不久他就因食"甜露"过多而病倒了。但洪秀全拒不服药，导致病情日趋严重，终于一命归西。临终前，洪秀全发布了最后一道诏书："大众安心，朕即上天堂，向天父天兄领到天兵，保固天京。"

直到黄泉路近，洪秀全仍然振振有词地坚信自己是上帝派来人间降妖除魔的使者。而实际上，眼看局面无可收拾，他内心隐藏的最真实的想法，也许正是拒绝服药自我毁灭的冲动。既然残破的领袖形象已经无法弥合，在尘世已经无法找到安慰依靠，唯有将自己托付给上帝，在空幻的天国重建自己的理想，他才能获得解脱。这样自欺欺人的谎言，既是一个杂乱无章的幻想家最后的精神自慰，也是一个无计可施的末路英雄仅能选择的无奈归宿。

纵观洪秀全的最后时刻，死得悲惨，死得悲哀。他整个虎头蛇尾的人生，留给后人太多的遗憾与感叹。

"西乡但以此身付众人"

洪秀全的事迹人们都耳熟能详，但说到西乡隆盛，也许并不是每位读者都很熟悉，必须多交代几句。如果你看过美国大片《最后的武士》，你就知道片中的主人公森胜元正是大名鼎鼎的西乡隆盛的原型。不过通常艺术作品都会对原型人物进行艺术夸张和拔高，而这部电影恰好例外。不是主人公森胜元不够"牛"，而是西乡隆盛实在太"牛"了！如果拿森胜元与西乡的影响做比较，那可真是应了一句老话："腐萤之辉怎比皓月之光"？

西乡隆盛是著名的军事家和政治家，近代日本的超级功臣。他一生中最大的功绩，就是在19世纪末领导推翻了维持两百多年之久的德川幕府旧政权，成立了明治新政府，成为新日本帝国的缔造者之一。他为明治维新做出了杰出贡献，同大久保利通、木户孝允一起被称为"维新三杰"。1872年西乡隆盛任近卫都督，领元帅衔，成为明治政府主要军事领导人。在此前后，他还参与"废藩置县"和地税、学制改革等各项资产阶级改革。

任何一次维新改革，必然是一次资源与权力重新再分配的过程。在这个过程中，一部分既得利益集团必然会被剥夺原本拥有的资源和权力，矛盾由此产生。1873年初，明治天皇发布《征兵诏书》，日本实行征兵制的重大军制改革，取消了封建武士垄断军事的特权，使得普通平民也拥有当兵的权利和义务。这就意味着，明治政府将改革的利剑毫不留情地砍向了下级武士。而下级武士不久前正是推翻幕府、浴血奋战的有功阶层。新政府背叛了把自己扶上马背的武士们，他们的怒火可想而知。《征兵令》如一石击起千层浪，在日本引起了巨大的反响，当年就发生17次暴动。而风波仅仅才刚刚开始。

明治维新开始的时候，日本有四十万武士，这个庞大的集团确实是明治政府极为头疼的群体。1876年，政府颁布"废刀令"，剥夺了武士佩带双刀，杀人后不治罪的权利。在诸藩林立的时代，武士靠国家的俸禄生活。明治维新废藩置县以后，政府就开始改革禄制。在不堪重负的情况下，政府又决定废除武士的家禄。庞大的武士阶级作为一个封建阶层被彻底消灭。

武士阶层分化了，有人成为企业主和资本家，有人成为政府雇员，作了警察和教师，还有一部分人沦为手工业者和农民。绝大多数士族沦为无产者。这也是后来士族暴乱不断的缘由。

武士阶层一退再退，忍无可忍。从1874年开始，几位明治维新的元勋先后挑起暴乱，使大久保政权的改革面临前所未有的挑战。在这几个叛乱发生之后，全国武士的目光都集中到了鹿儿岛——西乡隆盛的隐居之地。西乡隆盛是一个严格意义上的传统武士的代表，他的态度以及他陆军大将的声望，对全国的士族起着举足轻重的作用。

作为下级武士的领袖人物，西乡隆盛不由自主被推到了风口浪尖。

1873年10月，因坚持"征韩论"遭到大久保利通等人的反对，西乡隆盛再次辞职回到家乡鹿儿岛。他原本决心功成身退，终老余生，每日行猎垂钓，曾写下这样的诗句："老夫游猎度残生，狂矣病乎踏雪行。获兔犬儿悠然憩，寒松翠挺暮云横。"然而他的内心，何尝一日宁静过？

日本新军制改革一开始，西乡就是赞成的。他知道以公而论，废除武士从军特权，能够让日本实现军事近代化，走向强国之路。即使是背叛，对于下级武士这一阶层的背叛也是必需的。

可是向来行事果断的西乡这回却无从下手了。他不能忘记这些曾在推翻幕府的战斗中，与他一起并肩冲锋、浴血奋战的战友。作为个体而言，下级武士原本就只拥有不多的资源，如果再被剥夺从军特权，往往就衣食无着了。西乡把自己的武士之刀砍向阻碍改革的幕府和藩主时，根本就不曾犹豫过，可要砍向一贯支持维护自己的群体——下级武士时，他犹豫了。因而在初始阶段，他实行以下级武士为主体的近卫军征兵编制，就是为了给这些并肩的战友一个容身之处。可近卫军的编制毕竟是有限的。虽然西乡本人非常豪爽大度，每当有家乡萨摩武士来找他的时候，他如果不能解决他们的生计问题，就任其在他门口的钱柜里随意取用。然而杯水车薪不能解决根本问题，也很易遭忌，容易给政治上的对手制造类似"收买人心"的谣言。

在退出政府回到鹿儿岛之后，西乡把自己因戊辰战争的功绩得到的最高赏典禄两千石拿出来，为戊辰战争的阵亡者子弟办了赏典学校。西乡此时正在倾全力主办吉野开垦社，准备将来让私立学校的学生依靠自己的力量生活。

西乡隆盛的亲密战友大久保也来自萨摩藩，对鹿儿岛士族的独特情况比较了解，在俸禄处分的问题上持谨慎态度，对鹿儿岛网开一面。当士族叛乱不断发生的时候，大久保仍然相信西乡的统治力，他说："有老西在，就绝不会有暗地起事之类的行动，我非常了解西乡这种气质，所以无须格外操心。"

不过眼见西南九州岛局势不稳，士族起义不断，大久保又坐不住了。为防备西乡叛乱，1877 年 1 月下旬，他密令把在鹿儿岛的陆军火药库的武器弹药运往大阪。然而，坏事就坏事在这个"密令"上。政府的人趁夜黑想偷偷摸摸地搬运军火，当即被鹿儿岛私立学校的学生们发现。学生们永远是最激进、最具有怀疑精神的。在私立学校学生抓到警视厅的密探审问后，得知警视厅有暗杀西乡的计划。于是在 1 月 29 日袭击了甲突河上游的草牟田弹药库，抢走三万发子弹。

箭在弦上，不得不发。消息传到正在打猎的西乡那里，他知道这次无法置身事外了。以武士精神为荣的西乡，把自身和武士们的命运看作是休戚相关的。因此，他成为武士这一团体精神上的英雄；同样，他也注定成为这一团体的俘虏——他只能选择与武士们同进退、共成败了。1877 年 2 月 6 日，在争论是否起兵的会议上，一时群情激昂，支持与反对的声音此起彼伏。西乡坐在一旁始终一言不发，最后，他徐徐站起身来，面色凝重说了一句话："西乡但以此身付众人。"至此，起兵之事，终成定局。西乡终于决定"出山"，向自己一手创建的日本帝国宣战，向昔日并肩倒幕的老友同僚们宣战！他写下"白发衰颜非所意，壮心横剑愧无助"的诗句表明心迹：三思方举步，百折不回头，他虽知"愧无助"，也还是要"壮心横剑"，放手一搏了。

2月中旬，西乡起兵，日本历史上最后一次大规模内战——西南战争就此爆发。

西乡从鹿儿岛向熊本进攻。他身穿陆军大将简便制服，带佩刀，随着炮队在罕见的大雪中出发了。九州各地支援西乡的士族纷纷参加，人数很快达到三万人。木户孝允和大久保一开始不相信西乡参加了暴动，但是到了25日，他们接到鹿儿岛的正式报告，木户惊愕万分地说："西乡隆盛终于也出来了，究为何事也？总之遗憾万千，令人长叹之极。然则亡也罢、杀也罢，毫无遗憾。"19日，政府发布诏令讨伐鹿儿岛暴徒，投入五万多兵力，海军的11艘军舰也参加了战斗。西南战争正式开始。

西乡的军队围困熊本城长达50天，熊本城依靠坚固的防御坚守待援，大量消耗西乡军的有生力量。3月，政府军攻占了鹿儿岛，开始掌握县政，此时百姓才知道西乡已经成为叛军，愿意支持政府军。3月19日，政府军在西乡军队的背后登陆，攻击西乡的军队。4月中旬政府军解熊本城之围，西乡军队全面撤退。

8月在延冈北方长井村的决战中，西乡军被击败，一万人投降，开始总撤退。他率领一小队残军退到鹿儿岛的城山。追剿军总指挥山县有朋接到战报，大吃一惊，不料西乡竟在自己眼皮下逃遁而去，悔恨不已。

然而事情再一次出乎山县有朋的意料，武士们的目标不是熊本，而是要重新回到他们的故乡——鹿儿岛。8月18日至9月1日，武士们在西乡的带领下披荆斩棘，在山岭溪涧中穿行百里，终于南返回到了故乡。西乡解散了部队，只剩下不愿离去的亲信武士们。他们原本就并不是为了求生，而是为了求死——返回故乡战死这一目的而突围的，"孤军奋斗破围还，一百里程垒壁间。我剑已折我马毙，秋风埋骨故乡山。"这首诗表明了他们此时的心境。

少年西乡曾写下"埋骨何须桑梓地，人生无处不青山"，想不到如今真的要来一次壮美的回归了。

城山，是鹿儿岛县内锦江湾畔的一个小高地。西乡带领武士们8月底赶到这里时，只有不,400人，而其中只有不及半数有枪，衣衫褴褛，带病负伤。但还是一鼓作气，将政府军驱赶，夺取城山，甚至还获得了两门山炮。

山县有朋带领大队人马赶到了。于是双方在城山展开对峙。

　　这一次，山县有朋再不敢大意，虽知西乡隆盛兵力极度单薄，他还是不肯轻易进攻，令手下将城山团团围住，七万大军把不足四百人占领的城山围得铁桶似的。西乡和武士们既已回到故乡，心中安定许多，决心从容赴死。西乡每日与部从下棋，以安定众人之心。"百战无功半岁间，首邱幸得返家山。笑侬向死如仙客，尽日洞中棋响闲。"

　　1877 年 9 月 23 日，政府军下达最后通牒，言第二日将行总攻。西乡遣散自己的仆人，仆人问："可要带些什么回去给夫人和孩子？"西乡只要他带两把武士刀回去。仆人提醒道："还有两万多块钱在呢，是否应该带回去给夫人和孩子？他们过日子很辛苦（当时的两万块大约可以买七百条弹药足备的步枪，不是小数目）。"西乡大怒道："此皆私学校之钱，如何可动用！"西乡自始至终不怕死、不贪财。明治六年（1873），他就曾题写过一首非常有名的诗："几历辛酸志始坚，丈夫玉碎愧瓦全。吾家遗法人知否，不为儿孙买美田。"后来作为"南洲遗训"（西乡隆盛号"南洲"），在那个官员集体腐败的时代成为美谈。

　　当夜，西乡和手下决心一死的武士们最后一次对酒高歌，举宴诀别。"勇将猛士痛饮淋漓，复不知有死生之事。"席间，大家饮酒吟诗，以尽余欢，武士们还表演了节目。西乡起身走向高处，眺望熟悉的锦江湾。10 年前，他自湾边起兵，与亲密战友大久保分手，带领武士们向幕府开战；而此时，他却在与大久保派来的军队生死相搏，锦江湾中，战舰密布。一位武士的悲凉和歌传来："露水尚有草叶可以栖身，而世间却无我等容身所在。"秋风骤起，月色苍茫，映照着武士们坚毅的眼神。

　　此时追剿军总指挥山县有朋给他写了一封信劝降，但是西乡拒不回答。1877 年 9 月 24 日清晨，政府军即发动了向城山的总攻。以七万虎狼大军对三百余残败之师，结果可想而知。不久，各战线的西乡军就成瓦解之势。

　　西乡隆盛和战友们从藏身的洞窟中走出，身着便装，挥武士刀，向政府军发起最后的冲锋。西乡和他的武士们，并非真的要冲入敌阵，他们不过是想冲到离对手更近的地方，完成这悲壮的自杀，类似于楚霸王项羽的冲天一怒，临死一搏。

　　政府军立刻发现了这批呐喊着疾冲而来的人，枪弹顿时如雨泼来，呼啸着在武士们身旁的土石上激起电石火花。一些武士中弹倒下，另一些则在路边剖腹自杀。其余的则不顾一切冒着枪林弹雨簇拥着西乡一路疾进。终于，西乡的肩及右膝连中两弹，他轰然倒地，再也不能前行了。西乡艰难地用手支撑起魁伟的身躯，跪着严肃合掌向东方遥拜，他仰视身边的部下别府晋介，大叫道："动手吧，阿晋，就在这里了！"头天夜间，西乡已知必死，要求别府在关键时刻斩下自己的头颅，以武士最有尊严的方式体面从容地赴死。别府含泪仰天一声悲啸："恕我罪过吧！"挥刀斩去西乡首级。然后由两个仆人将首级带走，试图不让它落入敌手，但最后还是很快被政府军发现。别府晋介大喊道："先生已死，要和先生一起去的人都来死吧！"余人皆奋力作战，最后全部中弹身死，无一投降。

西乡隆盛以失败告终。而他的死却如落英缤纷般壮美。梁启超曾盛赞西乡："东海数健者，何人似乃公？劫余小天地，淘尽几英雄。闻鼓思飞将，看云感卧龙。行行一膜拜，热泪洒秋风。"西乡和他的将领们，本来身居高位，富贵无忧，但却为了大多数下层武士的群体利益慷慨举兵，甘愿置自己于危亡之境，确是非英雄所不能为。

"江山不管兴亡事，一任斜阳伴客愁。"更有意思的一幕，却发生在洪秀全和西乡隆盛辞别人世之后。

洪秀全的真面目

中国的太平天国起义和日本的西南战争，几乎同时发生于 19 世纪中期。将这两场发生在地理邻近、时间相近的运动进行比较，无疑是很有意义的。何况，太平天国运动无论从动机、规模和持续时间上讲，其正面影响和意义都要远远大于西南战争。

从客观情况来看，正是清政府的残酷剥削才迫使太平天国起义，这场风雷激荡规模空前的农民战争前后奋战 14 年，纵横 18 省，威震全中国，成为中国几千年来农民战争的最高峰。它代表的是成千上万被欺凌压榨的人民的愤怒反抗，具有广泛的群众基础，在宣扬民族思想和革命精神方面，至少使中国跃进一百年。

　　而西乡隆盛虽为一代英豪，却因落伍于时代而被淘汰。西南战争爆发时他所代表的武士阶层，已然成为历史前进的绊脚石。许多武士曾在推翻幕府的戊辰战争中冲锋陷阵，有功于明治政府，但他们对随后而来的改革毫无思想准备，当改革触及他们的切身利益时，他们便愤愤不平，按捺不住满腔怒火，铤而走险起兵叛乱。他们代表的只不过是不甘心退出历史舞台，而又螳臂当车的少数人群。因此代表政府一方的大久保利通听说西乡叛乱时，立即理直气壮毫不含糊地声称："事情曲直分明，正正堂堂，宣布罪状，击鼓而讨之，无可非议。"叛乱被平定后，明治政权得到巩固，日本走向资本主义富强之路的障碍基本被扫清。

　　然而不可思议的现象出现了——一场进步的太平天国运动和一场反动的西南战争，得到的评价刚好适得其反，毁誉难分。人们对于洪秀全及太平天国的是非争论从无到有，从少到多，一直沸沸扬扬，太平天国政权的"先进性"不断受到质疑。从同情赞许变为批评指责，从兴高采烈改为痛斥诅咒，是中外对洪秀全评价的基本走向。

　　孙中山对洪秀全的认识就经历了一个从推崇到批判的过程。孙中山小时候常常听一位卢姓老人讲太平天国的故事，总听得津津有味，他称赞洪秀全为"反清第一英雄"，推翻了中国几千年来总是"剥削有理、造反无理"的旧案，表示要做"洪秀全第二"，借以鼓舞广大民众。1907 年，他在同盟会所办《民报》上发表《哀太平天国》一文，呼吁"有仁者起，仗太平（天国）之所志"。但是，思想渐趋成熟后的中山先生，后来认真研究了太平天国之后，就对其浓厚的专制意识有着十分清醒的认识，指出："洪秀全之所以失败……最大的原因，是他们那一班人到了南京之后，就互争做皇帝，闭起城来自相残杀。"最终，他一针见血得出结论："洪氏之覆亡，知有民族而不知有民权，知有君主而不知有民主。"（《太平天国战史·序》）

　　随着民间特别是海外有关太平天国大量原始资料的发现，我们得以更加真实地窥见洪秀全及其"天国"的实质。1919 年梁启超求学欧洲时，在荷兰莱顿大学图书馆发现了《天条书》《太平条规》《太平礼制》等五种稀有的太平天国印书。他以一个政治家、史学家的敏感和责任心雇人缮录归国，从中了解到洪秀全及天王府内的真相，他不禁感慨："所谓太平天国，所谓四海兄弟，所谓平和博爱，所谓平等自由，皆不过外面之假名。至其真相，实与中国古来历代之流寇毫无所异。"

坚信科学理念的共产主义者们对太平天国更有清醒的认识。中国共产党创始人之一的李大钊表示："他们（太平天国）禁止了鸦片，却采用了宗教；（他们）不建设民国，而建设'天国'，这是他们失败的重要原因。"共产主义理论家恽代英论证"太平天国"是"领袖的结合，不是主义的结合，只是'感情'的结合，而'感情'是靠不住的……后来北王杀了东王，内部闹个不休"。

新中国成立后对太平天国的批评意见逐渐增多。最有代表性的否定意见是冯友兰教授在《中国哲学史新编》一书中说："我之所以否定太平天国，因为太平天国要推行神权政治，假如太平天国统一了中国，太平天国的历史将倒退黑暗时期——中世纪。"

台湾陈致平先生在他的巨著《中华通史》中对太平天国与洪秀全提出了义正词严的批评："洪秀全等人，起自草莽，既缺乏政治学术，又不能罗致政治人才辅弼，而始终建立不起一个健全合理的政治组织。人性弱点，往往能共患难而难共安乐，早年誓同生死的患难兄弟，一旦享富尊荣，经不住物欲的诱惑，与权势的冲突，竟自斗而亡。最为讽刺的，是他自己揭橥的革命宗旨，常自行推翻；自己所订的天条，已自行违犯。"

从"叛逆"到"英雄"的西乡隆盛

西乡隆盛的死后哀荣，可谓空前绝后，无人比肩。作为一名逆时代潮流而动的"叛逆"，西乡隆盛却很快得到了日本人的宽容与尊敬。尽管以叛逆罪不光彩地收场，但日本人民并没有忘记他对日本明治维新所做的巨大贡献。西乡隆盛死后仅仅12年（1889），《大日本帝国宪法》颁布时，明治政府就为西乡恢复了名誉，赦其"逆罪"，除其"贼名"，追赠其被剥夺的正三位官衔。1898年12月18日，在东京的上野公园，人们为西乡竖了一座巍峨耸立的铜像。1977年西南战争一百周年纪念时，在鹿儿岛建立了"西乡南洲显彰馆"。人们对他的评价从"贼人"转变为"伟人"，把他发动西南战争说成是不得已而为之。

历史深处有玄机，充满了神秘的反讽与吊诡。对于这种先贬后褒的巨大反差，中国人完全看不懂日本人对西乡的态度了。在陈平原先生所著《西乡铜像》一文中，我们可以尽窥原委。

说来真是无巧不成书，正好在西乡举兵那一年（1877），中国派出了第一任驻日大臣何如璋。正是这位大使先生，在《使东述略》中，为我们留下了中国人对西乡反叛的最初印象。

> 寇首西乡隆盛者，萨人也，刚狠好兵。废藩时，以勤王功擢陆军大将。台番之役，西乡实主其谋。役罢，议攻高丽，执政抑之。去官归萨，设私学，招致群不逞之徒。今春，以减赋锄奸为名，倡乱鹿儿岛，九州骚然。日本悉海陆军赴讨，阅八月始平其难，费币至五千万。顷国主下令减租，其事甚美。

在这位维护纲常名教的钦差大臣眼里，西乡隆盛无异于就是洪杨之流的"寇首"，招致不法之徒公然犯上作乱，实乃不可饶恕的乱匪贼人。何大使还在《使东杂咏》中不屑一顾地嘲弄西乡："征韩拂议逆心生，隅负真同蜗角争。壮士三千轻一死，鹿儿岛漫比田横。"

也许大使先生也困惑了：何以此等"贼人"，竟然也讲"忠义"，尽管拿鸡蛋碰石头，居然还"败时，其党人千人死焉"？！

那时的东京，"西乡隆盛"是个热门话题。初踏东瀛的中国人无法理解日本人对西乡隆盛复杂而暧昧的态度，甚至有的将西乡举兵归结于个人恩怨。比如游历东京的大名士王韬就认为西乡是因为恨"功高赏薄"才冲冠一怒，而随何如璋出使日本的黄遵宪也断言："西乡此种人，岂能老田间者。其叛也，愤爵不平，英雄技痒耳。其人但欲取快一己，无所谓爱国。"

把西乡这种理想型的政治家，当作成天计较"功高赏薄""愤爵不平"的官迷政客，为了个人功名而不惜生灵涂炭，这是标准的中国式逻辑。难怪王韬、黄遵宪等人一叶障目。翻开一部中国历史，像石敬瑭、吴三桂这样朝秦暮楚、贪名图利的人还少吗？

直到有一天，王韬应谷干城中将之邀，读其诗，听其言，才略有所思。谷干城在当年征讨西乡隆盛的政府军中担任主将。按中国人的思路，敌对双方应是不共戴天，恨不能将对方食肉寝皮（太平天国运动中敌对双方报复手段之残忍血腥，互相之间的诋毁谩骂，便是佐证），没想到谷干城言谈之间，对西乡不但没有辱骂轻慢，反而颇多敬畏。王韬记载：

> 中将曾有诗咏西乡云："枉抗王师不顾身，多年功绩委风尘。怜君末路违初志，春雨春风恨更新。"此吊西乡之功而叹其不终，二十八字中，有无限感慨。闻之日人，西乡亦足为近代枭雄，维新之建，多资指臂；其晚节末路，倒行逆施，盖有其不得已者。故论者略其迹而原其心，朝廷亦追念前功，不加深究。

来自敌人的尊敬是最大的荣耀。也许正是这种对西乡颇多同情的"民心"，才促使政府必须用某种办法为西乡平反。随着对西乡事迹的深入了解，黄遵宪也一改正邪黑白之高调，不再囿于"忠臣逆子"的道德评判，将西乡作为生不逢时的大英雄来歌咏，满纸风云之气长歌当哭，慨然为西乡招魂："英雄万事期一快，不复区区计成败。长星劝汝酒一杯，一世之雄旷世才。"

如果以为日本人仅因"追念前功"而对西乡隆盛"故论者略其迹而原其心"，那还是大错特错了。大和民族的精神大厦，建筑得远比我们想象的还要坚实雄厚。

西村茂树是日本明治初年启蒙团体"明六社"的重要成员，在启蒙运动中起到了不容忽视的作用。早在西乡"谋反"的前两年，他就发表了著名的《贼说》。西村论述道，日本古来称与天子争权威或与政府为敌者为"朝敌"，后世因为接受中国影响，方才给政敌冠"贼"之诬名。在西村看来，杀人越货为害一方者才可称为"贼"，至于"朝敌"，只是说明其站在政府的对立面，本身并不构成道德评判。若视"朝敌"为"贼"，则等于赋予政府绝对权威，拒绝任何来自民间的批评乃至挑战。这对于一直奉行"胜者为王，败者为寇"的中国人来说，无疑是生动一课；而用来解释西乡的举兵造反，则提供了合情合理的理论依据。

　　而更能代表当时日本知识分子思考深度的，是福泽谕吉的一篇文章。西南战役硝烟未散，福泽撰写《丁丑公论》，直接针对的正是时人骂之以"国贼"的西乡。福泽强调，"忠诚"与"叛逆"并不具有先天的绝对价值，若以政府权威不可侵犯为第一准则，则明治维新建立起来的新政权也属非法。应以是否"推进人民之幸福"为标准，衡量西乡之举兵，而不能只是斥责其反叛政府。福泽尖锐地批评今日之大骂"逆贼"者，假如西乡成功，必定反过来为其高唱赞歌。说到底，"今日的所谓大义名分，无非只是默然顺从政府而已"（丸山真男：《忠诚与叛逆》）。

　　福泽洞若观火、高瞻远瞩，针对当时日本引进西洋文明、发展市场经济过程中"廉耻节义"之丧失，"抵抗精神"之日渐衰颓，深深佩服像西乡那样具有独立精神且坚韧不拔的理想主义者。从发扬"民气"、拯救"士魂"的角度，福泽甚至希望"出现第二个西乡"。

　　是的，正如陈平原先生所说，将"民气"与"士魂"的养成，置于一时一地政治决策之上，这才能理解日本人为何对西乡要"略其迹而原其心"。政治上之是非得失固然重要，但更重要的是"民族魂"的建设与守护。

　　西乡隆盛对中国人影响是广泛而深远的。早在一百多年前，西乡隆盛的事迹已在中国大地人所熟知了，他给予无数仁人志士果敢无畏、前赴后继的英勇决心。

　　抗日战争最艰难的时刻，著名报人王芸生就在《大公报》撰写连载文章《六十年来中国与日本》。目睹国家的衰弱，民族的忧患，面对日本的步步紧逼，他凭着一腔爱国热血大声向公众宣传"从容赴死主义"。

　　　我们不应该把死看得那么可怕，到了不得不死的时候，更要死得从容些，大方些。假使我们中国人，每个人的血液都在脉管里沸腾起来，人人都有点正义所在赴死不辞的精神，我们的民族立刻便会年轻几千年，我们的祖国自然便不可侮了！

　　1898 年的"百日维新"以失败告终时，作为维新派主将的谭嗣同毅然选择了以流血唤醒国人的道路，梁启超奉劝谭嗣同逃往日本，谭嗣同告诉梁启超：

"不有行者，无以图将来；不有死者，无以酬圣主。今南海之生死未可卜，程婴、杵臼、月照、西乡，吾与足下分任之。"其弦外之音，乃是自己愿作月照杀身成仁，而勉励梁启超能像西乡隆盛一样，最终完成维新事业。1899 年，梁启超在日本上野公园瞻拜西乡隆盛的铜像，想起谭嗣同对他的期望重托，不禁热泪涌流，力量倍增。不仅是谭嗣同、梁启超等维新志士对西乡隆盛有崇敬之心，革命元勋黄兴在 1909 年途经西乡隆盛的家乡鹿儿岛时，特地亲自前往祭扫西乡隆盛的坟墓，以示尊敬。

颇值得一提的是，毛泽东在少年时代便对西乡隆盛十分熟悉，1910 年，毛泽东走出韶山冲，到五十里外的湘乡县读书时，曾手抄西乡隆盛的一首诗，寄回给父母亲。这首诗是："孩儿立志出乡关，学不成名死不还。埋骨何须桑梓地，人生无处不青山。"其中毛泽东改了其中两个字，"男儿"改为"孩儿"，"死不还"改为"誓不还"。四十多年后，毛泽东的儿子战死在朝鲜战场，毛泽东沉痛地写下"青山处处埋忠骨，何必马革裹尸还"，我们从中可以看出有西乡隆盛诗中的影子。

那么，同为黄河东海，同样万里胸怀，到底为何洪秀全与西乡隆盛的形象反差如此之大？他们身上是否蕴藏着更深层次的个人因素？

历史有玄机，一切非偶然。洪秀全比西乡隆盛逊色的关键在于"权力人格"。

所谓"权力人格"应该包括三个主要方面：谋事的能力、做人的工作（用干部带队伍）的能力、鼓舞人心激励士气的能力。概括起来就是人、事、心三方面的整合能力。逐一对比日本的"造反派"西乡隆盛，可以看出洪秀全有多大的差距。

识见才能：一个博古通今，一个愚昧僵化

一位成功的领袖，本身首先应该是一名才智卓越的人才。以识树威，以能树威，以情固威，才能吸引感染人们自觉去接受他的影响。

而在见识能力上，洪秀全与西乡隆盛远不在一个水平线上。

洪秀全本身是一个四次落第的秀才。科举制度尽管僵化落后，但在某种程

度上也能验证一个人的起码资质和智商。从洪秀全后来那些大量俚俗混杂文理不通的诗文来看，他确实是一个资质平平、毫无灵气的人。他对绝大多数"读书明白"之人嗤之以鼻，自己不读书，还不许别人读书，包括他自己的儿子、"天国"未来的接班人幼天王在内也不许读书。"敢将孔孟横称妖，经史文章尽日烧"，他就像孙大圣大闹天宫一样，掀倒孔子牌位，焚烧儒家经典，捣毁庙宇偶像，尽弃所学，致力于"向西方寻求真理"。可实际上，他既没有读懂西方宗教教义，又不懂革命为何物；既不明白世界大势，更不理解资本主义为何物。

洪秀全对待文化的态度，决定了太平军的人员构成。

洪秀全由于科举场上的失利阴影，潜意识中总把有文化者视为异己。太平军公开造反之后，只有少数读书人愿意参加。一听说太平军即将占领某地，读书人便闻风而逃。有些无法逃走的，宁愿自杀，也不为之效劳。当太平军需要一些识字的人做统治工具，在南京初次招考时，告示竟说，通文墨而不应考者斩首不留。然而，纵然出了这种极为凶暴的公告，偌大南京被屠刀赶进考场的，也只有30多人。其中几个如郑之侨、夏宗铣等人，特意借试卷痛骂或发泄敌对情绪，他们明知这样做会被杀被磔也在所不惜，比不应考更决绝更勇烈。太平军与知识阶层的对立，可见到了何其激烈的程度！

曾国藩正是以捍卫儒家道统为名，号召士大夫与太平天国为敌，他在《讨粤匪檄》中以充满激情与鼓动的文字写道："举中国数千年礼义人伦诗书典则，一旦扫地荡尽。此岂独我大清之变，乃开辟以来名教之奇变，我孔子孟子之所痛哭于九泉！"

这几句话着实厉害，一下子把洪秀全摆到了数千年纲常名教的敌对面，摆到千千万万读书人的敌对面。太平天国与清廷的较量，顿时转化为一群农民与士人的交锋。清廷以传统道德的精神力量凝系了传统制度下的社会力量，时间一长，战局逐渐倒向代表传统"正道"的曾国藩一方，也就势所难免了。

洪秀全喝下了自己酿造的轻践文化的苦酒。

他高高在上、脱离实际更缺乏领导实践能力，最后导致军心民心分崩离析，成为一个真正的孤家寡人。可是不甘于作橡皮图章的洪秀全，有时也要乱出主意瞎指挥，结果导致冯云山被清军炮击死于全州蓑衣渡。这一来使洪秀全在军事上不敢再随心所欲指手画脚。而没有军事指挥、行政领导能力的洪秀全，到南京之后，干脆退出一线，尽情享福。除了删改典籍，写写宫闱诗，什么书也懒得看了。在豪华无比的天王府里，面对官员们呈上的奏章，他一概盖上"旨准"的图章。而越是不管事，便越是缺乏管事能力。到了太平天国迅速走向衰亡的后期，他完全只能依靠"天意"支撑自己了。

洪秀全所处的时代时逢中西交冲。身处一个千年未有的时代变局，他左支右绌，无力应付。在太平天国所有来访的传教士中，美国人罗孝全是最受礼遇的一位，因为他曾经是发迹前的洪秀全的宗教老师。然而正是这位自称一直是洪秀全"革命运动的朋友"，在与洪秀全相处不久后即想方设法逃离天京，与太平天国反目成仇。1862 年 2 月 4 日，罗孝全在《北华捷报》上发表文章说：

> 在他们中间生活十五个月后，我的态度完全转变了。我现在反对他们的程度并不亚于我当初支持他们的程度……我相信他（洪秀全）是一个狂人，没有任何有组织的政府，根本不配做一个统治者；他和他的苦力出身的诸王，没有能力组建起一个政府，甚至无法组建一个像衰老的清政府那样带给人民同样利益的政府。

罗孝全的离去与反目，成为太平天国与西方传教士、基督教彻底破裂的标志与象征。过去曾持同情、观望态度的西方列强，转而将枪口对准了太平军将士。英、法两国除在上海外围与宁波地区直接出兵进攻太平军外，还准许戈登、日意格等现役或退役军官受雇于清廷，组织常胜军、常捷军等残酷围剿，给太平军造成了极大损失——仅就未能及时利用罗孝全、暂时拉拢西方站在太平军一方这一重大战略的失策上，也足见洪秀全严重缺乏一个战略家的眼光和胸怀。

而西乡隆盛能够成为一代明君明治天皇的老师，可见其才学能力非同一般。

西乡出生在萨摩藩的一个地位非常低下的武士家庭。但这个时期的武士，非常看重笔尖口头的功夫。西乡从小受到传统武士教育，通过严格的武士训练，逐步掌握了剑术、弓术、马术、柔术、炮术和枪术。武士家庭生活环境的熏陶和严格训练，不仅使其养成了尚武的习性和刚健的气质，而且在他的心灵里深深扎下了忠孝仁义的道德观念。他不仅博学通才，著有《西乡隆盛全集》，而且识见超人，具有谋事的眼光与魄力。他在维新期间可谓叱咤风云，有胆有识，先后建立"萨长倒幕同盟"，策划"王政复古"，实现"江户无血开城"，创立警察制度，完成废藩置县……在近代日本历史上，可谓功勋卓著，万人敬仰。

西乡隆盛通晓世界大势，更能在时代的大潮中相时而动，搏击中流。他与大久保利通掌握萨摩藩藩政藩军后，锐意改革，扩充陆海军，实行近代化建设，积极准备打倒幕府。为了取得英国财政、军事和技术方面的援助，甚至不惜和曾经与萨摩交过手的外洋仇家——英国结成了"萨英同盟"。为了顺应时势，曾经一度为"攘夷"奔走呼号的西乡，却不盲目排外，而知顺时而动，通达权变。历史上的萨摩藩，在西乡执政时期，就早已有了西式的军工厂，并由英国提供大批军火。在后来的倒幕战争中，萨摩的火枪队发挥过巨大的作用。西乡在倒幕成功以后曾派遣精通火器的手下出洋学习，部属们在申领出洋经费时，慷慨陈词，倘此去不能习得西人火器精妙，必剖腹以谢其罪！近代日本武士精神和西方先进技术，就是这样结合起来的。陈独秀诗咏西乡"男子立身惟一剑，不知事败与功成"，极为赞赏西乡隆盛勇往直前的气魄。

情感魅力：一个以身作则，一个自欺欺人

以利交者，利尽则散；以色交者，色衰则疏；以心交者，方能永恒。

通过什么途径凝聚、团结部属，这是对一位领导者的极大考验。优秀的品格会给领导者带来巨大的影响力，使人产生尊敬感，并且能吸引人追随。而共同的理想追求，共同的价值观念，才是上下团结的桥梁与纽带。

对于洪秀全来说，一个没有人文底蕴的人很难指望他去匡正世风人心。所以，他做事重于为人。他的手下未必没有明于英断之辈，然而被信念和信义感召来的人并不多。洪秀全没有能力向这些人提供赖以维系的真正精神力量，在虚幻的"天国"梦想之下，他只能以利禄驱众。于是，被利禄驱来的人们追随于洪秀全的身边，汇成了一个影响历史的群体。洪秀全之人格，能入脑不能入心。只见其做事，不见其为人。其一生事业做得越大，身边的君子英才反而越

来越少。

进入天京后，洪秀全偏处深宫，脱离群众，太平天国领袖们之间的关系日益疏远，原来"寝食必俱，情同骨肉"，变为"彼此暌隔，猜忌日生"。洪秀全不能正确处理这些矛盾，既理政无能，又驭众无方，只能采取滥封爵赏的办法，致使矛盾更加尖锐复杂。

中国从汉朝至明清，晋爵封王一直都是一项很严肃、很慎重的奖赏制度。可是到了洪秀全这里，滥封王爵之多之滥之乱，简直匪夷所思。到 1864 年 6 月天京陷落之前，太平天国"竟有二千七百多王"！王爵分成安、福、燕、豫、侯六个等级，后来洪家小朝廷索性公开半公开地进行王爵大甩卖，弄得"满朝之内，皆义皆安"。当王爷们多得无法以字面区别时，洪秀全干脆来个数字编号，以示区分。故而出现了"368 天安""1467 天福""1469 天豫"之类数字化的官爵，写下了中国几千年专制官制史上的奇观！

在一个依靠名器驾驭天下人心的时代里，名器太滥使人心风气和仕路秩序都因之大乱。如此滥封王位带来的恶果，不但使财政开支更加困难，而且让这些草头大王拥兵自重，成为当地一霸，修王府、选美人、办仪仗，出门前呼后拥，招摇过市，老百姓纷纷走避不及。正如民谣所唱："王爷遍地走，小民泪直流。"

蒋廷黻对于洪秀全总结道：

> 他的运动无疑起自民间，连他的宗教也是迎合民众心理的。但是他的人格及才能上的缺点很多而且很大。倘若他成了功，他也不能为我民族造幸福。总而言之，太平天国的失败，证明我国旧式的民间运动是不能救国救民族的。

西乡隆盛之所以能够吸引部属们与他一道出生入死、赴汤蹈火，就在于他身上有一种强烈的品格光芒和情感魅力。西乡是个理想主义者。他的立场始终站在下级武士一边，他代表的其实正是一种标准的武士道精神映照下的理想人格。下级武士是维新的主力，但后来被剥夺了特权，他不能接受这一点，于是起兵维护他的武士兄弟们的利益，与之交战的都是他的旧日同僚。西乡为了士族利益起兵失败，从容自戕，无怨无悔。他和参加维新的其他志士不同，对高官厚禄毫无兴趣，但可以为支持他的人舍命而不计后果。在流放岛看到流放罪人、岛民没粮吃，西乡隆盛便毫不吝惜地将发给自己的大米让给他们吃，结果自己都断顿了。西乡隆盛回到鹿儿岛，将自己的俸禄用于抚恤武士家属，创办"私学校"，以"尊王悯民"为校训，传授经史。最后起兵造反时，他本想息事宁人，但又不忍给义愤填膺的学生们泼冷水，才孤注一掷走上了武力反政府的道路。

有这样一位德高望重的领袖，西乡的号召力自然可想而知。被围城山后，西乡以下的心腹众人，都抱定必死之心，心甘情愿地追随西乡从容赴死。西乡的一干将桐野利秋依然不改往日风度，他把长发扎在脑后，手持银饰指挥刀，着便装巡视城山，威风丝毫不减，甚至有人还闻到他身上喷洒过的古龙水的味道。西乡的另一干将村田新八则显得豪爽乐观，这个在欧美接受先进思想、曾被胜海舟称赞为"大久保以外惟有此人"的武士，在探望伤病员的时候，还乐观自嘲地哈哈大笑道："刚刚我看了政府军修的工事，真是坚固啊，我们无论如何是打不动的。就算以后有洋人来，日本也不用怕被欺负啦！"

英雄不会诞生在文化酱缸里。西乡时代的日本，面对西方世界进行了一场最彻底的学习和革命。欧美文化中的自由平等思想深入人心。在这样的社会土壤中，近代文明观念已然生根开花。"人生自古谁无死，留取丹心照汗青"，中国的文天祥成为日本敬拜偶像和武士道的精神源泉，成为明治维新的精神力量之一。不少日本志士还模仿文天祥，各自作了《正气歌》，高唱着奔赴沙场。西乡隆盛就是他们中间的杰出代表。他本身就是一位无私的政治家，一生非常反对"利己主义"。他在中下层人民的心目中形象尤其崇高。正因为不愿看到自己的下属随着改革的推进而流离失所，更憎恶新政府中的骄奢淫逸之徒，西乡才铤而走险，发动西南战争。尽管他失败了，但后世的人们依然把他作为无私无畏的理想领导者的形象加以推崇膜拜。

而洪秀全成不了俄国的十二月党人，因为他生活在浸透了专制毒素的文化土壤上。在这样的社会基础上建立起来的太平天国政权，不可避免地具有专制的属性，而且这种专制性随着形势的发展而愈益浓厚。洪秀全接受的传统教育及中国千百年来的专制文化影响，决定了他的骨子里不可能产生西方真正意义上的民主、自由和平等的思想。他参加科举的目的就是为了出人头地，这一目的无法达到后，他通过太平天国武力夺取政权，昔日严重压抑扭曲的心理瞬间得到释放、张扬，就像一个饥肠辘辘的人突然扑到香气四溢的面包上，他不禁变本加厉、暴殄天物，恨不能一夜享尽人间所有荣华富贵。洪秀全的事业寄托着千百万小农的利益和憧憬。小农既苦于传统，又囿于传统。在新的生产方式出现之前，他们不可能依靠自己的力量摆脱传统。

深得鲁迅笔法、行文嬉笑怒骂的著名作家聂绀弩先生在他的《我若为王》一文中，入木三分地批判了中国人根深蒂固的皇权意识和奴才思想："生活在奴才们中间，作奴才们的首领，我将引为生平的最大的耻辱，最大的悲哀。"梁启超也犀利地指出，几千年专制文化积淀在民族心灵深处的劣根性，主要在于中国人只讲私德，不讲公德；只知有家，不知有国；只顾一身一家荣华富贵，不顾国家兴亡盛衰。他提出传统中国要实现近代化，首先应实现国民的近代化，学习其他民族的长处，培养国民的团体意识、公德意识和国家思想等"近代精神"。只有当具有责任意识与担当精神的"新民"横空出世，那么新制度、新政府、新国家才会随之而来。

今天回顾洪秀全与西乡隆盛的精神差距，某种程度上正是染毒的儒家文明输给了刚健的武士道精神，他们的人格某种程度上也代表了这一时期的民族性格。其间折射出两个国家的传统文化，如何在19世纪中叶进行自我更新的努力和痛苦。

从郭嵩焘和陆奥宗光看弱国与强国的外交

  19 世纪是人类历史风起云涌、外交争斗错综复杂的世纪。中国和日本同时面临前所未有的严峻挑战，中日国运的沉浮，其实也是外交角力。同样面对船坚炮利的西方列强，同样面对内外交困的生死关口，如何利用外交斡旋趋吉避凶？在新旧嬗变的十字路口，"天朝上国"盲目拒变、进退失据；"扶桑岛夷"纵横捭阖、如鱼得水。包括甲午战争在内的一系列重大事件中，中国不仅输在军事上，更输在外交上。中日外交之战，实际上是被士大夫鄙视为汉奸"鬼使"的中国外交官，与被誉为"神差"英雄的日本外交官之间的一场不对等决斗。

  时代展现人物，人物也印证着时代。在风云变幻的历史关头，郭嵩焘和陆奥宗光的命运轨迹，既是这一时期中日外交界的缩影，也是两国国运的对决。

悲欢宿命 国运投影

光绪十七年（1891），清政府向西方国家派出的第一位公使郭嵩焘，以凄凉辛酸的心境告别了这个世界。与郭相知甚笃的李鸿章上奏朝廷，力陈其学行政绩，援例请史馆为其立传，礼部为其赐谥，得到的却是朝廷冷冰冰的答复："郭嵩焘出使西洋，所著书颇滋物议。所请着不准行。"

郭嵩焘终其一生，始终是个官场上的"多余人"。即使身处同一时代的顶尖人物，对他的评价也是毁誉不一。曾国藩知人论世的功夫颇深，一向以慧眼识人自诩，但他认为郭嵩焘只是"著述之才"，不是"繁剧之才"，即指他干不好实际事务。这种观点也影响到了其子曾纪泽，他在写给九叔曾国荃的信中，竟以"花拳练步"四字来酷评这位有通家之谊的父执，曾国荃则欣然允为确评，回信说："以'花拳练步'之说喻筠老（郭嵩焘号筠仙），极为有识。筠老之取憎于一世在此，而吾之敬重筠老亦在此。"鸦片战争后，西洋对中国的威胁日甚，李鸿章、曾国荃等虽知郭嵩焘熟知洋务，亦不敢轻易向朝廷推荐他，以免惹火烧身。曾国荃无奈地说，今日欲图国家长治久安，除洋务以外无可自强。而国家虽然有郭嵩焘这样精通西学的人才，却又像西汉的贾谊那样不可重用，"此真可以为太息流涕者也"。

面对众口铄金，攻讦重重，郭嵩焘依然天马行空，蔑然视之。他从未打算改弦易辙，重新做人，始终坚信自己所践履所主张的一切都经得起时间的考验和历史的推敲。他豪迈地在自己的诗中唱出了无畏的强音："流传百代千龄后，定识人间有此人！"这如同一支响箭，他将自己的大自信射向了遥远的时空。假如郭嵩焘多活三年，中日甲午海战北洋舰队灰飞烟灭，便完全印证了他早先的预见。

那么郭嵩焘究竟是怎样一个人呢？正如海外著名史学家汪荣祖先生所说，他是那个时代中最勇于挽澜之人。他的认知、思想、勇气和精神历程，抵达了一个传统士大夫所能抵达的极限。他的思想可以延伸到戊戌变法，延伸到辛亥革命，甚至延伸到"五四"。他是晚清衰世一骑绝尘的先知智者，正因为他的很多思想行为在当时的条件下已经走得太远，大大超出了社会所能承受的程度，使当时的人们不但跟不上他的步伐，甚至望不到他的身影。于是他几乎受到举国士人的讥嘲和辱骂。自始至终他都成为时人攻击的靶标，成为难容于世的异类。孤独的先行者一生的结局是悲剧，这是郭嵩焘的悲哀，也是中国早期近代化的悲哀。

郭嵩焘是在屈辱谩骂中开始他的外交生涯的。

1875年，清廷因"马嘉理案"必须遣使赴英国"道歉"，郭嵩焘受命出使英国。消息传开，立刻引起轩然大波，士论大哗。因为千百年来，中国人都认为华夏民族是最先进的民族，中华文明以其灿烂辉煌辐射四方，引得"万方来朝"。面对清廷此举，大清子民们捶胸顿足，无不认为是大伤国体的奇耻大辱。郭嵩焘的亲朋好友都为他担忧，感到此行凶多吉少，更为他出洋"有辱名节"深感悲哀惋惜，认为"郭侍郎文章学问，世之凤麟。此次出使，真为可惜"。更多的人甚至认为出洋即是"事鬼"，与汉奸一般。一时满城风雨，沸沸扬扬，有人编出一副著名的对联骂道：

出乎其类，拔乎其萃，不容于尧舜之世；
未能事人，焉能事鬼，何必去父母之邦。

当时郭嵩焘的家乡湖南守旧氛围极浓，湖南士绅群情激愤，认为郭氏此行大丢湖南人的脸面，要开除他的省籍，湘省乡试学子甚至聚集闹事，扬言要砸郭宅，让郭嵩焘全家受惊不小。

外有英人的催逼威胁，内有国人的毁谤痛诋，在强大压力下，郭嵩焘毅然克服万千困难，踏上与英交涉使命的征途，在1876年12月从上海登船赴英，"以老病之身，奔走七万里"，作"赔罪之旅"。行前，朝廷应总理衙门之奏请，诏命郭嵩焘将沿途所记日记等咨送总署，以备外交上的参考。到了伦敦之后，郭嵩焘热情地把从上海到伦敦途中51天的日记稍加整理润色，定名为《使西纪程》，抄寄一份给总理衙门。

他哪里料到，这份日记在总署刊行之后，犹如一颗炸弹投在死水潭里，立马在京师士大夫中激起轩然大波。有人痛斥他极意夸饰，美化外国，"用夷变夏"，声称"凡有血气者，无不切齿"；有人连出版此书者的动机也加以怀疑："诚不知是何肺肝，而为之刻者又何心也。"不仅思想守旧的士大夫如此，连一向开明的文坛领袖王闿运也忍不住跳将出来，大骂郭嵩焘不可救药，说他"殆已中洋毒，无可采者"。更有一些人直接怀疑郭嵩焘"有二心于英国，欲中国臣事之"而弹劾他，坚决要求朝廷将郭嵩焘撤职调回，否则遗毒海外，惑乱人心，后果不堪设想。郭嵩焘深陷孤立无援之境。由于一时找不到合适人选，清廷未能将他召回，但下令将《使西纪程》毁版，禁其流传。

"三思方举步，百折不回头。"郭嵩焘，这位被李鸿章屡屡称作"有些呆气"的人物，怀着一颗无人能解的赤子之心，不畏讥谗，我行我素，高歌前行，踏上一个人的独醒之路、漫漫长征。初至英国后，他亲赴下议院听议员责诘政府，言语颇为强硬；他看到了西洋国家新闻报纸议论时政的舆论监督作用，以及政府和议院行政、立法的分权；他经常访问炮厂、船厂，并亲自升炮以及试演鱼雷大炮，体会到西洋军队器械之完备、军容之盛大。

一系列的实地考察和潜心研究使郭嵩焘渐渐形成了自己的看法。他的言行不但与"天朝上国"的规矩尺度大相径庭，而且与他先前的洋务派战友们也分道扬镳。比如洋务派领袖们忙于造船制器，他却主张正本清源；朝野清流一致主战，他却认为在敌国环集的危局面前，"无可战之机，无可战之势，直亦无可战之理"，只可随机应付，切忌不顾后果的浪战；洋务派领袖们认为当务之急先要强国，他却认为先要富民。他对这些关键问题的看法与各路"神仙"如此格格不入，大相抵牾，以至于孤立无援。

正当京城上下对他舆情汹汹、十分不利的时刻，他的副手刘锡鸿抓住时机反戈相击，推波助澜，罗织罪状，欲一举置郭嵩焘于死地。刘在出使英国前就得到清政府中一些大员的支持，暗中监视郭的一举一动，不断向清政府打郭嵩焘的"小报告"，列出种种"罪状"。如有一次参观炮台中天气骤变，陪同的一位英国人将自己的大衣披在郭嵩焘身上。刘锡鸿认为"即令冻死，亦不当披"。当巴西国王访英时郭嵩焘应邀参加巴西使馆举行的茶会，当巴西国王入场时，郭嵩焘随大家一同起立。这本是最起码的礼节礼貌，但刘锡鸿却将其说成是大失国体之举，因为"堂堂天朝，何至为小国国主致敬"！中国使馆人员参加英国女王在白金汉宫举行的音乐会时，郭嵩焘曾翻阅音乐单，刘也认为这是效仿洋人所为，大不应该。连郭嵩焘不用茶水而改用银盘盛糖酪款待洋人，想学外语等等全都是罪过。他公然诟骂自己的顶头上司为"汉奸"，更严重的罪状是说郭嵩焘向英国人诋毁朝政，向英国人妥协等等。这些在当时都被视为大逆不道之罪，一旦坐实，连性命也将难保。

郭嵩焘开始还处之泰然，颇相信清政府对自己的信任，因为，在他出使前觐见时，大权在握的慈禧太后深熟他的艰难处境，曾语重心长地安慰他说："旁人说汝闲话，你不要管他。他们局外人，随便瞎说，全不顾事理……你只一味替国办事，不要顾别人闲说。横直皇上总知道你的心事。"

谁知此一时也，彼一时也。郭、刘之争，实则是新旧思想斗争，而在当时保守势力十分强大的情况下，刘锡鸿占据上风是势所必然，正因他倚仗朝中李鸿藻、沈桂芬等大员以自重，对郭嵩焘的攻击才肆无忌惮。此时的西太后当然照顾舆情要紧，顾不得"事理"了，因此，她不但不斥责守旧的官员，保护"一味替国办事"的人，反而各打五十大板，严旨申斥上疏为竭力自己辩诬的郭嵩焘："怀私攻讦，不顾大体"，大加训诫。

京师士大夫也继续火上加油，要求将郭撤职查办。这无疑促使了清政府早下决心将郭嵩焘撤回。1878 年 8 月，清廷下令将郭、刘二人同时调回。本来朝廷还拟将郭嵩焘查办治罪，后在李鸿章、曾纪泽等人的反对下才不了了之。

然而郭嵩焘这回是彻底心寒了。他已走向世界，而他的国家仍然彷徨不前，使他感到有心无力，徒唤奈何。而刘锡鸿对他的恶毒打击，更使他心灰意冷，未抵国门，心情便已十分凄凉落寞。1879 年 1 月末，郭嵩焘离开伦敦，启程回国。到达上海后，他心力交瘁，请假归乡。

想不到的是，他出使英国时湖南同乡一片骂声，回来迎接他的同样是骂声一片。郭嵩焘回归桑梓，长沙、善化两县以"轮船不宜至省河（湘江）"为由，迫使他改行陆路。5 月回到故乡长沙时，等待他的却是省城士绅贴遍全城的"大字报"，指责痛骂他"勾通洋人"，是卖国贼。普通官员见到他也侧目而视，不理不睬。郭嵩焘尝尽世态炎凉，人情冷暖，决意从此归隐林泉，不问时事。1879 年，他曾在诗中喟然感叹道："人生都是可怜虫，苦把蹉跎笑乃公。奔走逢迎皆有术，大都如草只随风。"他在一片辱骂声中离开了政治舞台。

在中国，清廷拒绝为劳苦功高的郭嵩焘立传赐谥，将之视为异端。而在日本，日本人则将陆奥宗光视为国之至宝。直到今天，日本外务省的大院里依然高耸着陆奥宗光的铜像，日本历届外务大臣中只有陆奥的铜像能够骄傲地伫立于此，可见日本人对他的评价之高。

在中国的有关著作中，陆奥宗光大多被描述成一个狡诈成性、面目可憎且善于玩弄权术的外交官，是日本发动甲午侵略战争的主要罪魁之一。这固然不错，却未能抛开简单的道德评判，深入探讨"陆奥外交"的实质。

伊藤博文能选中陆奥宗光担任外务大臣这样重要的职务，固然说明其政治眼光老到毒辣，而陆奥宗光能不负重托、屡建奇功，更表明日本具备宏阔的视野和开放的胸怀。时势造出了英雄，英雄反过来也推动时势，从这个意义上讲，晚生 25 年的陆奥宗光确实比郭嵩焘幸运得多。

对比陆奥宗光与郭嵩焘的人生履历，不能不感叹命运无常，造化弄人。他们都出生于富贵显赫的家庭，都有着豪迈的家风和浓厚的诗书气息。但陆奥宗光早年的好运显然不能与郭嵩焘相比。陆奥 8 岁那年，纪州藩藩内发生内乱，其父在政治斗争中失败，从此家庭条件一落千丈。陆奥宗光成为穷人家孩子早当家的典范。其后的道路陆奥也走得跌跌撞撞，十分不顺。郭嵩焘少年得志，一路春风，19 岁便高中举人，30 岁（1847）中进士、点翰林，与李鸿章、沈葆桢是会试同年。而倒霉的陆奥宗光虽然早在 1868 年明治政府成立之后便进入外交界，但因在上层无得力的后台，仕途并不顺利，几起几落，只陆续担任过兵库县知事、神奈川县知事、外务大丞、租税头等微职。他 34 岁（1877）时，更因对大久保利通排除异己的藩阀政治非常不满，联络一些江湖兄弟参加土佐藩出身的大江卓等的反政府活动，事泄被捕入狱，判刑 5 年，并削去藩籍。

当陆奥宗光在监狱里度日如年之时，郭嵩焘早已在繁华富丽的西方世界挥洒自如，风光无限，成为陆奥宗光望尘莫及的外交老前辈。但谁也料不到的是，这位锒铛入狱的"叛徒"反贼居然会后来居上，翻身一跃成为明治政府的重臣，决定了日本长达半个世纪之久的外交路线——侵吞亚洲、走向世界，并使出一连串令人眼花缭乱的闪电重拳，将郭嵩焘为之奔走的大清帝国打得一败再败，将这个庞大的猎物任意玩弄蹂躏于掌股之中。

陆奥宗光在其外相任内主要做成了两件大事，而其中任何一件事都足以令他在日本青史留名。第一件，是修改不平等条约，于 1894 年成功废除了欧美国家在日本享有的治外法权。紧接着他便着手干了第二件惊天动地的大事，那就是挑起甲午侵华战争。在这一场决定中日两国未来命运的大决斗中，陆奥宗光简直堪称好莱坞出神入化的一流大导演，他配合军事上的挑衅，纵横捭阖进行外交斡旋，以匪夷所思的军事冒险和政治操作，将愚昧迟钝的大清帝国拖入万劫不复的战争深渊。

视野 PK　外交对决

甲午中日战争发生了不少重大外交事件。面对千钧一发的外交危机，日本成功策划了一系列的外交大手笔。中国外交界在应对日本凌厉的外交攻势时，处处捉襟见肘，节节败退。清廷终于尝到自己盲人外交一手酿制出来的苦酒。

1894 年 7 月 27 日，中国"外交部"（总理衙门）紧急召见英国驻华公使欧格讷，就日本击沉清政府租用来运送清军的英国商船高升号之事进行磋商。在两天前所发生的这场悲剧中，近千名中国精锐部队官兵和几十名欧洲船员一同罹难。消息传到英国，英伦三岛群情激愤，舆论哗然，纷纷声讨日本之践踏国际公法。英国官方的反映也十分强烈，谴责日本暴行，并提出强烈抗议。英国军方强烈要求对日本采取军事报复，英国远东舰队司令斐里曼特还致函日本联合舰队司令官伊东祐亨，质询击沉高升号的日本浪速舰是否奉命行事。同时，向英国海军部建议，"立即罢免并拘捕浪速舰长"。

顿时，日、英关系变得十分紧张，形势对日本极为不利。陆奥宗光骤闻此信，也大为吃惊，担心"日英两国间或将因此高升事件而引起一场重大纷争"。在世界舆论对己相当不利的情况下，日本政府没有回避，连续实施了一连串层次分明的紧急公关行动。

陆奥宗光反复权衡利害，决定采取措施以变被动为主动。他首先亲自会见英国驻日公使巴健特，告以日本政府将对高升号进行调查，万一错在日本海军，日本将赔偿全部损失。这是一个缓兵之计，先用话将英国政府稳住，避免事态恶化。但在最主要的责任问题上却留有活口，以便为最终推卸责任预留余地。

果然，随后不久，日本便炮制了一份假报告，对所掌握的第一手材料进行了有针对性的剪裁，形成了对自己极为有利的调查报告，倒打一耙地诬称是中国军舰先向日舰开火，日舰事后才知道击沉的一艘运输船是英国商船高升号，把日本的责任推得一干二净。与此同时，日本又通过驻英公使青木周藏，贿买英国的媒体和一些权威人士为日本说话。于是，英国的多名国际法学界泰斗，先后在报纸上为日本辩护，认为日舰击沉高升号是合理的，责任不在日本方面。《泰晤士报》先后发表了英国著名国际法权威剑桥大学教授韦斯特来克和牛津大学教授胡兰德的文章，为日本辩护，说从国际法的观点看，日舰浪速号击沉高升号完全正确。

于是，英国的舆论突然都改变了腔调。英国政府从防俄的大局出发，正要拉近日本，也就趁此机会转弯，认定日本不但无过，反而有理，转过来却要高升号船主向中国索赔。清廷有苦难言。就这样，陆奥宗光主导下的日本外交界神奇地瞒天过海，反败为胜。

日本在整个甲午战争时期的外交策略都是相当灵活、狡猾的。战争前，日本违反《天津条约》，寻找借口派遣大量兵力进驻朝鲜。之后，日本又以改革朝鲜内政案为名，制造事端，把发动战争的责任推给中国。同时，日本又以"利益均沾之说牢笼各国"，利用列强之间的矛盾，化列强干涉于无形。开战以后，日本又细心观察各国对战争的态度，争取列强的同情，曾几度避免列强对其行动的联合干涉。

更重要的是，日本驻外使节努力活动，及时地通报各国信息，使日本政府对于各国形势瞭若观火，乃能操纵自如。他们将各国利害之深浅，决心之有无观察明了，一丝不错，然后因之或妥协，或硬拒，或婉拒，从而使各国自行收手，使中国陷入绝对孤立。因此，甲午战争时期日本所取得的军事胜利，在很大程度上基于它外交策略的成功。

"战守无具，不能不以和，允为御侮长策。""和"，这就是李鸿章的答案，也是中国在对日交涉中为何一再忍辱吞声、连连吃亏的答案。

无论从哪一个方面看，"鬼使"与"神差"对决的过程，就已经决胜出了胜负结果。

"鬼使" "神差" 天壤之别

"冰冻三尺，非一日之寒。"近代中日两国外交人才不同的地位和境况，是问题的根源。

一国外交要近代化，外交人才必须先要近代化。这主要指担任外交职务的人员除具备一切国家公职人员都应具备的一般品质、基本知识等之外，还应掌握办理近代外交所需的专业知识、技能等，例如应有国际知识、了解世界大势、通晓外交礼制，等等，否则必定不能办好外交。

鸦片战争后相当一段时间内，清政府在处理对外关系中吃了许多亏，原因之一就是当时主持对外交涉的人完全缺乏这些条件。他们甚至对于在同外国资本主义相处中哪些事于国家有利、哪些有害都分辨不清，以致往往轻其所应重而重其所当轻。比如在与列强签订条约时，清朝官员普遍缺乏近代外交知识，并未意识到"领事裁判权"和"片面最惠国待遇"是对中国主权的严重侵害。

那时中国的外交体制是旧的，主持外交的人也是旧的。总理衙门成立，从大臣到章京都是读孔孟之书、科举出身的旧官僚。即使长期主导中国近代外交的李鸿章，与日本外交界见多识广的首领人物陆奥宗光相比，充其量也只能算是个"自学"成才的小学生。用梁启超的话来说："李鸿章之外交术，在中国诚为第一流矣，而置之世界，则瞠乎其后也。李鸿章之手段，专以联某国制某国为主，而所谓联者，又非平时而结之，不过临时而嗾之，盖有一种战国策之思想，横于胸中焉。"他在甲午战争之前从来就没有迈出过国门一步。他的外交思路和技巧，与其说是学自洋务实践，莫如说是讲求权诈的中国特色政治手腕在外交领域的运用。可惜外交毕竟不是内政，在洋人之间玩合纵连横成效并不好，往往是前门驱虎、后门进狼。即使有苏秦、张仪的雄辩口才，除了在强权面前卑词乞怜，又有何用？

李鸿章尚如此，大清国的其他外交官员就更不用说了。1895 年 3 月 11 日的《纽约时报》转发了来自中国天津的一则报道，在一位外国人眼中，大清国的外交官们是这样的形象：

　　到国外去的清国人大多出身低微，他们在国内无足重轻；他们对西方世界的思维方法和行为准则的全部认识也不过是一些肤浅的表面知识，然而他们对西方世界更加奢华的生活方式却大加推崇。当他们回到国内并获得官职后（尽管国内的官僚尽可能地排挤他们），他们的这种奢侈倾向几乎意是毫无例外地诱使他们做出更具欺诈性的劣行。

　　也许这位外国人多少有些夸张。不过回顾中国外交机构近代化步履维艰的起步过程，就知道这些"鬼使"们的命运其实多么曲折艰难。

　　1840年以前的中国，还延习着传统的对外交往习惯。这种所谓的"外交"，浸透着浓厚的"夷夏"观念。作为中国元首皇帝根本不屑于同属国或朝贡国进行平等的来往，也不建立相应的外交机构，对中国以外的国家一律视之为"蛮夷"。当时清朝政府的主要外事机构有理藩院和礼部。

　　理藩院既管理少数民族事务又管理外交事务。"鬼使"时代的中国外交体系，地位低下，难有作为，在国家大事上并没有什么发言权，再加上人才缺乏、庸人泛滥，对于外交事务多奉行鸵鸟政策，大事化小、小事化了，勉强维持"洋务"，自然难以为国家战略决策提供重要意见。晚清相当多的涉外事件，尤其是义和团运动等大事件，虽然本质上是中外、民教之间的利益冲突，但中国外交官的颟顸、因循怕事，未能防患于未然，也是造成冲突不断扩大的主要原因之一。

　　鸦片战争轰开了中国的大门，把中国拉进了世界潮流之中，它给独立的中国带来屈辱，也为停滞的中国提供了变革的机遇，外交近代化势在必行。但清统治者昧于大势，为封建的惰性所支配，在对战争的失败震惊了一阵子之后，又回到常态，仍固守着旧有的思想、观念、体制而不图变计，一切都着眼于临事应付，时间浪费了近二十年。

　　但很快，西方列强不满意了。很显然，他们对于通过地方官以及礼部理藩院等部门与清政府间接接触的状况非常不满，不惜再以武力迫使清政府接受各国遣使驻京，各国政府与外交使节可与内阁、军机处直接交往的要求。

俄、英、法、美各国大张旗鼓地给清政府施加压力。面临严峻的国际外交形势，以恭亲王为首的一大批王公大臣力主建立一个统筹外交全局的新机构。1860年12月，奕䜣等上奏善后事宜六条，首请设立总理各国事务衙门于京师，得到了咸丰的批准。不论清统治者做这件事多么勉强，到底还是在一条新的道路上起步了。

向关系国派遣常驻使节，这本是近代国际交往中的一种常规。但清朝统治者对此长期没有认识或举棋不定，甚至在西方各国向中国派驻领事、公使已成惯例，这种做法对派出国的好处已为事实所充分证明，总理衙门已有了派使的想法时，清政府内仍有重重疑虑和阻力因而不能采取相应行动。顽固的传统观念使多数官员不敢涉足外务，并以派驻他国为有伤国尊。他们担心洋人们"不守臣节"，但在列强的枪炮面前，大清国只好放弃原则，"洋鬼子们"便堂而皇之地在天子脚下驻了下来。西方使节进来了，中国却坚持不外派使节。郭嵩焘放洋，也是无奈之举。最终，还是在奕䜣的坚持下，中国政府才决定按对等原则在外国建立使馆，并派驻使节对外交涉，这才基本建立了使领制度。

根据历史学者雪珥的研究表明，近代中国外交官不仅被士林视为"鬼使"，在官僚体系的设计上，也被作为"等外品"处理。根据清廷的相关规制，外交官并非实职，而只是"出使某国钦差大臣"，临时差使而已。清承明制，"实职"与"差使"有天壤差别，"实职"乃是经过吏部铨叙的经常性官职，被纳入升迁考核的完整体制，而"差使"则是临时性的差遣，等于是现代的"出差"，差使完成仍回原职。外交官只是作为"差使"，而且在制度设计的时候，没有明确"销差"回国后的"政治待遇"，这一放洋就是多年，与官场的联络自然要稀疏乃至中断，对官员的升迁有相当不利的影响，谁愿意远涉征洋出任"鬼使"，去自断前程呢？

这样的局面，一直维持到八国联军侵华后，在列强逼迫下，总理衙门改组为外务部后，外交官才被纳入实职序列，责、权、利才统一起来，并对各使馆官员数、品秩、等级、月薪及出使各大臣应支经费制定详细章程，职业化外交官队伍的建立才算真正开始，中国外交方告别"鬼使"时代。

从总理衙门到外务部，其间的漫漫长路走了近四十年，清政府终于建立起一套完整的外交制度，蹒跚地步入世界潮流。

与中国的"鬼使"不同，外交官在明治维新后的日本成为"神差"。

日本政界有句俗语："料亭政治，霞关外交"，意思是说政治多在料亭饭桌上商讨，而外交则在霞关决定。霞关位于东京千代田区南部，在江户时代前是大名屋敷林立的地方，明治朝至今被外务省使用，成为"日本外交"的代名词。

"霞关外交"有一个重要的日本特色：外交是一切政务之首，实施政府的整体外交。与中国心不甘、情不愿地设立外交机构，却又将它作为政府的"盲肠"部门不同，日本在明治维新开始的时候，就将外务省确定为六部之首。1869年明治政府颁布法令，成立外务省，由明治天皇的亲信、王政复古政变的首脑岩仓具视亲自掌管。日本赋予外交以国务之首的地位，主要是因为明治时期的首要国家目标，就是废除与西方签订的不平等条约，因此，欧美外交实质上也是头等内政，外务省则是衔接内政和外交的枢纽。

在这样的政策导向下，外务省比日本其他政府部门吸引了更多的精英人士。值得注意的是，大量的贵族子弟纷纷负笈欧洲，留学归来后多进入外务省工作，比如后来在国际舞台上纵横捭阖的小村寿太郎、青木周藏、珍田舍己等人。而更可贵的是，为日本修约成功立下汗马功劳的小村和陆奥两人，都并非出身于明治政府的缔造者萨长两藩，却能够在政府中担任外交要职，充分反映了日本国内民主平等思想的进步。正是他们帮助日本成功跻身世界大国之列。日本外交所折射出的只是日本近代化的一个缩影。

日本这些年轻学子后来在外交体系乃至整个官僚体系内飞黄腾达。反观中国近现代，很少有外交官能在非外交的政府岗位上获得重用，遑论出任总理等"国家领导人"职务。甲午战争之后，李鸿章的幕僚罗丰禄出任驻英公使，还是托了伊藤博文的福。罗丰禄、伍廷芳等随李鸿章赴日谈判马关条约，伊藤博文和李谈起，此二人是他昔日留学英国时的同学，均为一时俊彦。如今伊藤已贵为内阁总理，而伍、罗两人还屈居幕僚。李鸿章闻之，颇有感触，不久后便分别保举他们出使英国和美国。

日本"神差"与中国"鬼使"的区别，并不仅仅在于造成部分当事者的个人仕途高下，更造成两国在整体战略方面的根本性分野：一个是外向的、积极的"欲开拓万里波涛，布国威于四方"，为此贵为天皇都可以节食筹款；

另一个则只是想为清朝部族保住祖宗留下来的这点基业，既要攘外，更要安内。同时代清朝的外交官们，比如李鸿章之流，他们是在屈辱中饱尝外交的苦果；而日本的陆奥和小村，他们是在屈辱中谋取外交的胜利。当日本政府审时度势调整外交战略，一举跻身强国之林时，晚清政府依然束手无策地深昧于世界大势，举国上下，君骄臣谄，"当国者如醉卧覆舟之中，身已死而魂不悟；忧时者如马行画图之上，势欲往而形不前。"最终使中国处处被动挨打，可悲地堕落为国际舞台上一名忍辱吞声的丑角。

叁

——歧路迷途的思想先驱

苏格拉底与商鞅的精神遗产

一边是从容赴死的圣徒，一边是慌不择路的逃犯

公元399年6月的一个傍晚，雅典城恢宏的落日下，在一座戒备森严的监狱中，一位年届七旬的老人就要被处决了。按照法律规定，他将饮鸩而死。

一大清早，他的学生就来到了死牢，悲戚的脸上阴云密布。而老人却淡定自若，他早早打发走了哭哭啼啼的家人和亲属，和平常一样开始授课，从容地和学生们侃侃而谈，似乎忘记了就要到来的处决。当夕阳把最后的一缕阳光洒在死牢的时候，狱卒端了一杯毒汁进来。老人沉思片刻，坦然地一饮而尽，平静地说：

"分手的时候到了。我将死，他们活下来，是谁的选择好，只有神知道。"

一只永不疲惫、嗡嗡作响的马虻销声匿迹了——这就是苏格拉底。一个光

辉的生命定格在70岁的年轮。而后人们对他的怀念和思考，注定将持续七百年、七千年直到永远。

苏格拉底死后的63年，在东方的秦国，叱咤风云的大人物商鞅也走到了生命的末路。然而，在同样面临生死抉择的时刻，商鞅完全没有苏格拉底那份从容镇定，而是充满了恐惧和不甘。

二十多年来，商鞅以雷霆万钧之势在秦国推动了一场天翻地覆的变革，使秦国从一个连诸侯会盟都没有资格参加的"夷狄之邦"，一跃成为战国七雄的领跑者。时移势易，公元前338年，秦孝公死，太子驷继位，是为秦惠王。太子驷的老师公子虔等乘机反攻报复，诬陷商鞅谋反。失去了秦孝公这个大后台，商鞅的末日到来了。

得到消息，商鞅大惊失色，慌不择路地开始了逃亡生涯。他马不停蹄地赶到函谷关前，可天色已晚，关门已关闭，没有哪家旅店胆敢收留他这样没有证件的逃亡者。而这正是他当年变法时所做的规定——店家要是收留没有证件的客人，要受到法律的严惩。

商鞅还是想办法逃到了魏国。然而他先前曾率领秦兵攻打过魏国，并设下卑鄙的诱降计生擒对方主帅公子卬，魏国对他恨之入骨，怎肯接纳一个不共戴天的敌人？万般无奈之下，走投无路的商鞅只好返回秦国，做孤注一掷的困兽犹斗。他回到自己的封邑，发动寥寥可数的随从举兵谋反，可被他的新法训练得无比强大的秦国军队，不费吹灰之力就生擒了他，秦惠王对商鞅处以车裂的酷刑，并恨恨地宣告世人："莫如商君反者！"

"每个人只为自己效忠，看谁在最后成功，染红整个天空，成全了谁的梦。"（林夕歌词《英雄》）在鲜血染红的理想旗帜下，泾渭分明地书写着苏格拉底和商鞅截然相反的人生追求。对于苏格拉底来说，"吾道一以贯之"，为此不惜献出生命；而对于商鞅来说，投身政治却成为一个死不瞑目的人生悲剧。在人与制度之间，他们都是牺牲者，然而，牺牲的本质却有天壤之别：苏格拉底是主动牺牲，商鞅是被动殉葬；苏格拉底是开启民智的殉道者，商鞅是君主专制下的战败者；苏格拉底为他热爱的制度牺牲了生命，商鞅呢，他最终被他自己创立的制度断送了生命！

苏格拉底有无数次逃生的机会，但他却把自己送上了牺牲的祭坛。在离开法院的时刻，他大声宣告："我不是没有尽力为自己辩护才被判罪，而是因为我没有厚颜无耻地进行表演，没有以取悦你们的方式向你们献媚。"

最后一个晚上，苏格拉底的一个学生克里托悄悄进入牢房见到他，建议他越狱。因为不公正的判决是无须理会的，狱卒已经买通，逃亡路线已经安排好。他说，无论苏格拉底逃到哪一个城邦，那里的人们都会热情欢迎他。

苏格拉底又拒绝了。这位法庭上因为放肆激怒陪审团的被告人竟然认为必须尊重法庭的判决，哪怕这判决是不公正的。

整整一个晚上，克里托和老人一直在激烈辩论。这场"恶法是否是法律，在它废止之前是否必须遵守和得到执行"的辩论直到今天还在某些大学法学院的沙龙中进行，与两千年前讨论相似的是，谁也没有办法说服谁。

为了说服老人，克里托甚至采用了激将法，他认为"拒绝挽救自己生命的行为有违美德，行为人应该感到羞耻，甚至是一种罪恶"。

苏格拉底淡淡地说："一个人被冤枉时也不应该做坏事，尽管大多人认为这是理所当然的举动——做坏事、以怨报怨、以伤害对方作为自卫的手段都是不正当的。"在他讲明了应该遵守法律、不能逃亡的理由之后又补充说："克里托，亲爱的朋友，我郑重地告诉你，我仿佛是听到了法律的话，就像我听到了神的声音一样。他们的声音在我的头脑中回荡，我不能不听他们的。"（《苏格拉底最后的日子——柏拉图对话集》）

在最后的对话中，这位伟大的导师给他的学生上了最后一课。苏格拉底决心选择赴死，因为他始终坚信法律必须被信仰，否则将形同虚设。因为在古希腊，法律被视作城邦安全的基础，具有女神般的尊严。有良知的人首先是遵守法律的人，服从法律是公民的天职、责任，更是一种公民对于国家的义务，它的价值远远高于个人的生命。苏格拉底觉得自己不能违背和国家之间的这种神圣契约，因此他毅然选择死亡！

苏格拉底要用最后一次行动来实践对真理和正义的维护，来证明和诠释善和美德的含义。相比于苏格拉底用生命去换取信仰的虔诚，所谓法律在商鞅这样的政治家眼中就太过虚无缥缈了。

在生命面临威胁的时刻，商鞅毅然决然放弃自己创造的制度而保全生命。法律也好制度也好，都是为己所用的手段，并不是什么社会理想，因为在商鞅心中，法治的本质其实是人治。比如他再三强调法律具有普遍适用的平等性，刑罚不分贵贱等级。但是当太子犯法，他又找出各种理由为太子开脱，说："太子，君嗣也，不可施刑。"结果让最多承担一定连带责任的公子虔、公孙贾承担了全部责任，而真正的凶手并没有受到应有的惩罚。而他在阐述"壹刑"时也说："所谓壹刑者，刑无等级，自卿相将军以至大夫庶人——"这里的界定就没有把君主、王侯包括在内，而是对于卿相将军及以外的人才适用壹刑，难怪太子可以逍遥法外。

失去真理支撑的人生注定是苍白的人生，没有信念构筑的理想也必然是贫血孱弱的理想。苏格拉底和商鞅生活的时代相距并不遥远。他们如同两只扑火的飞蛾，又像勇敢逐日的夸父，都勇于为实现自己的政治主张而无所畏惧、勇往直前。然而，面临最后生死关头时，一个是端坐在监狱中岿然不动的苏格拉底，一个则是函谷关前慌不择路的商鞅。不同的人生终极抉择，显示出他们个人的价值取向、人格神韵方面的迥异，其中隐含的精神文化内涵，给各自社会的政治制度铺垫了完全异质的基石，对中西方日后漫长的发展历程产生决定性的影响！

一位是不畏强权的斗士，一位是君主门下的家奴

苏格拉底和商鞅生活的时代，国家动荡，秩序混乱，中西方社会都处于震颤嬗变的大转型之中。在中国正是风云迭起的战国时期，原有的社会规范早已礼乐崩坏，各国变法如雨后春笋，雷霆震荡；在希腊，奴隶民主制陷入危机，"创造自由的人没有自由，有自由的人却不创造自由"。

但这一时期，西方的平民阶级处于已经颇为发达的私有制经济之中，大多数公民都是一定生产资料的私有者；而战国时的民众则处于国有制占主导地位的经济结构之中，绝大多数人民只是国家共同体的附庸。要知道，财产私有权不仅是民众个人的经济权利，更是一种最基本的政治权利，它是人们进行政治、经济、法律、文化诸社会活动的核心，是实现其他权利的物质前提，如果没有独立自主的财产权，那么其他权利都将是空谈，同时也使人们的权

力意识极为淡漠。

正是不同的国情，决定了苏格拉底和商鞅不同的人生追求。苏格拉底的名言是："认识你自己"，在他一生的行动准则中，始终旋转着一个追求"人"（公民）基本权利的精神内核，即追求每个公民平等地位的社会理想。而商鞅终其一生都匍匐在专制君王的脚下，以君主的意志为最高权威，他自己从无违忤，更不允许别人有丝毫的怀疑。他把整个国家变成一座集中营，通过不断放大刑法残酷性，来维护专制统治，驱使人们走向一种普遍的精神奴隶状态。同样作为那个时代的精英，苏格拉底和商鞅引领着各自的国家走向一条完全相反的道路。

在欧洲文化史上，苏格拉底一直被看作追求真理而死的圣人。苏格拉底受到雅典公民的尊重，不仅仅是因为他天才的哲学思想。在他身上，洋溢着一种强烈的作为普通公民的良心和责任感。为了实践这种公民的责任，他既可当沉湎于玄思异想的哲人，又能当冲锋陷阵的战士，可谓文武兼备，内外兼修。和平时代，他就是雅典的良心，抨击时弊，激浊扬清；战争来临时他更是挺身国难，赴汤蹈火。

在雅典与斯巴达进行的伯罗奔尼撒战争期间，他以四十多岁的年纪，参加了三次战役。在战场上，他英勇作战，不畏强敌，两次救战友脱离险境。当军队供给被切断时，苏格拉底忍饥挨饿身先士卒；在严寒中，别的军人大多都用毛毯裹着身体御寒，而苏格拉底仍旧穿着破旧单薄的衣服，赤着脚在冰面上行走。在一次失败撤退时，苏格拉底镇静地昂首阔步、环顾四周，使战友的情绪得到稳定，最终顺利撤回。统帅拉凯斯将军也不由得盛赞苏格拉底为了城邦荣誉表现得沉着坚毅，他说："要是人们都像苏格拉底那样，我们城邦的光荣就能得到维护，大溃败也就不会发生了。"

同肉体的勇敢相比，苏格拉底在政治上的责任心和正义感更令人钦佩，他始终秉持公民良心，无私无畏地反抗暴政，坚持真理。

苏格拉底发誓要做只马虻，要刺醒雅典这匹沉睡的大马，尽管对于一匹大马来讲，一只小小的马虻的力量是多么的微不足道，但苏格拉底毫不在意，他"常常出现在公共场所，他早晨总往那里去散步并进行体育锻炼；当市场上人多起来的时候，总可以看到他在那里；在别的地方，凡是人多的地方，多半他会在那里；他常作演讲，凡喜欢的人都可以自由地听他"。苏格拉底就是这样"苦口婆心"地去唤醒人们的理性。他认为这样的方式比直接参政能产生更大的效果。

可公元399年的雅典城，时世不同了，雅典处于一个复杂微妙的历史阶段。

公元399年，也就是审判苏格拉底的那一年，雅典城正面临空前的政治危机。在与斯巴达的战争中，雅典城面临强大战争机器所带来的生存压力。战争期间，郊区大量的难民逃入城中，剧增的人口给城市设施和公共卫生带来了极大的压力，导致瘟疫流行，这一切，都严重削弱了雅典城的实力。

历时27年的伯罗奔尼撒战争，使人们的精神世界处于极大的危机和混乱中。雅典政局动荡，社会混乱；雅典人们精神空虚，人性堕落，传统价值观念发生了深刻的动摇。信口开河、背信弃义、利欲熏心、残忍野蛮、道德败坏等现象，成为雅典战后的主要弊病。在饱经伯罗奔尼撒战争洗礼后，雅典的民主似乎依然存在，但是在空空的架子里面上演的常常是极其不民主的闹剧。公民们随煽动家的唇舌起舞，献计的人们各怀鬼胎，建立在形式上的雅典民主制实质上早已风干了。

时局的动荡，社会的腐败，使苏格拉底痛心疾首。他像马虻一样四处飞翔，想蜇醒这匹昏睡中的纯种马。然而事与愿违，已经病入膏肓、失去理智的雅典制度不敢承受舆论的尖锐刺激，力图去制止一切所谓蛊惑人心的言论。一些为名誉地位考虑的执政者利用了这一制度的致命弱点，以混乱的社会状态迎合当时的社会恶俗，以巧舌如簧误导着人们的价值取向，他们混淆是非颠倒黑白，使城邦的道德生活更加混乱。连与苏格拉底交情甚深的朋友——被恩格斯称为"戏剧之父"的著名剧作家阿里斯托芬，也在其喜剧《云》里将苏格拉底刻画成一个行为怪异、专门教授诡辩术的人。在该剧的结尾，被"苏格拉底"伤害的城邦公民愤怒地放火烧毁了苏格拉底的"思想所"，"苏格拉底"也葬身火海，残酷血腥之气令人惊讶！

生活在这样一个道德没落的时代，苏格拉底的挺身而出就显得太不合时宜了。他把雅典的战败和衰落主要归根于雅典人心灵的败坏，认为雅典人对自身的智慧和民主制度充满了无知的盲信，多数民众形成的意志成为政治生活的最高主宰。民主制度因无法约束公民群体中欲望的恣意和放纵，已沦为公民满足私欲和野心的工具。苏格拉底认为要拯救雅典，就要从拯救雅典人的心灵开始。他要求每一个公民在关注自己的人身和财产的同时，更要去关注美德。在这个可悲的时代，苏格拉底变成了可悲的堂·吉诃德，他刺向堕落的雅典民主制的长矛，最终反弹回来飞向了自己。

公元 399 年，苏格拉底被他一生拥护的民主制判处死刑。这是雅典民主制度永远无法洗刷的污点。对于这个悲惨的结局，一位学者仅用简单的一句话解释："因为苏格拉底向雅典人传授的知识太快了，超过了当时人们的理解能力。"在文学名著《卡拉马佐夫兄弟》中，大法官对再一次来到人间的耶稣说："为了政治，为了民众我必须打压你！"苏格拉底重复的正是这一悲剧。苏格拉底死于自己的同胞——伟大的雅典公民之手。雅典人用自己的双手扼杀了他们本应引以为骄傲的思想巨子。他们以自己的民主制度特有的 500 人陪审团投票表决的方式，以过半约 30 票的结果宣布这位天才的死刑。

"多数人的暴政"虽然让苏格拉底付出了生命的代价，但源于苏格拉底并贯穿后来整个西方文明史的民主思想，对推动人类思想的进步和政治制度的完善做出了不可替代的贡献。而反观同一时期商鞅的所作所为，就知道他和苏格拉底的精神距离不可以道里计，简直就是南辕北辙、背道而驰。

几千年来，中国人对商鞅基本上都是持肯定态度，如郭沫若在其著名的《十批判书》中曾说"秦王政后来之所以能够统一中国，是商鞅变法的后果"，并说商鞅是一位"重实际的政治家"；当今学者也大多称赞商鞅"是中国历史上最著名的改革家之一"。但商鞅的坏名声似乎也不分伯仲，后世将他归为法家，长期被视为"异端"。在知识阶层，甚至以谈论商鞅为耻，宋代的苏轼就声称"自汉以来，学者耻言商鞅"，甚至讲出这个人的名字都是脏了口舌，写出这个人的名字则是污了纸张——"如蛆蝇粪秽也，言之则污口舌，书之则污简牍"。

商鞅的治国之术堪称中国历史乃至世界历史上最残酷和严厉的一种，是一种激进的国家主义实验。一般来说，开启民智、富国强兵才是变法的最终目的，可商鞅实行的却是棍棒下的变法。他通过种种愚民措施，以高压手段达到尊君强兵的目的，商鞅不像后世的专制统治者那样还需在"内法"的表面披上"外儒"的伪装，而是赤裸裸地指出要达到"富国强兵"的目标，就必须"使民贫""使民弱""使民不乐"，最终要使"国胜民"而不是"民胜国"。在经济上，他认为"强国"与"富民"是对立的，他极端地认为人民不但不应该有思考能力，而且只能通过强制手段让他们俯首帖耳。这位秦国的变法者一上任就循循善诱地给秦孝公上课说：您作为一国之君，同样也是凡夫俗子，并不是在德行、智慧、勇力方面都比凡人高出许多倍的超人。老百姓尽管聪明而且人数众多，但为什么他们却不敢和君主您作对呢？那是因为"权制断于君则威"，只要手操权柄，以"法"治国，老百姓就只有听天由命、赏罚由人的份了！

为了把每个老百姓都关进他设计的铁笼，他设计出了最残酷的"什伍连坐法"，规定："令民为什伍，而相牧司连坐。不告奸者腰斩，告奸者与斩敌首同赏，匿奸者与降敌同罚。"这就等于把"告奸"制度化。而这种制度是建立在里保户籍制度基础上的。有了户籍制，秦国的老百姓就都处在国家的严密监视之下。商鞅的思路是——只要是人，就是坏的。他们在心中藏了很多秘密，这些秘密对国家是危险的。国王和他都不是神，不可能知道这些人的秘密，所以，必须要有告密者。于是，商鞅把告密写进法律，并特别提倡亲人之间的"告奸"。

为了生存，每个百姓必须要打起十二分的精神来探听"奸"人"奸"事，包括自己的亲人。一旦告密，所得到的奖赏将是一个农夫10年劳动才能赚来的钱，而且还有别的好处。举一个简单的例子，如果做妻子的告发了丈夫，那么做妻子的财产可以不被没收，只没收丈夫的财产。连夫妻之间的财产也公开计算，并用以鼓励告密，这在中国历史上可谓一空前绝后的大发明了。

在告密法实施不久后，秦国的民风就变得非常古怪了。父子见了面，如果没有什么事情从来都不说话；婆婆和媳妇之间没有共同语言，媳妇可以对婆婆大声叫骂。所有人都像防贼似的防着自己身边的人，包括亲人。

为进一步实现富国强兵的政治目标，商鞅认为必须采取重刑手段使民众"单一化"，只有当人被成功地"单一化"，都成为思想被完全"统一"的人后，富国强兵的目标方能迅速实现。

商鞅认为国有"五害"，分别是儒家学者、商贾、隐士、手工业者和勇士。在《农战》一文中，他毫不客气地说："有这些人存在，敌人来到，一定打败仗，敌人不来，则一定很贫穷。把这些人赶走，敌人不敢来，来了也会被打败。去讨伐别国，一定能战胜，不去讨伐，则一定能富足。"在他主政下，当时中原各国的那些游侠、歌姬、说客、武士、儒生、商贾、刺客等社会上最活跃的人员，全都在秦国绝迹了，因为这些人是社会上的"五蠹"，必须铲除！

当与官方意识形态不相吻合的"异端邪说"被彻底否定和排斥之后，当人们的思想观念被彻底地"纯洁化"之后，真正的思想实际上也就随之而消失了。剩下的只是一帮简单愚昧、贫穷安分、柔弱驯服的"人"，并最终被"国"和"政""所胜"，即被专制政权彻底压服和控制。

商鞅把全国变成一座戒备森严的"思想监狱"，而自己则成为手执鞭子严酷驱打人民的君王家奴。在这种变法思想的指导下，秦国全国上下成了一架运转井然的机器，成为步伐整齐服饰一致的集中营。在这种高压政策下，每个秦国人都变成了国家的工具，宛若后世出土的那些兵马俑，人人面无表情而无比强悍！

商鞅彻底改变了战国乃至后来中国的政治形态。它的基本治国理念被顽强地延续下来，它的核心经济理念被众多的独裁者所沿袭。苏轼曾经叹息说，对于商鞅主义，"世主独甘心焉，皆阳讳其名，而阴用其实，甚者则名实皆宗之"。在秦以后两千多年的封建社会里，历代统治者实施的窒息整个民族创造力的"愚民政策"，遵循的就是秦制，而秦国的一切政治经济文化等制度的创立又皆起于商鞅变法。所以，郭沫若说"秦汉以后的中国政治舞台，是由商鞅开的幕"确为不易之论。可惜的是，这是一个黑暗的舞台！

一位是引领人类的先哲，一位是专制愚民的鼻祖

苏格拉底和商鞅最根本的区别，恐怕还在于"智者"与"侍者"之区别。

苏格拉底的一生致力于启发民智。他具有丰富的教育实践经验并通过长期的教学实践，形成了自己一套独特的教学法，人们称之为"苏格拉底方法"，他本人则称为"思想的助产术"。而商鞅作为一名政治家则终生致力于巩固维护君主专制，为此不惜闭塞视听，愚弄人民。"开智"的苏格拉底与"侍王"的商鞅，一是人格的健全，一是精神的阉割；一个虽然死于"多数暴政"，但思想永远传承；一个尽管因"侍王"而富贵，却终如晨雨朝露，身死名灭。

苏格拉底说自己"像猎狗追逐食物一样追逐真理"。为此，他放弃了自己的职业，甚至忽视了自己的家庭。他一生没有工作，从不为生计奔波，也根本不在意衣食住行，甚至连家人的生活也从不过问。他泼悍的妻子赞蒂普如同"河东狮"，无数回对他大发雷霆，可他依然不以为意，我行我素。

在苏格拉底眼中，哲学就是最伟大的艺术，他毕其一生去思考人生的真谛。根据人们当时的记载，他沉思的方式显得特别古怪而有趣，达到了如痴如狂、亦疯亦癫的地步。他时常一个人离群索居，站在路上一动不动，一沉思就是几个小时，不受任何事情影响，这种沉思有时会在特定的地方，比如说在山顶、家中、神庙，有时也会在和别人聊天时突然陷入沉思，如同老僧入定一般。有一天大清早，他遇到一个问题，就在一个地点呆立不动，凝神默想了一天一夜，"才扯脚走开"。人们对此百思不得其解，好奇的人甚至还搬出铺席睡在露天里，悄悄观察他是否站着过夜。苏格拉底独特的"沉思方式"俨然成为那个时代最抢眼的"行为艺术"。

苏格拉底是那个时代雅典最著名的公共知识分子、时评家、持不同政见者，被人们亲切地称为"雅典的良心"。他对周围人们奉若神明的东西是持否定态度的，对传统的习俗也不屑一顾。他头发蓬乱，胡子拉碴，体型肥硕，身上的袍子总是又脏又破，还喜欢光着脚。可是雅典人并不反感他，许多人都愿意和他聊上一阵，哪怕是被他调侃。苏格拉底一生都没有办自己的学校，但广场、庙宇、街头、商店、作坊、体育馆等，都是他施教的场所。青年人、老年人，有钱人、穷人，农民、手艺人，贵族、平民，都是他施教的对象。这个温和而有着极大耐性的人，一生的愿望就是将所有的人——无论是国王还是鞋匠，都循循善诱于知识的殿堂之上。

苏格拉底也特别乐意充当一个"口头评论家"的角色，他总能在第一时间知道雅典发生的新鲜事，总能拿出一针见血的评论，特别是对那些以"社会良心"和"民众喉舌"自诩的政客，他总能一桩桩一件件地剥去他们的伪装和矫饰，让街头百姓听得津津有味。因此，苏格拉底的敌人并不比他的朋友少。把那些自我标榜为"雅典社会支柱人"的思想骗术揭露于光天化日之下，甚至成为他的一种癖好。久而久之，他的名字在希腊家喻户晓，甚至有人为他编演了戏剧。他在上午谈到的一些趣事，到了晚上全城人便无人不晓了。他被捕入狱时，全希腊没有一人不对他一生的大小琐事了如指掌。

苏格拉底是西方古典哲学史上最伟大的哲学家，因为他的出现，哲学变得和过去截然不同，他把哲学从天上拉回到人间。对苏格拉底来说，了解自己才是哲学的真正目的。他提出的"认识你自己"的主张，至今还镌刻在德尔菲神庙的入口处。这句话和这座神庙本身，坐落在高高的城堡上，仿佛两个历经沧桑的老人，在天气好的时候，出来晒晒太阳，安详、不言不语，却让见者无不心里一震。

苏格拉底和商鞅生活的时代不过相距短短的几十年，但人文精神的差别竟然如此之大。他们虽然一位侧重于思想领域，一位投身于政治，但其迥然有别的行为观念背后，却隐藏着东西方不同的思想萌芽。当苏格拉底苦心孤诣地奔波在开启民智、慧度众生的路上时，商鞅却煞费心机地控制社会、愚国弱民；当苏格拉底真心实意地引导人们独立思考、争取思想自由时，商鞅干的却是钳制言论、制造"顺民"的勾当。

在春秋战国诸子中，商鞅和韩非的愚民主张，是最为明确、最有系统的，对后世的影响也最大。在《商君书·定分篇》中，商鞅指出："民愚则易治也。"此一语直截了当地道出他积极推行愚民之治的真谛所在。在他的观念中，"民强国弱，民弱国强"，"故有道之国，务在弱民"。而弱民的根本手段则是使民"朴"，也就是愚民。他认为，人民"朴则弱，淫则强；弱则轨，淫则越志；弱则有用，越志则强"。只有使广大人民愚昧无知、朴实忠厚，人民才不易结成强大的力量，来对抗国家和君主，从而只能老老实实地听从统治阶级的摆布。这样国家就会容易治理，君主的地位也就会更加牢固。

商鞅变法中的愚民思想，具体有几个方面：一、去礼乐，尚法治；二、禁《诗》《书》，贱学问；三、废好恶，去享乐；四、遗闲去智，按功行赏。

这其中最恶劣的就是第二条"禁《诗》《书》，贱学问"。商鞅认为《诗》《书》对于国家有百害而无一益，其唯一的作用就是扰乱蛊惑民心，破坏国家法令制度的推行。因此他将《礼》《乐》《诗》《书》列于国家"六虱"之首，视其是"亡国之俗"。他认为一个国家如果好用《诗》《书》，人们就会把精力放在学习《诗》《书》上，最终必定会导致"上无使战，必贫至削"的局面；相反，如果不用《诗》《书》，则"敌不敢至，虽至必却；兴兵而伐必取，按兵不发必富"。

在商鞅的心目中人民的"淫"是老百姓强大的重要原因，而他所说的"淫"，就是指人们好学问、有知识、用智巧。关于这一点，商鞅在《商君书·外内篇》中讲得一清二楚。他说："奚谓淫道？为辩智者贵，游宦者任，文学私名显之谓也。"也就说，他最害怕的就是人们利用自己的才学思想立身处世，显达成名。因此，为了弱民，他必须禁《诗》《书》，废学问。他认为，"国去言，民则朴，民朴则不淫"（《商君书·农战》），只有这样，才能禁除人民的智巧，更好地削弱人民的抗异力量，增强国家的实力，达到"国必无敌"的效果。

那么怎样才能使人们轻视学问，废弃《诗》《书》呢？商鞅认为仅靠国家命令强制燔烧《诗》《书》是不够的，还必须采用一些相应的策略与手段，让人们自觉地、心甘情愿地鄙视学问。为此商鞅提出："无以外权爵任与官，则民不贵学问，又不贱农。民不贵学，则愚；愚，则无外交；无外交，则国安不饴。民不贱农，则逸农不偷。国家不殆，勉农而不偷，则草必垦矣。"同时他还提出禁止儒生、大臣、诸大夫游学、游仕，以闭塞人们获取知识和信息的途径，尽可能地让人民愚昧无知，不好学问，使他们专心务农。

更为荒谬的是，商鞅竟主张用奸民治国，他说："国以善民治奸民者，必乱至削；国以奸民治善民者，必治至强。"（《商君书·去强》）这无异于用坏人之治良民，其荒谬到了无以复加的地步。

中西上古社会完全不同的政治改革道路，决定了苏格拉底和商鞅的不同思想观念和个人作为。审判苏格拉底时，他争辩说："世界上谁也无权命令别人信仰什么，或剥夺别人随心所欲思考的权利。"宽容原本是社会进步、国家繁荣的根本条件，而人类的历史到处是触目惊心的由于不宽容犯下的骇人听闻的暴行，它几乎充塞了人类文明的全部时空领域。从阿那克萨戈拉被囚禁，到苏格拉底被毒死；从基督徒大批被尼禄皇帝处死，到十字军东征；从赛维图斯被烧死，到再洗礼教徒被剿灭；从布鲁诺被宗教法庭捆在火刑柱上烧死，到犹太人被希特勒送进毒气室——专制残暴的思想恶魔似乎永无止境地徘徊在人类的头顶。人类究竟何以这样愚蠢而冷酷，竟对种种惨剧熟视无睹，屡屡重犯。

这样做的恶果，是专制之下必定盛产愚民，其实这正是专制的需要，愚民永远是独裁者的社会基础。专制者就是要用各种方式炮制出一批又一批的愚民。谁若不愚，就要消灭。"君临天下"决定一切，"圣贤"就是人们期望的"明君贤相"。学者刘泽华精辟地指出，秦以后的中国发展模式是先秦的"圣贤"培养出来的"一颗难噬的酸菜"，这些先秦的"圣贤"当中，就有商鞅。

林则徐为何没有渡边华山看得更远

　　林则徐是公认的近代中国"睁眼看世界的第一人",而中国的"东邻"——日本的渡边华山也被日本人赞誉为"日本开国史上的第一人"。他们处于同一个激烈变荡的转型时代,并分别担当"驭夷"要职,分属两国统治阶级中的开明人物,比别人更早更深刻地认识到西洋诸国的先进性和自我危机的严重性。然而,这两位首开先河从西方盗取火种的"普罗米修斯",最终为各自的国家所做出的贡献却大不相同。如果将同一时代的林则徐与渡边华山的西学之路逐一比较,或许会给我们带来一些深刻的启示。

生前屡遭打击，死后光芒万丈

日本天保十二年（1841）10 月 11 日，田原藩，一个风和日丽的日子。年迈的母亲前来探望遭到软禁的渡边华山，她看到沉默的华山忧容满面，憔悴不堪，一种不祥的预感袭上心头。趁母亲不注意的时候，华山独自进入里屋，拔出短腰刀切腹自杀，并回刀刺破咽喉，自尽而死——这是日本千百年来标准的武士切腹动作。渡边华山知道，按武士的规矩，既然选择了最崇高的死亡方式，将自己宿于肚腹中的灵魂向世人展示，以保持一个武士的尊严和名誉，就必须把它当作一件非常庄重规范的事情来做，不能有丝毫的偏差与疏忽。渡边华山的自杀报告送达监禁惩罚他的幕府后，幕府派来检尸官，将渡边华山的遗体从石灰缸里取出，确认是武士的漂亮自杀，在场的人都流下了崇敬的热泪。

日本近代史上最明亮的一盏思想之灯，就这样在悲风苦雨中黯然熄灭了。这一年，渡边华山年仅 48 岁。

与渡边华山凄凉悲壮的死相比，林则徐也许略为幸运，却也同样掺杂着英雄末路的辛酸苦涩。他早生于渡边华山 8 年，晚卒于渡边华山 9 年，享年 66 岁。咸丰元年（1851），洪秀全在广西金田起义，清廷震骇，举国惶惶。咸丰皇帝这才想起居家养病的先朝重臣林则徐，频频下旨要林则徐回京商讨对策。"五更风雨梦千里，半世江湖身而忧"，面对这份"圣眷隆恩"，饱经忧患且病痛缠身的林则徐早已心灰意冷，疲于应诏。他索性采取拖延观望的办法。可是这年的农历九月十三日，咸丰又接连降旨，任命他为钦差大臣，严令立即"驰赴广西会剿"。这时已逾 66 岁高龄的林则徐，接到这份最后通牒式的"上谕"，不得不于二十八日抱病"就道"，带病起程。军情紧急，前方催迫不已，他当时只好痛苦呻吟着平躺在轿里，由他儿子林汝舟陪同，每日火速疾行百里，历经闽粤山关来到潮州。林则徐本来身体就极度虚弱，加上日夜兼程，旅途劳累，不料引发心肺疾病，病情急剧恶化，于十一月死在广东潮州普宁县。

"可怜万里平戎策，都付萧萧暮雨中。"颇具讽刺意味的是，这两位当时分别代表自己国家最先进思想的人物，在世时都饱受打击，毁誉难分，可一旦撒手西去，人们好像顿时恍然大悟，发现了他们宝贵的价值，纷纷给予慷慨褒奖。林则徐之死震动朝野，举国叹惋。咸丰闻讯，不胜惊悼，特地颁发《御赐祭文》和《御赐碑文》，赠太子太傅衔，谥"文忠"。悲泪难忍之际，年轻皇帝还情不自禁挥起御笔，撰写了一副笔调深沉、感情恳挚的挽联：

> 答君恩清慎忠勤，数十年尽瘁不遑，解组归来，犹自心存军国；
>
> 殚臣力崎岖险阻，六千里出师未捷，骑箕化去，空教泪洒英雄。

而在日本，冬去春来，阴晴圆缺，渡边华山竟然由思想狂悖的幕府"罪人"，一跃成为精忠报国的近代"功臣"，成为日本人心目中光芒万丈的"神"。随着皇国思想的泛滥，至"二战"时日本战败为止，渡边华山一直被作为"忠君楷模"而编入修身课的教科书，更被作为"勤皇护国烈士""大东亚护国之神"而供奉在华山神社，将渡边华山深邃闪光的思想都淹没在皇国思想之下。一生落拓潦倒的渡边先生也许做梦也想不到，他有朝一日会享受如此隆重的"殊荣"吧？

英雄都付浪淘沙，逝者如斯总不归。林则徐与渡边华山的命运缩影，何尝不是中日两国的国运定格？历史好比连续剧，各色人物粉墨登场，又来去匆匆。我们用什么标准去评定其是非功过、成败兴亡？当时间的洪流喧嚣渐息，岁月之河雪尽江清之后，我们才得以走近林则徐和渡边华山真切的悲欢际遇，体味他们内心的纷争纠葛，拂去他们身上鲜为人知的尘埃，露其真容，也擦掉强加于他们身上的唾沫，还其清白。

日本也有个"林则徐"

翻开近代日本史，正是渡边华山登高一呼，第一个拉响了振聋发聩的警报，让日本国民从酣然昏睡中警醒过来。

渡边华山（1793—1841），德川幕府末期集政治家、社会活动家、儒学家、兰学家、画家于一身的百科全书式的学者，是近代日本一位学贯东西、慧眼如炬的国宝级人物。他与林则徐一样出身清寒，同属吃苦耐劳且天资聪颖的人，都是凭个人勤奋努力而留名青史。从文化背景而论，两人都曾研习过儒家文化，只是渡边华山除了儒家文化外，还钻研西洋画艺。正因家境的贫寒，才让渡边华山阴差阳错地通过西洋画艺博览中外，成为沟通东西、洞察古今的一代宗师。

渡边华山一生命运多舛，其童年和少年时期的苦难经历让他积累了丰富的人生经历，而他真正认识西方是从 1832 年开始。该年他被任命为田原藩寄职，即管理藩的财政与海防的官员。处于这一激荡的时代，渡边华山坎坷丰富的人生经历以及其担当海防系的便利条件，让他比别人更深刻更早地认识到了世界局势的变化和日本所面临的险恶国际环境，为日本民族的前途感到深深的忧虑。

"不畏浮云遮望眼，只缘身在最高层。"他强烈地意识到，日本传统的对外观念以及对外交涉原则已无用武之地，如何迎接来自西方的挑战，成为亟待解决的历史性课题。渡边华山在《外国事情书》中忧心忡忡地说："一个人是否安全，与这个人是否有自知之明相关。而目前我们这些统治者的见识作为，实为井蛙之见而固不足论。即使那些自诩为高明尚古的聪明人，也不过是鼠目寸光，如灯台下之暗影，正如盲者不惧蛇，聋者不避雷，身处险境而不自知。"

"拼得十万头颅血，须把乾坤力挽回。"最终使渡边华山拍案而起振臂一呼，却身陷绝境的，是一艘远道而来的小小商船。

天保八年（1837），美国商船"马礼逊"号载着 7 名日本漂流民抵达日本浦贺近海，要求通商。美国人原想以护送日本漂流民回家主动示好，以达成和日本互利通商的目的。不料日本人根本不领情，浦贺奉行太田运八郎按照《异国船驱逐令》下令炮击"马礼逊"号，迫使其仓皇撤离。这一事件剧烈地冲击着渡边华山的忧国之情。他认为，在新的国际环境下，"四周渺然"环海而又无海防的日本，轻率地炮击为送还漂流民而来的西洋船只，其结果只能是为"西洋膻腥之徒"制造侵略日本的借口。对于幕府的这一强硬政策，渡边华山、高野长英分别撰写《慎机论》和《梦物语》，阐述了世界发展大势，并斥幕府措置失当的攘夷政策是"井蛙之见"，主张取消《异国船驱逐令》，并提出"因时变而立政法乃古今之通义"的应对原则。幕府统治者勃然大怒，认为它们是"赞美异国，诽谤我国之邪书"，并因此拘捕了渡边华山、高野长英等多名蛮社成员，史称"蛮社之狱"。为了进一步显示顽固的锁国政策，幕府决心拿渡边华山等开明的洋学者开刀，杀一儆百，严厉镇压。

1839 年 5 月 14 日，渡边被捕。此后 20 余人被逮捕。蛮社之狱，表面看似缘于幕府官僚争权夺利的政治冤狱，实际上却是保守派对近代科学及先进思想的竭力排斥。因此他们竭力罗织罪名，欲置渡边华山于死地而后快。幕府抄家时从渡边家里的废纸堆中发现了不少政治札记。尽管只是随写随弃、并不示人的片言只语，但仍被视为对幕府进行政治诽谤，要严加追究的罪证。

听说渡边等人被捕，亲朋好友立即通过多方渠道展开营救。时称"儒学两大家"之一的松崎慊堂，与渡边有着 20 余年的师兄弟关系。他听到消息后，寝食不安，不顾 69 岁的高龄四处奔走，但方法用尽，成效全无。于是他孤注一掷，不听医生劝告，强忍病痛彻夜疾书，一气呵成了丈余长的一篇文章，上书德川幕府首席老中（幕府的常任执政官，相当于内阁成员）水野忠邦，历述渡边为人之廉、事母之孝、奉君之忠。又说无论中国、日本都未有批评政治可治罪之法。何况据以定罪的，只是并不示人的个人笔记，"若个人笔记可以定罪，只怕日本无人不罪"。句句在理，字字真情。水野忠邦从头至尾认真读完，不禁叹道："老人如此心劳，可敬可佩。"

由于水野忠邦的干预，渡边等人罪减一等，保住了性命。渡边虽然免了死罪，但仍被"引渡给田原藩，于在所蛰居"，即交给田原藩就地管制。当年 12 月 18 日，判决由主家三宅氏带回，渡边被严加看管，终身不得外出，而高野则终身监禁。

翌年正月 30 日，渡边回到家乡天原，一家老小团聚，但其后来生活却极其艰难。渡边耕作，老母妻子日夜纺织，江户的弟子们按月接济，才勉强得以糊口。好在渡边不以贫困为苦，只是晴耕雨读，日子倒也过得充实。对管制中的渡边来说，田原的生活虽然能使他享受天伦之乐，但作为一位怀有巨大抱负的政治家，这种生活却是无聊、失意的，他成天作画，以解心中的烦闷。

1841 年，江户的弟子为筹款替渡边解衣食之难而举办了一次书画展，渡边也送去了作品。不料此举招致了保守派的非议，于是社会上纷纷谣传，说渡边这个人"真不简单"，在管制期间还想开画展赚取外快，而且传说幕府还要为此惩罚主公三宅氏。此事传到渡边耳里，这对于一个洁身自好的学者的打击可以想象。他眼中流血，心内成灰，深深感到自己活在世上不光给家人添麻烦，而且假如这样的谣传扩散的话，对藩主和朋友也不利，便决定以剖腹谢主公。渡边于1841年自杀，另一名思想家高野虽曾一度脱狱毁容，但终在与幕府捕吏的搏斗中悲壮身亡。

"蛮社之狱"虽然使"文明之新论罹入野蛮之法网"，然而个人的悲剧命运并没能泯没渡边的信念，他那颗忧国忧民之心依然那么炽切。自杀前几个月，渡边华山专门创作了一幅绘画作品《千山万水图》，图中所描绘的面对太平洋的日本列岛的东岸，预示着列强对日本虎视眈眈的危险形势，显示出渡边无时无刻不在忧心忡忡地牵挂着日本列岛的危机。而在生命的最后一刻，他所留下的"数年后为之一变"的遗言，则充分显示了渡边对国内外形势发展的超前洞察力。1840年开始的鸦片战争，已经使中国遭受"膻腥之徒"的凌辱，日本也成为列强唯一的"途上之遗肉"，而"饿虎渴狼"之列强又岂能弃之不顾？

渡边华山神奇地把握了历史的节奏。1853年，就在他自杀后仅过去一个甲子，美国将军佩里趾高气扬地带领坚船利炮威逼日本人打开了国门，渡边当年的警世之言完全应验为活生生的现实，而日本对待列强的态度也被迫"为之一变"。"桃花流水窅然去，别有天地非人间"，虽然渡边华山生前没能具体实践自己变革日本的构想，但是死后却给予后世不容忽视的影响和启示。

西方的先进思想随着幕府体制的解体，逐渐渗透到日本人的生活与心灵中，有力地促进了日本的近代化。渡边华山的弟子、田原藩士村上定平受命学习西洋军事，又遵渡边嘱托，开始研究西洋炮术并卓有成就，成为当时日本著名的西洋军事学家。村上定平于1845年主持建造了西洋式帆船"顺应"号，又于1850年在田原藩推行西洋式军事改革，吸引了来自日本各地的有识之士。由此使得田原藩这一弹丸小藩，成为日本新文明曙光之发源地。

在治国理念上，渡边华山对国际形势的敏锐见识，日渐引起全社会的重视，不仅吸引了当时其他著名学者，还吸引了当时如江川英龙、川路圣谟等幕府中的开明官吏。渡边华山"因时变法"和"审敌情而立策谋"的诉求，在很大程度上通过这些开明官吏得以实现。1842年幕府撤销了《异国船驱逐令》，并起用江川英龙推进军事改革。江川英龙的诸多作为基本上贯穿了渡边华山以西洋式改造日本的构想，而幕府重用江川英龙也预示着接纳了渡边华山生前希望改变学风、提倡实学的合理诉求。

在理论高度上，渡边华山在日本思想史上的位置更是独步巅峰，无人可及。不仅在日本开国以前，即使是开国后的一些面向西方的著名思想家们，也没有人能超越华山思想的境界。直到福泽谕吉《文明论》的出现，才全方位地展开阐述了渡边华山的近代文明观。而福泽谕吉这位日本人推崇备至的"精神伟哥"，其后期的军国主义逻辑不断膨胀，全然失去了国际公正理念，其关于文明之言论完全背离了渡边华山提出的人类共生原则和在国际关系中"无德则危"的警告，异化为反文明的侵略理论。近代以来的日本如能遵行渡边华山前瞻性的告诫，或可避免无数悲剧的发生——从这个意义上讲，渡边华山在开国以前的封建时代就已经进入近代思想阶段，实为先知先觉，慧眼独具。

"千秋万岁名，寂寞身后事。"纵观渡边华山一生，可以说是多灾多难，他的人生道路也可谓崎岖坎坷。而若以传统价值观衡量，林则徐占尽了人生幸运，从19岁中举开始青云直上，他宦途顺利，位极人臣，达到了传统士人梦想的最高官位，死后还蒙受朝廷最高谥号。然而与渡边华山的死后哀荣相比，林则徐则无疑晚景凄凉，而检索他们留下的精神遗产，其成败得失更是别有高下。

林则徐成了"千古罪人"？

林则徐比渡边华山多活了9年。但这9年，也许是林则徐生不如死的9年。在渡边华山的坟头刚刚长出新草的1862年，林则徐就怀着无比凄怆的心情，踏上了被远谪伊犁的漫漫长路。如果泉下有知，渡边华山一定会为这位身隔重洋的时代知音掬一把英雄相惜的同情之泪吧。

道光二十二年（1842）七月初六，林则徐携三子聪彝、四子拱枢，雇一辆马车，从西安出发，踏上了向戍所伊犁行进的凄凉之路。

时间已是深秋季节，关外的气候尤其寒冷，一路上"夜就毡帐眠，孤灯闪如电"。虽有民众沿途欢迎呵护，但林则徐还是吃了不少苦头。由于年老体弱，路途颠簸，他一过西安就脾痛，鼻流血不止。当他从乌鲁木齐出发取道果子沟进伊犁时，大雪漫天而落，脚下是厚厚的坚冰，无法骑马坐车，只好徒步而行。陪他进疆的两个儿子，于两旁搀扶老爹，心痛得泪流满面，遂跪于地上对天祷告：若父能早日得赦召还，孩儿愿赤脚蹚过此沟。林则徐到伊犁后，"体气衰颓，常患感冒"，"作字不能过二百，看书不能及三十行"。

"此生谁料，心在天山，身老沧州。"如果说身体的疾病尚可坚持克服，但精神的打击却让林则徐几乎难以支撑。当他一步三回头地离开中原走到酒泉时，突然听到清政府签订《南京条约》的消息，如雷轰顶，痛心疾首。他在致友人书中说："自念一身休咎死生，皆可置之度外，惟中原顿遭蹂躏，如火燎原……侧身回望，寝馈皆不能安。"虎落平川，马放南山，这对任何一个以天下为己任的传统知识分子来讲，无异于在痛苦和寂寞中自我毁灭。何况是在功败垂成、家国沦落的情况下凄然退场，这是何其残酷的一种惩罚！林则徐感到一个无形的黑影向他压来，他在日记中写道："深觉时光可惜，暮景可伤！""频搔白发渐衰病，犹剩丹心耐折磨。"

林则徐的遭遇是让人同情的。苍凉的历史帷幕早已缓缓落下，而关于他的争论却刚刚开始。一些人对林则徐的质疑集中在一个焦点上：

林则徐是否要为发动鸦片战争负责？他到底应该负些什么责任？

其实答案很简单：对敌情的严重误判。

事实上，当虎门上空鸦片销焚的浓烟刚刚散去，战争的恶魔早已虎视眈眈，悄然潜至了！

1839年10月1日，在虎门销烟发生刚刚4个月后，英国内阁会议决定，派遣一支舰队前往中国，并训令印度总督予以合作。醉心强权主义并历来主张在对外事务中采取炮舰政策的英国外交大臣巴麦尊早就按捺不住了，他接连发号施令，迫不及待地催促英国海军踏上征程。甚至当英国下院的议员们还在唇枪舌剑地为是否出兵磨嘴皮子时，英军的舰船和部队正从英国本土、南非和印度源源不断地驶往中国。

然而，对这一切，林则徐不但丝毫没有觉察，反而一如既往地以天朝自信对"英夷"充满了轻蔑不屑。

难怪林则徐能有这份信心。在当时的大清，他无疑算是最了解英国情况的朝廷命官了，他配有四个翻译，终日为他翻译英文书报，整理成册，加以参考。

从这些翻译的资料中，他对英国的地理环境、人口、军队实力耳熟能详。从简单的数字来看，英国显然不如天朝。在鸦片战争前，中国的 GDP 仍旧是世界首位，甚至超过西欧的总数。面对一个庞大的天朝，英国人怎么敢拿鸡蛋跟石头碰呢？林则徐一直认为鸦片走私是远离本土的英国商人，私自违反国令而进行的罪恶勾当，其国王等人"未必周知情状"，他们的行动肯定得不到英国国王的支持。

在真正和英国人翻脸以前，林则徐对形势的发展也不是没有自己的评估判断。1839 年 5 月 1 日，正在虎门收缴鸦片的林则徐是这样向道光皇帝汇报形势的："自从我到广东以后观察到的情况来看，洋人外表看似嚣张，内心其实怯懦。正因我大清总是担心轻启边衅，才导致养痈遗患，日积月深。"接着他为皇帝分析道，"英国人从六万里外远涉重洋而来，主客众寡之势不言而喻，岂敢劳师袭远，轻举妄动？其二，即使其船坚炮利，亦只能取胜于外洋，而不能得逞于我内河。第三，除却鸦片一项，英国人即使老老实实做正经买卖，也可以获利三倍，何苦非要和我们过不去呢？"据此，林则徐得出了结论："知彼万不敢以侵凌他国之术窥伺中华"，至多不过是"私约夷埠一二兵船"，"未奉国主调遣，擅自粤洋游奕，虚张声势"。

至此，林则徐再也没有对英国人可能发动战争做进一步关注分析。他虽然还不时向皇帝报告英方行动的传闻，但总是认定为"恫喝"，并坚信"谅亦无所施其伎俩"。直到 1840 年 6 月中旬，英军抵达广东沿海的战舰已经达到四艘，全副装备，气势汹汹，林则徐仍在奏折上说："伏查英夷近日来船，所配兵械较多，实仍载运鸦片。"——竟然把一次即将到来的战争，当作一次大规模的武装走私。他平静地安慰道光皇帝，正如圣上英明的预见，谅英国人也不敢轻举妄动。林则徐哪里意识到，今非昔比，这是一个西方人跑步飞奔的时代，他那闭关锁国的大清王朝早已被扫出了历史舞台，沉沉的大黑暗如潮涌来，神州危亡已在旦夕。

就在他这份向道光报告平安的奏折离开广州不到 10 天，6 月 21 日，英国远征军海军司令伯麦率领第一批部队到达虎门口外；而这份报平安的奏折到达北京的那天，7 月 17 日，英军已占领舟山 12 天了！

战争来到了，而前线的主帅不但未能及时发出战争的警报，反而在一片风平浪静中提供了麻痹大意的相反信息,这是林则徐一生中所犯的最大一个错误。

对敌人的战略上先输一筹了,那么在战术上又如何呢?

面对从未交过手的西方列强,林则徐显然又对英军的陆战能力做出了错误判断。他甚至天真地认为,洋人士兵因为脚上有绑腿而无法弯曲膝盖。1839年9月,他给皇上的奏折中说:"夷兵除枪炮之外,击刺步伐俱非所娴,而腿足裹缠,结束严密,屈伸皆所不便,若至岸上更无能为,是其强非不可制也。"这实际也是当时通行的一种荒谬见解,认为洋人腿不能弯曲,故只长于海战,一登岸就无可作为。1840年8月,林则徐听到定海沦陷后,曾献策悬赏激励军民杀敌,林则徐鼓动说,英国人膝盖不能弯,"一仆不能复起",可任人宰割。对洋人的坚船利炮,林则徐也有着奇怪的幻想:"英国要攻中国,无非乘船而来,它要是敢入内河,一则潮退水浅,船胶膨裂,再则伙食不足,三则军火不继,犹如鱼躺在干河上,白来送死。"

基于这些偏见,林则徐相当小看英军的陆战能力,他在官涌主持修建的两座炮台,根本没有防御敌方从侧后发起地面攻击的措施。结果,战事一起,英军很快就在港口战舰和登陆部队的夹击下,攻陷炮台。事后,英军一位官员还很纳闷地在一封信里告诉友人:"真奇怪,这些炮台完全没有防御地面攻击的设施,就像是欢迎我们回家的摆设。"

更奇特的是,林则徐认为洋人嗜吃牛羊肉,若无从我国进口的大黄、茶叶以辅食,将会消化不良而死。在给道光的一份奏稿中他写道:"况茶叶大黄,外夷若不得此,即无以为命。"而在一份拟交英女王的文书中,他又再次强调:"大黄、茶叶、湖丝等类,皆中国宝贵之产。外国若不得此,即无以为命。"意思是你们英国人如果不乖乖听话,遵纪守法,我们断了你的茶叶供应,让你小命也活不成!

凡此种种荒谬模棱的见解,如果放在其他蒙昧的大清官员身上尚可理解,可林则徐毕竟是中国近代史上公认的"睁眼看世界第一人"啊!

"入井观天,不过圆盖;登峰眺目,极于烟际。"如果我们对比同一时代东邻日本渡边华山的西洋研究之路,自然就可能探寻到林则徐成败得失的源头。

历史没有给他同样的机会

1839 年，是林则徐和渡边华山西学之路的一个关键节点。

这一年，作为钦差大臣的林则徐被朝廷派往广州查禁鸦片，开始了他真正对西方的认识和接触；而在同年，渡边华山却因"蛮社之狱"罹罪，被捕入狱。也就是说，这一年是林则徐西学之路的起点，却已是渡边华山的终点。

渡边华山的洋学研究不仅在时间上走在了林则徐前面，而且在环境上也比林则徐显得更为从容。1832 年他被任命为田原藩家老（日本江户时代协助藩主代行藩政的职衔，一般从藩主家族和重臣中间选拔）兼海防系（主管海防的官职）。翌年，日本国内天保饥馑开始蔓延，而英国东渐势力也在加速。当时在三河地区只有田原藩面临太平洋，因而该藩为三河地区海防的唯一据点。对此，渡边华山深感责任重大，为解决内外危机，开始认真研究西洋问题。

从这个角度讲，渡边华山关心西洋的动机与林则徐是相同的，都是因为列强虎视，外患日炽。但西洋势力对中日两国的冲击力度却大不相同。日本虽然面临"北方之警"沙俄的威胁和英国的进逼，但是终究没有发展到十多年后佩里率黑船叩关的危急时刻。换言之，西洋对日本的威胁虽然与日俱增，但终究还没有成为现实。渡边华山有充分的时间从理论上深入了解、研究西洋。可见，他研究西洋是出于一种盛世危言般的强烈预感，其使命是警世，即将昏睡中的日本统治者及时喊醒，告之世界旷古未有的千年大变局和日本民族即将到来的盛世狼烟。

历史给了渡边华山最宝贵的一段时间。这就使他能以思想家的深邃眼光来分析西洋社会进步的原因，从根本上为日本对付西洋的冲击寻求理性的出路。他以犀利的眼光直指问题的核心：西洋变强的根本原因何在？对此，渡边华山精辟地指出："西夷皆专于物理之学，故而，审度天地四方，不以一国为天下，而以天下为天下，因是，颇有广张规模之风气。"简而言之，即"科学精神"和"世界视野"。这就是"西夷"变强的原因，同时也是世界格局急剧变化的源点。由此渡边华山产生了强烈的危机意识，他清醒地认识到："古之夷狄为古之夷狄，今之夷狄为今之夷狄"，"时势既今非古，故以古论今者，如胶柱鼓瑟"。

那么在剧烈变动的世界中，日本该如何应对？他认为西洋在变，世界在变，日本也必须变。我们可以从渡边华山的洋学论著中，整理出其要求变革的一系列愿望。他始终抱定一个"变"的信念，以至于临终前仍念念不忘"数年之后为之一变"。正因如此，在渡边华山那里出现了以"变"为核心的认识链，即西洋社会变了，创出了新的社会原理，日本也要学习西洋，以变应变，从而在理论上提出了迎接西洋挑战的总原则。这样渡边华山不仅准确地指出了日本当前的病症，同时还高屋建瓴地开出了救世处方。

而苛刻的历史老人却没有给林则徐同样的机会。他还没有来得及拿起望远镜仔细观察，就被猛然抛到了咄咄逼人的陌生英国敌人面前——美国人开进日本的是商船，英国人隆隆驶进中国的却是战舰；美国人递给日本幕府的是文质彬彬的照会请求，英国人在大清沿海架起的却是黑洞洞的钢铁大炮。林则徐根本就没有时间经历渡边华山那样的预感缓冲阶段。他一到广州便亲身感受到，以英国不法商人为首的鸦片走私贸易，正使中国步步陷入亡国灭种的危险，大清朝亟待解决的现实问题是如何摆脱眼前的危局，保国保种。如果说渡边华山的危机意识纯属主动生成，那林则徐则完全是在外敌入侵的压力下匆促上阵。

一面是山河破碎，一面是技不如人，严酷的现实不容林则徐像渡边华山那样做书斋式的认真研究，而只能被迫急起应战。由于当时军情危急，他废寝忘食，临阵磨枪，只能从西学中专拣最便捷先进的东西直接应用于"驭夷"大计，具有明显的实用主义倾向。林则徐提倡学习的西方科技知识，仅限于军事科学技术方面，即魏源所概括的"一战舰，二火器，三养兵、练兵之法"。为了制敌取胜，他组织摘译了有关欧式大炮瞄准发射技术的书籍，训练军队学会使用欧式大炮。他还积极引进西方先进的船炮。外国的帆船无法引进，他便绞尽脑汁通过美国商人之手购买两只商船，千方百计进行改装，以尽快提高清军的战斗力。

历史的丰富多样性正体现在这里。林则徐与渡边华山虽然都是近代东亚首批"睁眼看世界"的开明先进人物，但是，他们各自经历的不同，还是在他们的思想上打下了不同的烙印。林则徐从初级官吏步步做起，对民间的疾苦与清政府的腐败想必深有体会，甚至也知道清廷的某些地方已是积重难返了。但是"逆胡未灭心未平，孤剑床头铿有声"（陆游），国难当头，危如累卵，他只能从自己的职本位出发，尽心尽力地为国家的前途命运考虑，为拯救大清王朝尽一分力是一分力。这样他不得不以急功近利的态度从西方文化中抓取几味灵丹妙药，以救危局。这尤其体现在他查禁鸦片、强固海防的一系列军事活动中。然而他不知道悲风骤至、日之将夕的末世清廷，已是腐朽不堪，纵使他林则徐再有三头六臂，也难力挽狂澜了。

渡边华山也充分认识到西方船炮的威力，以及日本传统海防布局和武器的落后，并在《诸国建地草图》一文中提出过海防构想图，很明显二人对西洋关心的重合部分都在于海防。然而，这个重合部分几乎是林则徐西学知识的全部内容，而对渡边华山来说只占其研究西洋成果的一部分，或者说是不太重要的一部分。他的西洋思维视野开阔、自成系统，更加注重对西洋整体的综合研究，通过科学分析西洋的状况和西方国家的成功经验，来解决日本内忧外患的社会危机，并提出解决办法。由此可见，渡边华山西洋研究的真正价值在于科学分析西洋而形成的具体的世界认识，而不是只停留在简单的器物表层。

正如学者赵德宇先生在《林则徐和渡边华山的西洋研究》一文中总结的那样：林则徐的西学研究还只停留在反侵略的本能反应，学习西方的重点也还仅限于军事技术和应用外交领域，远没有达到渡边华山那样深邃的西洋观。以华山西学为参照系，便清楚地映照出中国近代西学的先天不足，"中体西用"论即是典型的反映。在这种理论指导下，至19世纪末，中国学习西洋的范围基本上被限定在军事技术和产业技术领域，然而结果却是"落日胡尘未断，西风塞马空肥"，中国人终于为此付出了惨重的代价。

中日考卷都一样，为何答案却两般

然而就事论事而言，当时林则徐毕竟占有那么多的英方情报，是那个时代最了解英国情况的清廷官员，在那种一叶知秋、见微知著的关键时刻，他难道就没有嗅到黑云压城的紧张气氛、看出一点战争到来的蛛丝马迹？

"福来有由，祸来有渐。"这就不能不说到林则徐与渡边华山在思维观念上的差异了。

林则徐怀抱强烈的爱国热忱，致力实干，百折不挠，著书立说，大声疾呼，在那个昏昏欲睡的衰世中形象如此鲜明，令人难以忘记。但是，作为饱受儒家思想熏陶的知识分子，他在内心深处，不可能摆脱"中华帝国"高高在上的"华夷"观念，不可能认为自己所植根的文化劣于西方文化。在他的奏章、笔记中到处可见"夷""奸夷""逆夷"的称谓，将其比作"犬羊""鸡狗"蔑称之为"异种"，称"英吉利""米利坚"时，一定要在每一字前冠一"口"字，以示警告与轻蔑。此种"国书"，充满以天朝大国自居的优越意识，甚至把英国的"富庶"都说成是中国的恩惠，完全继承了汉唐以降的历代中国王朝对待藩属国的"华夷"观念。他只承认西方的坚船利炮比中国的要优越，从不认为他们的文明也比我们的先进。从他的奏稿中可以看出，他对西方先进的民主制度无丝毫兴趣，居然不屑地认为："美利坚并无国主，只分置二十四处头人，碍难遍行传檄。"在这样的"天朝"心态下，轻敌思想在所难免。他看不到英国为了满足本国资产阶级扩大远东贸易市场的要求，将要发动对中国战争的可能性，自然在情理之中。

然而这笔账又岂能都记在他林则徐一个人头上？"天下虽云大，同声有几人。"包括道光帝在内的统治者又有几人是清醒的？在最初的激情消退之后，道光皇帝对广东反复多变的"夷情"开始日生厌倦。他的视野开始更多关注起清王朝内部的传统事务，这一方面是由于林则徐在继虎门销烟之后再也没有给他带来大快人心的喜讯，另一方面是他认定清王朝"以逸待劳，主客之势自判"，英国就是来区区几艘军舰，又"何能为之"！一时间，"朱门沉沉按歌舞，厩马肥死弓断弦"，道光皇帝的这种态度，营造出一片歌舞升平的太平景象。在一片静谧安宁之中，谁会发现战争的恶魔悄然降临？即使发现，谁又敢冒天下之大不韪去慌乱扯响战争的警报？

中国文化博大精深，汉唐以来一直傲居东方，夜郎自大心理难以萌生危机意识；相反，日本文化的杂合性，使得日本知识分子少有优越意识，在文化面前的自卑感恰恰是产生危机意识的土壤。

自18世纪后半期起，西学在中国的传播基本中断。19世纪中国的大黑暗更是日趋沉重，成为中国人最羞辱的痛苦世纪。直到鸦片战争前夕，中国知识界对西方事情及其变化几乎一无所知，甚至当"英夷"来袭之际，"沿海文武员弁，不谙夷情，震于英吉利之名，而实不知其来历"。所谓西学，几乎成了绝学。如果说在相对和平的时代这种差异还无关紧要的话，那么在19世纪中叶的国际环境下，这种差距所带来的严重后果便暴露无遗了。这可以从渡边华山和林则徐的西洋知识来源多寡清楚地看出。

华山兰学之所以能独树一帜，超越同时代日本的其他兰学家，有一个不容忽视的重要因素，那就是他拥有丰富的西洋知识资源。在江户时代，流入日本的汉译西书就达一百七十种，而由日本人译述的兰学书籍，仅收入《西洋学家译述目录》的即有四百八十种，其实这部目录还远远没有全面反映当时日本的兰学研究成果。渡边华山还极力鼓动藩主的同父异母兄弟三宅友信购买了大量的荷兰语书籍，三宅友信在江户巢鸭的住宅成为华山的兰学资料馆。此外，渡边华山搜集到1666至1826年度《荷兰风说书》的全部内容，而一般的兰学家是很难获得这些"内部资料"的。

不仅如此，华山还直接请教荷兰商馆人员以补正自己的西洋知识。华山曾经访问过到江户参见幕府将军的荷兰商馆长纽曼。纽曼有着周游世界的经历和学识，从纽曼那里，渡边华山了解了很多有关西洋的知识和世界形势。这次的访谈对华山的影响很大，不但更新了他的西洋知识，还使华山对西洋的认识更加清晰，更加贴近西洋社会的现实。在访问纽曼之后，华山撰写了著名的兰学论著《触舌或问》。简而言之，渡边华山所处的时代以及所担当的角色，将其造就成为冷静环视周围世界的民族先觉者，而丰富的资料信息又促使华山将兰学研究提高到一个新的层次。（赵德宇：《林则徐和渡边华山的西洋研究》）

而在中国，由于西学的衰落，从皇帝到官僚以至知识层对西洋事物以及西洋所发生的变革几近无知。明末传教士利玛窦对于中国人的"自大"心理感受很深，他说：

> 中国人把所有的外国人都看作没有知识的野蛮人，并且用这样的词句来称呼他们。他们甚至不屑从外国人的书里学习任何东西，因为他们相信只有他们自己才有真正的科学和知识。如果他们偶尔在他们的著述中有提到外国人的地方，他们也会毫不置疑地把这些人当作与森林和原野中的野兽差不多。甚至他们表示外国人这个词

的书面语汇也和用于野兽的一样。（利玛窦、金尼阁著《利玛窦中国札记》）

当利玛窦第一次在广东肇庆挂出世界地图时，中国人对于地图不是将中国放在中央，而是推到东方一角上，表示不能接受。为了迎合中国人，使中国人更易于接受，利玛窦"抹去了福岛的第一条子午线……使中国正好出现在中央"。这使中国人"十分高兴而且满意"。

中国人与西方人之间被筑构起人为的厚墙。西学入华一百多年，了解西洋科技厉害的中国人仍不愿主动去学习西洋文字。由于语言不通，输入西学的主动权就操控在洋教士手中，当教士来华数量减少，西学的输入就陷入了停顿。即使有志于中西文化交流的洋人来华，清廷也严格控制他们与中国人的交流。最令人莫名其妙的"禁令"是洋人不得购买中国书籍，不得学习中文。1807年，第一位西方基督教传教士马礼逊博士来华传教，他费尽周折好不容易找了一位中文老师。这位中国人每次去授课的时候，身边都带着一双鞋子和一瓶毒药：鞋子表示他是去买鞋子的，不是去教洋人学中文的；毒药则是防备万一官府查出真相，他就立即饮药自尽——因为当时清廷禁教令明确规定华人不得信教，且不能教洋人学习中文，违者处以极刑。

在官方"节取其技能，而禁传其学术"的政策束缚之下，国人无法准确理解西方的知识体系和科学体系，西方书籍在中国也是凤毛麟角，少得可怜。

此时林则徐可资利用的西学书籍，不过明末焦勖的《火攻挈要》而已，而《四库全书》所收西学书籍已被遗忘。在这种背景下，林则徐要研究西洋只得依靠自身的苦心经营，由于信息源的限制，林则徐不得不采取"凡以海洋事进者，无不纳之，所得夷书，就地翻译"的做法。此外，当时国内翻译人才也是凤毛麟角。林则徐到广州时，十三行（独占对外贸易的公行）中虽有华籍通事，但他们只是略知商务知识而已，而林则徐需要的译员则要具备政治、法律、历史、军事、科学技术等诸方面知识，而且对外国语的要求也很高，通过苦心访求，也仅得四名不太合格的英语译员，这些译员与精通外国文字和西洋事物的日本"兰学家"相比，自是不可同日而语。显而易见，与渡边华山相比，林则徐的西学研究要困难得多。

　　在这样的大环境中，中国人走向世界的步履，显得无比艰难沉重。

　　英雄都付浪淘沙，逝者如斯总不归。苍凉的历史帷幕缓缓落下，林则徐再也不用为生前身后的宠辱悲欢而纠缠。很难想象，一个刚刚放眼天下的旧式知识分子，要扒开一间千年的铁屋，让外面照进一丝微弱的亮光，该有多么痛苦艰难。但值得欣慰的是，他终于从荆棘蛮荒之地，开辟出一条前所未有的道路。在他身后，无边的暗夜中正逐渐响起后来者的脚步声，大地召唤着黎明。

从纪晓岚和狄德罗看文人风骨

　　公元 1772 年，从文化史意义上说，是中西方历史上一个不寻常的分水岭。这一年，在西方世界，狄德罗呕心沥血长达二十一年编纂的《百科全书》十一卷全部出齐，大功告成；而在东方世界，乾隆皇帝则正式下诏各省征集图书，开始了我国古代堪称规模最大的一部丛书《四库全书》的编纂。作为主编这两部巨著的领袖人物纪晓岚和狄德罗，他们曲折的命运，无疑最集中地展示了中西方知识分子的心路沧桑。

两部巨著的不同遗产

　　《四库全书》的规模可谓空前绝后，亘古未有，是中国历史上最大的一部丛书。全书几乎囊括了清代中期以前传世的经典文献，是对中国有文字记载以来所存文献的最大集结与总汇。从该书问世至今，还没有一个人能够从头到尾读完这八亿字的鸿篇巨制，很多国人甚至骄傲地将它称为"世界文化万里长城"。

然而，"既生瑜，何生亮"。当我们志得意满地徜徉在这座典雅磅礴的祖宅老院里时，可曾想过凭窗眺望，度量天下？一旦我们登高望远，极目世界，就无法不感到汗颜。

法国狄德罗主编《百科全书》，如论文字容量，只有《四库全书》的1/44。但两者对社会进程的影响，却南辕北辙，天壤之别。它们主要的区别在于两个词语：自由、科学。

如果说纪晓岚总撰的《四库全书》是一部"颂圣"文化的集大成者，是清王朝统治者维护其专制统治的工具；那么狄德罗主编的《百科全书》，不仅是世界百科全书编辑出版史上的一座丰碑，还是启蒙法国乃至于全人类文明的火炬与号角。

《四库全书》在编撰全书的过程中，进行了一场旷日持久的查缴、销毁所谓有"违碍""悖逆"书籍的禁书活动。据统计共查缴禁书竟达3000多种，15万多部，总共焚毁的图书超过70万部，禁毁书籍与四库所收书籍一样多！这是一场对我国古代文化典籍的严酷摧残和惨重浩劫，连宋应星的科技著作《天工开物》也因为有碍于愚民而禁毁。乾隆精研汉文化，深得其中"精髓"，明读圣贤书，暗习韩非术。变本加厉的文字狱被他发扬光大，妄图毁灭历史文化，愚弄人民，以延续巩固封建专制统治。但事与愿违，此举严重打击了民族的自尊心、自信心，削弱了民族的创造力和战斗力，为中国后来的愚昧落后埋下了伏笔。《四库全书》完成后的两百年间中国历经动乱，乾隆之后的历代君王扭转不了大清江山日趋没落的局面，政府腐败无能，神州满目疮痍，内忧外患不断。

《四库全书》饱经沧桑，成为中国由盛至衰的一个缩影，多份抄本在战火中失散被毁。而更大的负面影响正如吴晗曾说"清人纂修《四库全书》而古书亡矣"，鲁迅先生的认识则更加痛切：

> 现在不说别的，单看雍正乾隆两朝的对于中国人著作的手段，就足够令人惊心动魄。全毁，抽毁，剜去之类也且不说，最阴险的是

删改了古书的内容。乾隆朝的纂修《四库全书》，是许多人颂为一代之盛业的，但他们却不但捣乱了古书的格式，还修改了古人的文章；不但藏之内廷，还颁之文风较盛之处，使天下士子阅读，永不会觉得我们中国的作者里面，也曾经有过很有些骨气的人。（鲁迅：《病后杂谈之余》）

就在《四库全书》被束之高阁并历经兵火劫难时，《百科全书》却在欧洲产生了巨大的反响。由于征订者众多，书价提升到每卷980里弗尔，这几乎相当于当时一个中产阶级几个月的生活费用！而每卷的印数也达到了4000册之多，到1782年止，已然出版了8次，可还是不能满足人们的需求。

狄德罗倾注一生的心血，将一个平常的业务，拓展成一个吸引全民族、全欧洲注意的伟大事业，可以说开创了人类文化史上的一个奇迹。《百科全书》，这个启蒙时代的丰碑，镌刻着狄德罗和所有的启蒙思想家的无限光辉和热诚，他们通过传播知识，向反动的宗教和社会势力发动了猛烈的进攻。从此，以《百科全书》的编写和出版为中心，形成了法国启蒙运动的高潮。马克思曾经指出，伟大的思想反过来也会推动社会中经济和政治力量的形成。《百科全书》反映了时代的呼声，适应了斗争的需要，成为启蒙思想家们向封建反动势力进行斗争的锐利武器，被誉为法国大革命的"兵工厂"。

同样作为举世惊叹的文化盛事，但留给后世的影响为何如此天差地别？不同的社会背景，直接影响到隐藏于两部大书背后的主编者的精神气质，而考察纪晓岚和狄德罗在同一时期的不同表现，则带给人更深层次的思索。

利剑高悬下的编书人

古往今来，在全世界的文化史上，也许很少有像编著《四库全书》和《百科全书》这样承担如此巨大的风险了。

恩格斯曾经这样写道："如果说，有谁为了'对真理和正义的热诚'而献出了整个生命，那末，狄德罗就是这样的人。"

1745 年，一个叫布鲁东的英国出版商来到巴黎，他想把 1727 年英国出版的《科学与艺术百科全书》翻译成法文。但狄德罗认为这部著作的许多观点已经过时，因此有必要编纂一套法国自己的《百科全书》。

狄德罗雄心勃勃，他发出这样震撼人心的宣言：

> 汇集世界上分散的各种知识，向现时同我们一起活着的人们阐述它们的普遍体系，并将此书传之于我们的后人，从而使得过去时代的业绩对未来的时代不是无用的东西，让我们的子弟因为更有知识，从而更有道德，也更幸福，使我们与世长辞时无愧于人的称号……

在编辑工作开始之前，狄德罗就坚决主张不让政府部门参与此项工作——因为在他看来，如果政府参与这项工作，工作就无法完成。

《百科全书》卷帙浩繁，工程巨大。它立足于当时哲学和自然科学的最新成就，对各门科学知识进行了系统、全面的阐述，为我们了解启蒙时期的法国社会生活的各个方面特别是工场手工业技术等状况提供了宝贵的资料。狄德罗在《百科全书》的序言里这样写道：

> 这部全书有两个目的：既名为百科全书，就须将人类系统的知识及其他有关知识一并论述；既是科学艺术各方面的全书，自应将科学艺术的理论与实践、原则与细则俱备。

《百科全书》的编纂和出版，引起教会和专制政府极大的仇视，他们千方百计破坏和阻挠这一正义事业的开展。当时，检察官曾在最高法院对百科全书派提出公诉，其罪名是"他们形成一个集团，为着拥护唯物主义，摧毁宗教，鼓吹独立自由和败坏风俗"。反动当局把《百科全书》称之为"魔鬼的新巴比伦塔"和"异教徒以及神和国王与教会敌人的大集合"。

1751 年，《百科全书》第一卷出版，立即遭到天主教会的围攻，耶稣会借故要求政府加以取缔。1752 年 1 月，《百科全书》第二卷刚刚面世，狂热的耶稣会派信徒们以惊人的速度促使御前咨询会议发布命令，查禁前两卷《百科全书》。于是，政府再次搜查，已印出的第三卷前二十五页亦被抄走。尽管如此，狄德罗毫不动摇，这年夏天，他向撰稿人发出号召：还有希望，《百科全书》在前进！

后来，迫于国内外舆论的压力，专制政府才不得不解除禁令，《百科全书》第三卷才得以同读者见面。

此后，《百科全书》以每年一卷的速度出版，订户不断增加，影响日益扩大。到1758年，《百科全书》已经出版至第七卷，但新的麻烦又紧接着出现。由于内部意见分歧，百科全书派发生分裂，先是卢梭宣布同《百科全书》决裂，接着是达朗贝尔因恐受连累而决定辞去副主编的职务。在卢梭的影响下，许多撰稿者也纷纷与"百科全书派"脱离关系。

面对接踵而至的打击，狄德罗表现出了惊人的毅力。他在致伏尔泰的信中这样说："放弃这部著作，就等于从阵地上掉头逃跑。这样做正符合那些迫害我们的恶棍的意愿。"在极端困难的条件下，狄德罗独立支撑，肩负起编纂《百科全书》的重任。

"从早上六点到下午两点，狄德罗关在上了三道锁的房内，对任何人都不开门，他像个苦役犯那样编写《百科全书》。"（安德烈·比利：《狄德罗传》）1772年，《百科全书》图册十一卷终于全部出齐。呕心沥血21年，其间屡屡遭受耶稣会派的强烈反对，两度遭到政府的查封，有的人被关进监狱，有的被迫流亡国外，可谓历尽千辛万苦，终于大功告成。出版商为此赚了个盆满钵满，狄德罗赢得的却是无上光荣。

与狄德罗编纂《百科全书》相比，纪晓岚承担的风险可谓更大。所不同的是，狄德罗完全独立于政府之外，而纪晓岚和编书工作无时无刻不处于乾隆皇帝的警惕注视之下。而纪晓岚及其同伴们所遭受的最大打击，也正来自这位幕后的大老板。

历史上，因文字获罪的案件屡见不鲜，而数量之多、株连之广、处罚之酷，以清代为最；清代则以乾隆朝为最。"乾隆一朝的文字的狱大多于康、雍两朝，而且绝大部分都是吹毛求疵、望文生义、穿凿见解，加以莫须有之罪"。（张帆：《中国古代史》）在《四库全书》纂修的15年里，就发生文字狱达48次之多，几乎是整个乾隆年间文字狱数量的一半。纪晓岚等人可谓如履薄冰，成天提心吊胆。总纂纪晓岚、陆锡熊和总校陆费墀等人，因出差错而多次遭到呵斥、交部议处、罚赔等处分。陆锡熊甚至死于前往东北校书的途中，陆费墀则因无力负担江南三阁的修改费用而被革职，最后落得个妻离子散、郁郁而终的结局。

乾隆完全根据编书的政治目的控制了《四库全书》的整个编纂路径，从编纂体例、征书标准、书目取舍无不亲自裁定，强制编纂人员遵从他的旨意。只需看看《四库总目》卷首的二十几道"圣谕"便可洞察乾隆之用心良苦。他时而踌躇满志地自诩："稽古右文缅祖训，牖民迪世有深资"；时而大发雷霆地严饬各省督府学政，加快查缴进度；时而又从书中剔除一些违碍语句，借题发挥，下令把几万卷书重新清洗一番；甚至连抄书这一环节也不轻易放过，朝政之暇，他常常驾临四库馆进行查检，从中找出一些脱节遗漏之处，督促经办官员注意质量，恪尽职守，如果情节严重，还要克扣有关人员的俸禄。

为了加强审查和禁毁书籍的"领导力量"，他不但让皇八子永璇和一帮皇亲国戚入馆监督，还为四库全书馆派出和珅这样的能臣和阿桂这样的武将。文武并重，确保无虞。乾隆警惕的目光如芒在背，于是，纪晓岚等封建学者不得不痛苦地扮演着双重角色：他们一边对古代文献进行甄别采择、爬梳辑校的全面清理工作；另一方面却悄悄从事着销毁、改易文化典籍的不光彩勾当。他们在传承文化的同时，又在摧残文化，也就是秉承皇帝的旨意"打着整理古书的旗号反古书，打着保存文化的旗号反文化"，帮助封建统治者禁锢百姓的思想。历代统治者还没有谁是打着"征书"的旗号毁书的。征与毁本为二途，乾隆却能合而为一，威逼利诱，引"书"出洞，先征后毁，无所不用其极，充分显示出阴阳结合的高超统治术。美国著名汉学家费正清在其名著《美国与中国》中，针对《四库全书》的编纂一针见血地指出：通过这项庞大工程，清廷实际上进行了一次文字清查（文学上的"宗教裁判"）工作，其目的之一就是取缔一切非议外来统治者的著作。

鲁迅先生曾用旧钞本校订改窜过的《嵩山文集》，他指出："'贼''虏''犬羊'是违的，说金人的淫掠是违的；'夷狄'当然是要违，但也不许看见'中国'两个字，因为这是和'夷狄'对立的字眼，很容易引起种族思想来的。"

如岳飞《满江红》名句"壮志饥餐胡虏肉，笑谈渴饮匈奴血"，"胡虏""匈奴"在清代是犯忌的。于是《四库全书》馆臣把它改为"壮志饥餐飞食肉，笑谈欲洒盈腔血"。

还有更荒谬的，辛弃疾的《永遇乐·千古江山》中的"斜阳草树，寻常巷陌，人道寄奴曾住"，被改作"人道宋主曾住"。"寄奴"是南朝宋开国皇帝刘裕的小名，"宋主"可以说是他的尊称。"寄奴"二字也与清朝犯忌的"胡""戎""夷""虏"等了无关涉。那么为什么还要改呢？原因只有一个，那就是用小名称呼帝王，做惯了奴才的《四库全书》编者们看到就感到别扭，因此即使没有"违碍"之处也要改。这是多么自觉的奴才态度！

电视连续剧《铁齿铜牙纪晓岚》中张国立版的纪晓岚给我们留下的深刻印象是：风流倜傥、风趣幽默、机智勇敢，经常在乾隆皇帝面前与大贪官和珅进行斗争。那么，作为四库全书主编的纪晓岚，真实形象到底如何呢？说出来可能会让人大吃一惊：在乾隆皇帝的眼里，纪晓岚其实不如个戏子倡优！

纪晓岚何以成为"纵欲狂"？

史书记载，一次纪晓岚为好友向皇帝求情，内容涉及国家大事，乾隆勃然大怒，当即骂道："朕以你文学优长，故使领四库书，实不过以倡优蓄之，尔何妄谈国事！"纪晓岚是乾隆皇帝的陪读（侍读学士）。他仗着皇帝对自己才学的赏识，以为可以"参政议政"，屡次就国家大事向乾隆进谏，终遭乾隆一顿臭骂。一席话骂得"铁齿铜牙"幡然猛醒。皇帝并没有把他当成独当一面的重臣，而只是把他当作给皇帝解闷的戏子一样。

历史上这样的事情并不少见。司马迁才冠古今，仅因为替李陵说了几句话，竟惹得汉武帝龙颜大怒，而遭受令人发指的宫刑。司马迁痛定思痛，说道："文史星历，近乎卜祝之间，固主上所戏弄，倡优蓄之，流俗之所轻也。"

在专制的皇权面前，一个知识分子是难有尊严的。正如徐复观先生所说，中国封建时代的知识分子——

抑压于专制政治之下，非旷代大儒，即不能完成人格精神之独立自主，而政治主动性之被完全剥夺，更无论矣。才智之士，依附

于一二悍鸷阴滑之夫，以成其所谓功夫事业。（《徐复观文续录》）

1800 多年过去了，纪晓岚面临的竟是同样的处境。他也明白只能做乾隆的词臣，而难以做宠臣、重臣。纪晓岚一生中两次任乡试考官，6 次任会试考官，3 次任礼部尚书，官儿一直做到了"协办大学士"，表面上不可谓不"恩宠备极"，但这种官职并无重权、实权，只是大清朝廷的摆设而已。有一次乾隆派他出任都察院，因判案不力，本应受罚，乾隆却轻描淡写地说："这次派任的纪晓岚，本系无用腐儒，本来只不过是凑个数而已，况且他并不熟悉刑名等事务，又是近视眼……他所犯的过错情有可原。"

从此，纪晓岚算是找到了自己的位置，知道了明什么"哲"才能保身——像鹦鹉那样去生存。鹦鹉的生存哲学，核心内容只有一句话：主人养我为学舌。他不过是皇帝在繁忙公务之余愉悦一时、雅兴文思的器具而已。

这样一来，纪晓岚富有才气、富有创意的"拍马"便成为中国官场的一大特色，一大"亮点"。乾隆皇帝 50 岁生日时，纪晓岚趁机奉上一联："四万里皇图，伊古以来，从无一朝一统四万里；五十年圣寿，自今而后，尚有九千九百五十年。"这样的贺联确实"震古烁今"，足见纪晓岚的拍马手段已臻化境，神出鬼没，哪里有半点"腐儒"的影子？

最近无意中从过往的《文史天地》上，看到周英杰先生写的一篇十分有趣的文章《作为纵欲狂的纪晓岚》，这才知道他还是个超乎寻常的"纵欲狂"。纪晓岚的纵欲主要表现在"食"和"色"两个方面。就"食"的一面说，他的癖好是只吃猪肉，不吃米、面，而且食量奇佳，动辄每顿吃掉上十盘猪肉。这哪儿像个文质彬彬的读书人，分明就是个贪图口腹之欲的饕餮之徒嘛！

相对于"食"的一面，纪晓岚在"色"字上面的表现，更是强烈得令人瞠目，以至于让人联想到他是不是得了性欲亢进的怪病。关于纪晓岚在这两个方面的特异表现，清人的一些笔记野史中多有记载。采蘅之的《虫鸣漫录》卷二说：

（纪）日御数女，五鼓如朝一次，归寓一次，午间一次，薄暮一次，临卧一次，不可缺者。此外乘兴而幸者，亦往往而有。

孙静庵的《栖霞阁野乘》更是讲述了一个关于纪晓岚好色的精彩故事：

> 河间纪文达公，为一代巨儒。幼时能于夜中见物，盖其禀赋有独绝常人者。一日不御女，则肤欲裂，筋欲抽。尝以编辑《四库全书》，值宿内庭，数日未御女，两睛暴赤，颧红如火。纯庙偶见之，大惊，询问何疾，公以实对。上大笑，遂命宫女二名伴宿。编辑既竟，返宅休沐，上即以二宫女赐之。文达欣然，辄以此夸人，谓为"奉旨纳妾"云。

堂堂的"一代文宗"，好色程度居然到了编书期间"值宿内庭"也饥渴难耐，甚至在皇帝面前也不加掩饰，而乾隆皇帝居然也如此"体恤下情"，慷慨地把自己身边的宫女赏赐给纪晓岚解一时之"渴"，这样的君臣传奇不知是"千古佳话"，还是令人哭笑不得的耸人奇闻？

作为一位才情冠绝一时的大知识分子，纪晓岚的"好肉"与"好色"，不能只简单地当成一种纯粹的个人生理现象，更应被理解为是一种精神上的自我"沦陷"。

纪晓岚之所以没有尽心著述，写出真正可以"入棺垫枕"的大书来，明显另有隐衷。这就是高压的文化政策，频繁兴起的文字狱，已经迫使他接受了精神上的"阉割"，从此噤若寒蝉，不敢再写任何有思想价值的东西。但纪晓岚毕竟又不是平常的"池中之物"，他的绝世聪明和旺盛的创造欲望被压抑后，必然会寻求一种新的发泄渠道，这就是心理学上讲的"易情效应"。于是纪晓岚和魏晋时期在司马氏强权统治下的许多被压抑了的知识分子一样，在日常生活中寻到的一个发泄渠道就是：食和性。而且像纪晓岚一样被实施了"精神阉割"的文人，通常其肉体上的欲望往往超乎常规的发达。它印证了这样一条生物学法则：身体的某一方面被压抑，在另一方面就会出奇地发达起来。他在被清朝的统治者"阉割"了精神和思想上的创造性，变成了一个"精神上的太监"之后，便迅速地滑向了肉体上的纵欲和狂欢，竟然"年已八十，犹好色不衰"，试图用这种肉体之上的狂欢，来发泄过剩的"力比多"，借以消磨豪情，转移自己内心的压抑和痛苦。

更可悲的是，纵观乾隆一朝，学者文人流连于声色犬马，竟然是一种普遍现象。袁枚、洪亮吉都出入声色场所，而且视为理所当然。袁枚喜声色、讲享受，筑随园于江宁小仓山，广收女弟子，自号"随园老人"，四方名流造请无虚日，悠游快乐，追随者众。另一名家洪亮吉对此还大唱赞歌，说袁枚教会了"聪明才智之士"不辱没真性情，"功德甚大，关系甚重"。而他自己则更公开宣称："英雄好色，奸雄反倒可以不好色。英雄好色者，所谓不修小节……奸雄反可以不好色者，盖别有大志，围转不以声色为意。"其言下之意，无论是他洪亮吉还是别人，只要出于至情，好色又有何妨，多么惊世骇俗的"好色论"！这些冠绝一时的文坛领袖们，名盛而胆放，才高而手滑，潜移默化的影响之下，许多读书人未学其才能，先学其放荡，人心思奢，日趋堕落。正是这一流风加速了乾隆士习的颓废，导致作为社会精英的读书人犬儒心态流行，对天下兴亡不闻不问，而只知满足自己的感官享受。

纪晓岚式的悲剧在当时为何屡屡发生？这正是新旧交替之际，人心大动之时，社会观念变革的前奏。学者高翔就说：

> 他们（乾嘉时代的士林领袖）的生活方式绝非仅仅为了享乐，而是源于更加深刻的道德观念的变革，源于对传统伦理说教的背叛。而纵欲倾向本身，也说明当时的知识精英们在批判旧道德的同时，尚未建立起成熟的新的道德规范。他们在理想与现实，传统与变革，自由与规范，欲望与伦常之间，尚未探寻到一种合理的连接点。（《近代的初曙：18世纪中国观念变迁和社会发展》）

如果不是因为写这篇文章，我竟然不知道狄德罗居然早已为同时代的纪晓岚画出了一幅入木三分的肖像，为所有这些随波逐流的文人们奏出了一曲震撼心灵的灵魂挽歌！

文人是怎样出卖灵魂的

《拉摩的侄儿》是狄德罗最具有代表性的小说。1762 年，当 49 岁的狄德罗饱经生活磨难，开始动笔创作这部杰作时，39 岁的纪晓岚正春风得意地走在离京赴福建学政的路上。虽然远隔重洋，生活迥异，但狄德罗却以惊人的敏锐洞察了纪晓岚这样一类人的内心。

拉摩的侄儿是一个失意落魄的无赖文人，一个遭遇悲惨而又鲜廉寡耻的寄生虫。但他绝不是个一般的流氓、无赖和堕落文人。倘若我们进入他的灵魂深处，就可以看到在他身上，人类的才智与愚蠢、高雅与庸俗、疯狂与沉静、正确思想与错误思想、卑鄙低劣与光明磊落那么奇异地融为一体！他对人生有精辟的见解，对社会有深刻冷静的分析，他那尖锐犀利的言辞能引起人们那么多的思考，而他的揭露和唾骂又是何等的有价值！他不仅愤慨谴责社会不平，而且一针见血地指出了社会弊病的要害，"在自然界中，一切的种类互相吞噬，在社会中，各种地位的人互相吞噬"。

他如此激烈地揭露和谴责现存制度，毫不留情地撕下现实社会的假面具，但却又从根本上否定了人类社会道德正义的存在。在他的心目中，根本没有什么祖国和人民的位置："从北极到南极，我只见着暴君和奴隶。"他更没有对社会应有的责任感，甚至连对自己妻子、儿女应尽的义务也没有。"拉摩应该保全他的本来面目，做许多富有的强盗中间一个快活的强盗"——这就是他所追求的目标，就是他的全部人生哲学。他的作恶是在对社会的深刻认识的基础之上的，他的堕落完全是自觉自愿的。他对社会的冷嘲热讽，深刻揭露，最终却是为了合伙打劫，同流合污。

凭借他的聪明才智，完全可以有所作为，对人类有所贡献，但他却始终是社会的"多余人"，一个蠢虫。无怪乎作者也惊讶道："这样的精明和这样的卑鄙在一起，这样正确的思想和这样的谬误交替着，这样一般的邪恶的感情，这样极端的堕落，却又这样罕有的坦白。"

狄德罗以深邃的观察力，揭示了人物灵魂中的矛盾对立，从而塑造了一个复杂的、充满着矛盾和对立的分裂人格。

同为所处时代的大学问家，纪晓岚和狄德罗都博闻强记，厚积薄发，对待自己从事的事业都执着热爱，富有牺牲精神。但纪晓岚只能在封建传统政治的框架内施展自己的才华，而不能在框子外去干自己的事业。他虽在《阅微草堂笔记》有一些对"腐儒"的讥讽，但这不能改变总的人生方向，最终仍不免"学好文武艺，货与帝王家"。身为一位才华横溢、博古通今的大文人，却只留下与乾隆皇帝插科打诨的"对联佳话"，竟无一篇政治上的策议与行动，思想上更不能有任何建树。他终其一生都在卖力地为封建王朝歌功颂德，或者在皇帝耳朵边重弹一下儒家"宽和仁爱"的治国老调，主张为政要"酌乎事势"等等。除了一部《四库全书》，于国无益，于民无助，聪明如纪晓岚这样"大清第一才子"，内心深处其实何尝平静过啊！

也许对于像纪晓岚这样的人物，应该怀抱一份"历史的同情"。在整个封建时代，知识分子报效国家的重要手段就是希冀能"致君尧舜上"，让自己的著述思想藏之名山传之后世。然而，封建体制的特征又决定了他们的学术明道之途不可能一帆风顺，既能明道，又不开罪当道，何其难哉！翻遍中国的历史，这样的人间悲剧还少么？即使勇敢如索尔仁尼琴，在他的《第一圈》被抄走时，想到随时可能被捕，压抑、痛苦也同样抓攫着他，这个顽强的汉子还曾一度想到自杀。幸而劳改营生活磨炼了他，使他终于从内心的黑暗中走了出来。

索尔仁尼琴反省自己的思想历程时说："这一生我感受到自己是从下跪的状态渐渐直起腿来，我是由被迫缄默到逐步自由地说话的。"班固在《汉书·董仲舒传》中说："正其谊不谋其利，明其道不计其功"。

做大儒，还是做犬儒？

相同的时代，不同的命运。认真分析纪晓岚和狄德罗所处的时代背景，不难发现，政治、社会文化环境对一个人的影响是多么重要。

纪晓岚出生于"三世一品"世家，在"学而优而仕"的家庭氛围熏陶下成长。封妻荫子，功成身退，是他的最高人生理想。纪晓岚的一生除致力于编纂

《四库全书》以外，其余时间都随驾乾隆游山玩水、吟诗作对。皇帝手中握着他的饭碗，皇帝一言可以让他青云直上，也可以让他尸骨无存。这样的政治地位和生活环境，决定了他只能乖乖地做皇帝跟前一个老实听话的文学侍从，而不敢轻易对国家大事多半句嘴。

在这方面，狄德罗的命运不知要比纪晓岚好上多少倍。在狄德罗生活的法国正值启蒙运动时期，个人意识极大发展扩张，到处响彻着的口号是"砸烂可耻的东西""自由放任地让人民做他们愿意做的事"！因此，狄德罗敢于高举理性旗帜站在反封建专制和宗教迷信的前列，在宣传自由平等博爱思想的同时，还身体力行编写《百科全书》宣传革命和科学，以唤醒民众。

相比于狄德罗不顾一切猛烈抨击封建制度和宗教神学的胆魄和见识，纪晓岚只是一位学识渊博而又较为开明的封建官吏，只能做一个思想保守的封建官僚，不可能留给后世什么有创造价值的思想贡献。即使有难以消弭的胸中积郁，为了应付君主的淫威，他也不得不曲身危行，采取隐晦的方式书写内心世界。在他聊以消遣的笔记体小说《阅微草堂笔记》中，大谈鬼怪神异，因果报应。现实中的种种荒唐与混乱，只不过是一番历经宦海沉浮、看透人间冷暖，年轻时的意气风发、壮志雄心，转瞬已变成今日的意气消散、与世无争。"大儒"和"犬儒"虽只一笔之差，但在他身上却界限模糊。因此尽管处在同一历史时期，两者都才华横溢，但纪晓岚只能成为乾隆皇帝的御用工具，而缺乏对民众思想的启迪。相反狄德罗在启蒙运动的影响下，自己作为解放者和觉悟者冒着被当局抓捕坐牢甚至杀头的危险，毫不退缩。甚至在临终前，天主教士劝他放弃无神论思想，都被他愤怒地拒绝了。直到死亡的那一刻，他也不曾妥协。

梁启超早就告诫国人，学术思想对于一个国家的意义，就像一个人必须要有精神；看一个国家"文野强弱"如何，先要看该国学术思想是否发达。学术兴替实为关系民族精神生死的大事。

康有为和福泽谕吉的启蒙家之路

19世纪下半叶，遭受西方列强侵略的日本和中国先后进行了变法运动，日本的明治维新取得了成功，从此走上了资本主义近代化的道路。而中国的戊戌变法却是昙花一现，迅速失败。针对中日这两场变革结局为何天壤之别的著作可谓汗牛充栋，但我们只需追根溯源，简单地对比分析指导这两场变法的精神"教主"——康有为和福泽谕吉，看看他们在个人背景、思维方式、价值观念方面存在的巨大差异，也许就能对中日迥异的近代化道路一目了然。

人格修为泾渭之别

在近代中国的历史长廊中，也许很少有像康有为这样誉满天下、谤亦满天下的人物了。他是沧海茫茫中破空而来的一只稀世之鸟，那凄绝怪异的一声声惊鸣长啸，在滚滚尘世中掀起的万钧雷霆，至今余音不绝，毁誉难分。

"仰首攀南斗，翻身倚北辰。举头天外望，无我这般人。"这是电视剧《走向共和》中屡试不举的康有为，他欲与孔子比高的狂态，他乐观、自信的心胸令人跃浮脑际，经久难忘。强烈的自信心，几近于自夸，是康有为最显著也最为世人诟病的性格特征。

自信之余，他简直目空一切。狂傲如李白者，也只是期许"天生我才必有用"，而他却说出："天生我聪明才力过于常人，岂天之私我哉？令我为斯民计耳。"

平心而论，康有为一生的雄辩激情、满腹经纶常人确实难以匹敌。他博闻强记，识见深广，无异于一个百科全书似的人物。诚如梁启超所说："先生脑筋最敏，读一书，过目成诵，一事片言而决，凡事物之达于前者，立剖析之。"（《南海康先生传》）再复杂的事情，他也可以抓住要害，几句话就打发了。

梁启超17岁那年已是一个举人了，而大他15岁的康有为却仍是一个秀才。但当梁启超第一次听到康有为讲课时，那种咄咄逼人、高谈阔论的劲头顿时令他如"冷水浇背，当头一棒"，深愧自己才疏学浅。从那以后，梁启超就绝了仕途科考的念头，专心师从康有为。"秀才先生，举人弟子"的情形世所罕见。

康有为的绝佳口才在戊戌变法之前的一场辩论中表露无遗。1898年正月初三，奉光绪帝旨意，总理大臣们破格召见康有为，"询问天下大计，变法之宜"。这是一场变法与反变法的正面交锋和尖锐论战。顽固阻挠变法的荣禄根本就没有把这小小的七品主事放在眼里，一上场就有意刁难，冷冷地使出杀手锏："祖宗之法不可变！"他试图用"祖制"的大帽子压住康有为。谁知康有为不紧不慢地从容反驳说："祖宗之法，以治祖宗之地。今祖宗之地不能守，又怎么可以一味墨守成规遵循祖宗之法……因时制宜，变法是不得已必须做的。"三言两语就驳得荣禄哑口无言，而康有为仍继续口若悬河般滔滔不绝，气得荣禄脸色铁青，拂袖而去。

康有为越来越相信自己的智德能力，他认为自己生来就与负有天命的孔子完全一样，他坦承："吾少尝欲自立为教主矣，欲立乎孔子之外矣，日读孔氏之遗书，而吹毛求疵，力欲攻之。"在一首诗里，他甚至还提到自己出生时，像很多帝王降生时的异兆之象："大火赤流屋，子夜吾生始。"

康有为这种唯我独尊的王者之气，好奇、猛进的"教主"派头连支持变法的一派大臣疆吏也看不下去了。最后，戊戌变法既未得到留学生的直接参与，也未得到实力派李鸿章、张之洞的协调与合作。导致康、梁一党非议四起，孤军奋战。本来对变法颇为支持的张之洞对康有为的批评也日见严厉，甚至将其民权、议院等说斥之为"谬论"。很多人更是指责其武断自夸、高傲争权，辜鸿铭称康有为和他的信徒们为"极端派"，"自私自利而具野心，但又缺乏经验、判断力和方向"。

梁启超认为只要康有为认准的事，不管学术、治事绝不迁就，所以时人才责怪他武断、执拗和专制。康有为从不理会别人的感受和社会成规，也从不愿听取旁人的意见，他对明代改革大师张居正的名言佩服得五体投地："不但一时之毁誉有所不顾，虽万世之是非，有所不计也。"他结婚时为了"原则"，拒绝闹新房的风俗，根本不理会亲友们不高兴；他中举那年，不遵守相沿已久的习惯，拒绝称选拔他的考官为"师"；即使涉及他的变法宏图，在光绪召见他后，让他在总理衙门供职，他认为位卑职小，有辱于他，乃拒绝赴任。

自信心固然为领袖人物不可缺少的，但若过于自信，则不免固执教条，损害信用。

而福泽谕吉一方面致力于新思想、新文明的传播，另一方面从来没有将自己的工作和自我角色神圣化。在内忧外患的逆境中，福泽立志与封建专制做斗争，并以谋求民权独立、国家富强为己任。

他早年学习兰（荷兰）学，后又自修英文。他曾三次游历欧美，谙熟西方文物制度，一生致力于传播西方近代文明，共有六十余种著译，培养了数以万计的学生，为日本近代化做出了巨大的贡献。

与康有为的言行不一迥然不同，福泽坚信自己必须在日常生活的细节中实践自己的道德理想，言行之间不容许有丝毫分离。福泽对于儒教那些欺世盗名的言行做派，反感至极。比如儒教所谓的"孝"，他就深不以为然。福泽反对孟子"不孝有三，无后为大"的说法，认为"对于提倡违反天理，倒行逆施的人，即使是孟子、孔子，也不必有所顾虑，仍当视为罪人"。

福泽一生都积极但不狂热，满足但不自欺，从不怀恨抱怨，也不急于获得表扬，从而连续、稳定地完成了日本民族的思想启蒙工作。这与康有为从早期的亢奋不已到后来的消极颓废，从早期的狂热激烈到后期的进退失据对比深刻。

学术政治各执一途

康有为的一生，始终未能摆脱传统文人与封建皇权和官场难舍难分的关系。辛亥革命后，他宣扬尊孔复辟，还与军阀张勋拥清废帝溥仪登基。他曾力主"通世界之识，养有用人才"，但他本人得遇圣主、感恩保皇的思想却根深蒂固。个人际遇的宠辱悲欢，"士为知己者死"的传统观念，扰乱了他作为一个学人平和的心境，使他过早地与政治牵扯不清。

"朝为田舍郎，暮登天子堂"，这样的尊荣与诱惑，对于谁都无法拒绝。托身明主、展才济世，从来都是中国知识分子的最高理想。只不过只有极少数幸运儿能够实现自己的梦想。康有为从光绪忧国忧民、开明求变的表现中，似乎拨云见日，寻觅到了士大夫们祖祖辈辈渴盼至极的明君贤王。

康有为 11 岁丧父，与母亲和幼弟相依为命，穷得"不能出游，不能购书，乃至无笔墨"，他前半生执意科场，却 6 次应考失败，这样的打击对于一个人心理的刺激是不可低估的。但他做梦也没有想到，有一天他居然能步入深宫红墙之内，直接得到皇帝的九重恩宠。他本来就是那种自视极高，行动性极强的人，天生就有一种不同于普通思想家的"霸气"。"学得文武艺，卖与帝国家"，如今终于找到了一个"识货"的买家，他怎能不激动万分？

康有为迫不及待地操刀上阵了。他自然希望朝廷将所有的聚光灯都打到维新派身上。在呈送光绪的变法指导《日本变政考》里，他除了强调君权变法以外，还着重描绘了明治天皇对"草茅微士"的破格提拔，和对他们的信任"任贤勿贰"。他一再暗示光绪要破格提拔他那一帮位卑的维新弟子。为了让弟子们早登高位，他不惜四处运动权要，频繁上书，甚至也不忘暗中毛遂自荐，恨不能一飞冲天。为此，他还安排早已无心于八股的弟子们继续科考，经求进入仕途，壮大维新阵容。

坐镇中枢指挥变法，成就伊藤博文那样的盖世奇勋是康有为的最高向往。

而在以科举为正途的国度里，要想翻云覆雨、有所作为，康门弟子舍科场一路，又有什么更好的办法呢？康有为坦承自己是"即业八股，以窃科举者"。从某种意义上讲，"康党"是中国社会急于事功（挽救危亡）普遍心理造就出来的一批以急功近利为特征的思想家和政治家，急于雪耻图强的中国社会烘托出一批同样急不可耐的自强"狂人"。

环境迥异，见解不同。与康有为相反，学问独立于政治是福泽一生的追求。为了一扫几千年来政治权威的绝对价值，改变学问隶属于政治的弊病，他身体力行，终身不仕，以感召世人。其实比康有为早出生 24 年的福泽谕吉有很多做官的机会，但他在政治上保持中立，终其一生拒绝担任任何官方职务，既不尊崇德川幕府，又不特别亲近新的维新政权，一直以报人和教育家的社会身份出现。

对于不做官的原因，他简单地解释为"不喜欢官员的傲慢"，即对虚伪的官场文化厌恶。但他深知，作为政治的旁观者，他可以保持清醒的观察，不必把自己卷入纷争之中，从而集中精力从事更根本性的思想启蒙工作。

在日本封建社会中，学问是统治阶级的御用工具和附属品，完全听从于统治者的摆布与调遣。由于政治的权力取代了学问的价值，学者们把学问看作是步入政界的手段，读书只是为了做官。学者们对统治阶级阿谀奉承，以当官为目的，不仅损害了学术的发展，同时也助长了统治阶级已有的专制因素。福泽坚持认为一个学者应该独立地从事研究而不是效命于政府。

福泽并非简单地厚此薄彼。对于政治与学问的地位问题，福泽谕吉有他自己的观点。"学者们只谈要重视学问，说政事如同儿戏、不足挂齿。政治家也蔑视学问，认为学问是缺乏实用的迂腐的空论。"福泽谕吉认为这种看法是不正确的。其实，这只是双方的偏见，公平地来讲，无论是学问还是政事，都是至关重要的。他在《学问的独立》一文中指出，学问和政治的目的虽然相同，都是为了"增进一国的幸福"，但由于两者的特点不同，他们所要完成的使命也是不同的。他说，如果把一个国家比喻成一个人的话，学者和政治家都是起保护人的作用，但他们的职责是不同的。如果说学者是讲授平生的养生法，防病于未然的话，那么，政治家则是临病时加以治疗的人。既然职责不同，就应该各行其业。学问的事情应该由学术界定下来，只有学者才有发言权。他以自己的行动证明了这一点。有一次开学术会，邀请他参加，但他的名字被写在伊藤博文的后面，由此他拒绝参加。其理由是这是学术会，作为学者的他应该排在作为政治家的伊藤博文的前面才对。

在福泽谕吉那里，政治是动态的，是活泼的；而学问是静态的，是沉潜的。一旦学问从属于政治或服务于政治，学问就会失去其方向；而一旦政治凌驾于学问，也必然贻害无穷。他不像康有为那样对很多具体的社会、政治问题频频发表意见。他本人也没有过康有为晚年对自己的学说感到忏悔的心情。

在实际的教育中，福泽并不鼓动学生关心和参与现实政治，不直接针对学生进行煽动。他以自己的亲体感说："西洋诸国也曾经有执政的人指示文学的事情，成为世间的祸害；也有有名的硕学（学者）步入政坛被人取笑的例子。并且，在我国封建诸藩里，把老儒先生录用到重要职位上，非但没有取得任何效果，反而成为藩士的障碍，那位先生也终于失败的例子也不少见。"

福泽这段话，想不到后来居然成为康有为从政的不幸谶语。

康有为并不甘心长期驻守在并不显赫的思想启蒙家位置上，他更热衷于中国传统的"学而优则仕"，到政治舞台上大展身手，为帝王之师，为治世能臣。他并非高明的政治家，不擅长的事热心去做，而擅长的事却又来不及去做。最终，他顾此失彼，一错再错，致使光绪帝瀛台被禁，弟子京华喋血，自己也落了个亡命天涯的悲惨结局。

其实，福泽健康、豁达的心态，和甘于寂寞的坚守，正是动辄"以天下为己任"的中国文人所欠缺的。福泽一生都秉持着一个知识分子纯粹、非功利的理想。他认为如果因为理想而变得贫困，那就在贫穷中生活；如果因为理想而变得更富有，那就把钱随心所欲地花掉。其余则笑骂由人，自己不喜不悲。这种心态，在相互间唇枪舌剑，"一个都不宽恕"（鲁迅语）的中国学术思想界并不多见。

儒家教义奉行有别

在维新变革的思想启蒙和理论准备上，康有为和福泽谕吉的差距可谓天壤之别。他们的差距首先表现在如何批判地继承儒家文明的态度上。

日本的现代化改革一开始就对已然落后的儒教进行了全面清算，最终落脚于对西方价值观的全面认同，而中国的改革却始于对传统的誓死捍卫。

康有为自幼受到的是严格的封建教育，早年受理学教育，后来尊崇今文经学，而再后来接受了当时比较先进的西学。在接受西学的过程中他开始批判中国的传统文化，反对封建的伦理道德规范。

废除八股是康有为政治维新的重要成果之一。1898 年光绪帝召见他时，他当面提出废除八股、普及国民教育的要求。他说："今天中国落后，在于民智不开，而民智不开都是因为以八股取士的结果。学八股的人，不读秦汉以后的书，更不研究世界的形势，然而可以通过科举累致大官，所以今天朝廷上虽然群臣济济，但都不会办事，这都是八股取士害的呀！"对此光绪皇帝深表赞同，认为西方人注重学习有用的学问，而中国偏偏对那些无用的学问孜孜以求。在康有为的不懈努力下，1898 年 6 月 23 日，光绪帝终于颁诏宣布自下科开始，乡、会试及生童岁科试一律停止八股，改试策论。

然而，康有为的文化思想是中西文化融贯的首次尝试，是不成熟的，经不起逻辑的推敲，也没能够经起历史的历练。他的传统包袱实在是太沉重了。他的立场始终是矛盾和摇摆的。当作为一乌托邦哲学家时，他是超越儒家的；但作为一个实际的改革家，他仍然在儒家画地为牢的圈子之内。

因为康有为始终无法摆脱传统加之于他的烙印，所以他也不可能真正意识到封建制度的弊端。他的目的仅仅局限在解决中国之内忧外患，即便这样还是"不得已而为之"，至于真正要把千百年来的帝制废除，在康有为的承受范围里是不可想象的。他要向西方学习，又不能摆脱封建的束缚；要改革中国的封建制度，却又借助儒学的旧形式；着眼于民权，同时又要保皇帝。

当梁启超试图与孙中山的革命党合作时，康有为怒发冲冠，指责梁启超辜负圣恩，断然与之分道扬镳。当袁世凯提出祭孔的时候，康有为致电黎元洪、段祺瑞，提出祭孔要行跪拜礼，叫嚣"中国人不拜天，又不拜孔，留此膝何为？"他身体里始终流淌着旧时代君臣一体的血液，注定他只能用儒家的孔教传统嫁接西方的立宪主义，采用传统的变法理念搞一场划时代的改革。他是一个富于想象的理想主义者，在思想上敢于无所顾忌；他又是一个不可救药的改良主义者，在行动上拒绝突破。

对于康有为的彷徨无据，福泽一针见血地指出："中国人应当知道究竟是政府为人民存在，还是人民为政府存在。"他认为，文明虽然是人类的唯一目标，但其路径可以是多元化的，具体到政治制度的选择上，"假如有利于国家的文明，政府的形式可以是君主的，也可以是共和的"，"美国的民主政府比中国的君主制更好，但墨西哥的共和制却比不上英国的君主制"。他于1899年出版的《自传》中富有远见地认为，中国要走向文明，必须推翻清政府，否则，再来一百个李鸿章也无济于事，这事实上预言了孙中山领导的共和革命在中国环境下的合理性。

但康有为并未认识到，他这种"跪着造反"成功的可能性是微乎其微的。马克思在《黑格尔法哲学批判》中深刻地指出："当旧制度本身还相信而且也应当相信自己的合理性的时候，它的历史是悲剧性的。"康有为主张的变法，仍然是一种统治阶级内部纠纷的解决机制，是一种自我"革政"，并未上升到革命的层面，犹如在传统长袍马褂上套了一件西装，失败的命运在所难免。

权力从来就是自私自利的，从本质上讲，王权与民主永远是不相容的。民主宪政是争取得来的，而不能靠施舍赠予。康、梁集团寄希望于皇帝登高一呼，万事俱备，发布几道诏书，就能大功告成。但当他们雄心勃勃地说服皇帝推行变法时似乎忘记了，他们事实上是在让皇帝推行一场最终导致自己剥夺自己权力的变革。于是不可思议的荒唐现象出现了：他们举起一只手要打倒皇权专制，而另一只手却攀着皇权的马车，指望它将自己载到民主的彼岸。这与空想社会主义企图在世界各地悬挂"慈善箱"，让天下富人捐出多余财产，就能实现天下大同一样渺茫。更何况他们寄予厚望的皇帝本身已是一位自身难保的泥菩萨。

而福泽谕吉一开始就向统治日本的腐朽儒家文化猛烈开火，断然与之彻底决裂。在对待儒家文明的态度上，我们可以找出康有为与福泽谕吉在中国文化心态与日本文化心态上的根本分野，甚至是中国实现现代化的真正障碍。

福泽谕吉年少时所受的是儒教或汉学的教育。但在接触洋学之后他就对儒学产生了厌恶。儒家出身的他转过身来对儒学进行了全面清算和彻底批判。他承认，在漫长的幕府时代，儒家文化对日本摆脱蒙昧和迷信，提升日本的文明水准起了重要作用，但站在西方文明的背景下，儒家文化显然落伍于时代了。

他把批判的矛头主要指向儒学的等级名分制度和伦理道德观念上。也就是说他的批判不是针对儒学作为一种学问的逻辑性，而是针对儒学的腐朽不堪的伦理方面的内容。

在中国人的观念中，让他们推翻甚至杀掉某个具体的皇帝并非难事，但要去掉他们意识深处的皇权理念则难如撼山。康有为终生感念君恩，念念不忘"君臣之义"。

而福泽谕吉则针锋相对提出了自己的怀疑："这种君臣主义，究竟是胚胎于人性呢，还是人出生之后，偶然发生了君臣的关系，而把这种关系的准则称作君臣之义呢？必须根据事实弄清其先后。"他指出孔子的全部政治哲学就是"事君"，治人与被治的三纲五常模式只是在特定条件下偶然形成的，并不是人性中固有和普世的，它甚至不能与父母子女的关系相类比。孔子的学说完全为他所处的时代和社会经验局限，并非是放之四海的真理，一旦文明发展，将不可避免地失效。儒生除了读书做官，退休后发牢骚外一无所成。他在1870年对儒家文化的批判，在中国直到1910年才由胡适和陈独秀在中国进行，而这40年，恰恰是中国经历了最多的苦难和屈辱的40年。

其实，康有为也确实有不得已的苦衷。在中国，由于儒学长期处于正统地位，影响根深蒂固，这种历史文化的特点使得任何改革都离不开传统的土壤。谙熟中国封建传统文化的康有为知道若丝毫不加修饰地把自己的改革思想昭示于众，势必遭到顽固不化、力量强大的传统势力的严酷抵制，甚至落得粉身碎骨的下场。于是，康有为"斟酌古今，考求中外"，把中国儒学的老祖宗孔子抬出来替自己摇旗助威。这柄锋利的双刃剑固然有用，但也伤了他自己。在中西文化交融中他以儒学为主体，在变法中以孔子为王牌，以政治混同学术，甚至为了政治目的不惜歪曲事实，使许多同情和支持变法的人离去。

康有为既是热情爱国的改革家，又是沉湎于遥远的乌托邦建造者。他虽然也深知"民智愈开者，则国势力愈强"的道理，但却没有循序渐进地进行启蒙，而是意气风发地认为"三年而规模成，十年本末举，二十年而为政于地球，卅年而道化成矣"。这种一厢情愿的"思想大跃进"显然持论过高，操之过急。维新派激进的宣传，不但没有唤醒民众，相反还令他们心存疑惧，增加了社会阻力。连慈禧发动政变时，也不指责康、梁变法，而以"乱法"罪治之。

当康有为还陷在儒家的泥潭里左冲右突、难以自拔时，福泽早已超越了对日本文化本体的顽固坚持，将深邃的目光投向了文明世界的未来。

福泽谕吉是日本"和魂洋材"的批判者。他把文明分为"外在的文明"和"内在的文明"，认为外在的或有形的东西易求，而内在的文明或无形的精神难得，所以他认为"内在的文明"比较重要，在引进西方文明时也要有一个次序，要先难后易，即先取文明的精神再取文明的外形。在对文明的强调中，福泽一直把实现文明和人类进步看作至关重要的目标，他说："唯一的标准就是推进文明是有益的，而阻碍文明是有害的。文明是一个大舞台，制度、法律、商业等等都是演员。"他把文明比作一个仓库，包含了人类精神文化和物质文明，文明的实现最终意味着人类知识和道德的双重完善。

显然康有为和福泽谕吉对儒教的态度是不同的，康有为采取了利用和改造的态度，而福泽谕吉则采取了猛烈批判的态度。"以儒变法"是康有为的理论支柱，他相信儒学比世界上任何其他学说都优越，保全儒教与保全帝国一样重要，中国的法律、行政和经济制度都必须按西方的模式改变，如果彻底放弃儒学，则无异于"文化自杀"。他一直在用儒家的"经线"和西方的"纬线"来编织修补他的哲学织品，在他心目中，儒学仍是根本，西方思想只能作为扩充和修正。

二人思想的基础与依据不同，决定了他们对儒学采取的不同态度。康有为从第一次上书不达之后，一直苦苦寻找变法的理论武器，并积极受容西学，但最终未能超出传统儒学的框架。而对福泽谕吉的近代启蒙思想产生巨大影响的是英国巴克尔的《英国文明史》和法国基佐的《欧洲文明史》。

康有为只能依靠儒学，而福泽谕吉对西学情有独钟。如果说福泽谕吉持有西方式近代化的思想，那么康有为就可以说是同时持有儒教式近代化和西方式近代化的思想。福泽谕吉认为儒教思想是对文明进步有害的，并且果断地扫除它来推进日本的近代化，而康有为是在中国传统儒家思想的基础上引进西洋文明，以中西糅合的方式推进近代化。二人的这种思想分歧也许正反映了日后中日近代化的分歧，即日本迅速走向了近代化，而中国却屡次遭到失败。

取法西洋南辕北辙

1879年，康有为游览香港，第一次接触到西洋文明使他眼界大开，激动不已。西人宫室之瑰丽，道路之整洁，巡捕之严密，令他叹为观止，"乃始知西人治国有法度，不得以古旧之夷狄观视之"。回国后，康有为迫不及待地重新捧读《海国图志》《瀛寰志略》等书籍，广收西学之书，如饥似渴地从头学习西学。在官方还沉溺于借鉴西洋的物质文明时，康有为已开始着手研究西方的政治制度了，可谓领时代风气之先。

然而，大清王朝以天朝大国自居，形成了华夏文化的优越感，几乎没有向别人学习的习惯。即使在整个洋务运动期间，清政府也没有一位实授尚书和督抚以上的官员跨出国门一步。少数号称开通的大员，对近代政治原理也几乎是一无所知。"执政大官，腹中经济，只有数千年之书，据为治国要点。"

在这样的时代背景下，康有为对西学的了解和认识显得肤浅而狭窄，支离而无系统，其创造的思想体系也是中西杂烩，不中不西，亦中亦西。而且由于他不懂外语，在戊戌变法前又没有游历海外的经验，所以他对西学的了解都是间接的，这难免与现实的西方社会有差距。

在接受和传授西学的道路上，康有为一路走得跌跌撞撞，艰难之至。他只能采取盲人摸象的方式，以传统知识来吸收、阐释近代西方文化。他用"仁"来解释西方的博爱思想，用儒家孟子的"不忍人之心""不忍人之政"等来解释西方的"自由""民主"。在介绍自然科学时，康有为更是别出心裁地从古书中借取了"气""神""仁"等中国古典哲学范畴来阐释西方的"电""热""磁""光""力"等知识。

今天看来，开启民智，再造文明是一件长期、艰巨的工作，在那个时候还远远不到火候。而当时时局日艰，国难当头，只接触到西学皮毛的康、梁无暇考虑其思想体系的完整性，就仓促上阵了。最终的结果是，福泽谕吉在日本引燃了熊熊燃烧的文明之火，康有为则只在茫茫中国点亮长夜之光。福泽谕吉的西学功底，远非康有为可以望其项背。

1860 年，福泽谕吉以一名随员的身份登上了赴美的"咸临"号；1861 年至 1862 年，福泽谕吉作为幕府派遣到欧洲的使节团成员搭乘英国军舰"奥辛"号，经香港、新加坡、埃及、法国、英国、荷兰、普鲁士、俄国等，详细参观和考察了欧洲各国的政情、风俗。1867 年，因幕府购买军舰"吾妻舰"（后改称"东舰"），他作为购买团的一员再度赴美。

明治维新以前，福泽的三次游历西洋都跟军舰有密切的关系，这使得他经由西洋的"船坚炮利"认识到西洋"文明开化"的真髓所在，这也和他日后强烈地主张扩张军备论有密切的关系。三次游历考察，使他在当时的日本成为最了解"西洋事情"的人。而他的著作《西洋事情》出版后立刻成为最畅销书，有力地启发指导了明治维新政府的当局者们。

康有为和福泽谕吉的思想都是在西学东渐的大背景下产生、发展和演变的，因此二人的思想具有同质性；但又因为他们生长的国内环境和文化氛围不同，因此二人的思想在具有同质性的基础上又具有异质性。由于它们不是产生于腐朽的封建母体之内，而是在西学的冲击下被迫生产出来的自我更新，所以，中、日两国的启蒙运动一开始就面临着如何认识、对待西方文化，如何调整与传统文化的关系等问题。作为启蒙思想家的康有为和福泽谕吉也同样面临这样的课题。

对中国知识分子来说，西学东渐首先是一场"中学"与"西学"的对抗，是一种地理和种族意义上的对抗，而前者事实上站在一个更优越的地位上。康有为虽然主张在政治上实行君主立宪，进行西方式的社会改革，但在思想武器上仍然需要回到儒学去寻找答案。康有为的学说与张之洞主张"中体西用"并无很大不同，张之洞要保存传统中的儒学，而借自西学的不过是技器；康有为则予儒学以非传统的解释，且除西方的科技外更建议变法。因而康氏虽较张之洞更为激进，两人却都一样坚信尊孔保教与富强维新必须齐头并进。这也正是为什么康有为没能吸引更多信徒的原因。

与晚清知识界中西二元对立和中国本位思想不同，福泽谕吉从根本上否认了这种对立的根基。他从全球范围文明史发展的角度出发，明确指出欧洲和美国是最高阶的文明，中国、日本、土耳其并列算是半开化国家，而非洲和澳洲土著为不开化民族。欧洲文明是日本的未来前进方向。但是，福泽并没有陷入民族自卑和悲观，也没有把冲突看成绝对存在。他相信，只要假以时日，所有文明形态都会逐步趋向较高阶段。针对伴随西方文明而来的傲慢和残酷的征服，他并没有从道德主义的角度进行谴责，而是从人类文明进步的角度指出：傲慢和残酷不过是富强的副产品，最终可以通过人类理性克服。而且文明是动态的、发展的，即便西方文明也只能说是达到了人类智慧在当前所能达到的最高境界。

思想基础的不同，还导致他们对西洋文明的认识利用程度也不尽相同。尽管康有为和福泽谕吉都对当时的国际形势有深刻的认识，对西方文明都采取了比较积极受容的态度，同时他们都不同程度地突破了"中体西用"与"和魂洋材"的传统模式。但康有为突破传统东西文化论的方式，是提倡引进先进的政治制度，而福泽谕吉则比康有为更进一步主张学习西方先进的思想，欲改造国民精神。

客观上，这是由于两国所面临的现实历史环境所决定的。戊戌变法之前，中国还是落后的半殖民地半封建国家，洋务派的改革也未能改变中国的封建制度，大清仍然是一个中世纪的专制国家。戊戌变法时期，康有为所面临的课题是政治体制的改革，是改造旧政权，树立新政权。而日本在明治维新后已基本确立了近代资本主义的明治维新政府，但是人们的思维依然落后，与日本当时的制度是格格不入的。因此福泽谕吉所面临的是为维护国家的独立所急需的人民"风气"的改造。两国的历史环境使康有为扮演推进政治制度改革的角色，使福泽谕吉扮演促进有关精神、思想变革的角色。

"不识庐山真面目，只缘身在此山中。"至于中国戊戌变法思想启蒙的失败，福泽谕吉进行了认真总结，他的分析可谓鞭辟入里。他指出，中国在秦始皇统一之前思维活跃，充满自由精神和多元表达。但是，大一统之后中国的专制制度使得政权与意识形态的阐释权集中于一体，形成了一种事实上单一的神权统治。而在日本，政治权力和神权并没有结合在一起，掌握政权的幕府将军并不像中国皇帝一样代表道德的最高典范，不需要人们在精神上顶礼膜拜。在分离的军政权力和神学权力的相互制衡中，日本人自然生发出第三种力量，即独立的理性和自由精神，日本人在政治思想领域原本比中国人来得丰富活泼，因而也比中国人更易于接受西方文明。

康有为当年对国家前途的忧虑，后来多"不幸而言中"，他的变法思想仍不失为解救中国的另一种途径。他的努力虽然未达到预期的效果，但他"忠实地设法免除人们的痛苦"，仍对近代中国产生了重大的影响。而福泽谕吉早期的文明论思想使日本能够迅速赶上西方发达国家，但后期的国权主义思想却导致了日本以文明为幌子侵略亚洲诸国的畸形的近代化。他本人也逐渐陷入了军国主义的迷狂状态。当日本战胜大清，依《马关条约》获得两亿白银庞大的赔款时，福泽激动得掉下泪来："日清战争是官民一致获得的胜利。啊……多么愉快，多么感谢，我简直不知说什么才好。我活命到今天，才能见闻到如此光荣的事。以前死去的同志们真是不幸。啊！我好想让他们看看今天的光景，每天掉泪哭泣。"

不经过艰苦工作，不经过巨创阵痛，不经过几代人默默无闻的努力，中国人就不可能从巫术迷信、落后愚昧中走出来。所幸在变法失败以后，梁启超幡然醒悟，激愤之下，要"挑战四万万群盲"，终于开始了艰难漫长的群众启蒙。此后的鲁迅、胡适、陈独秀……一支支如椽巨笔摧枯拉朽，涤污荡浊，振聋发聩，利用小说、报纸登高呐喊，把一点一滴的国家、民族及科学常识灌输给民众，中国的地平线出现了崭新的曙光。

肆

——不合时宜的盗火英雄

曹雪芹为何没有莎士比亚的好运气？

曹雪芹和莎士比亚，这两位千秋辉映、雄峙中西的文豪巨匠，作为各自国家不可逾越的文化丰碑，笼罩了无数神圣的荣耀光环，而他们生前所经历的荣辱悲欢、遭际境遇，却演绎出不同的人生况味，映射出两个不同时代的悲喜命运。

文人并不都是吃香喝辣的

"满纸荒唐言，一把辛酸泪。都云作者痴，谁解其中味？"《红楼梦》开篇这首不起眼的小诗，滴泪为墨、研血成字，道不尽千古文章的无尽苍凉，说不完万代文人的际遇辛酸。"文章憎命达"在曹雪芹和莎士比亚的身上得到同样的应验，他们少年家境衰落，中年历尽磨难，晚年痛失爱子，且都英年早逝，令人惋惜。但这些看似相同的人生经历背后，却是不同的曲折命运。

曹雪芹终其一生的凄凉落拓，想必中国的读者早已不陌生了。翻开一部巨笔微雕、沧桑满怀的《红楼梦》，兴衰之速、境遇之奇、人情之薄、悔恨之深，岂止"小说家言"，而是曹雪芹一生心路风霜的大折射。

莎士比亚和曹雪芹的身世有着惊人相似，早年家道中落，尝遍世态炎凉，人情冷暖。1564年4月，莎士比亚生于英国伦敦附近的斯特拉福镇。他的父亲是位羊毛商人，不但经营有方生意兴隆，在政治上也平步青云，当上了斯特拉福镇镇长，他家成为当地显赫的家族。在莎士比亚六七岁的时候，就被送进一个有名的文法学校，接受良好的教育。但天意难测，莎士比亚14岁的那年，父亲意外地破产了，小莎士比亚从此开始饱尝生活的辛酸与艰难。他只得中途退学，到父亲的手套铺帮忙，帮父亲裁割皮料，制成一双双牛皮、羊皮手套，然后挨家送往订货的人家，挣取微薄的利润。父亲的镇长肯定是当不成了，曾经作为镇长儿子被众星捧月的小莎士比亚，四处遭到众人的白眼和冷遇。18岁时，他与比他大8岁的当地姑娘安妮结婚，生活极其困窘。几年后，走投无路的莎士比亚背井离乡，徒步来到举目无亲的伦敦，在一家剧院给人看门、扫地、看马，有时开演之前遇到某个跑龙套的小角色因事临时来不了，导演一把抓过他胡乱在脸上画两笔，就把他推上台去凑数。

但与一生困苦潦倒的曹雪芹相比，莎士比亚仍然是幸运的。

1592年，年仅28岁的莎士比亚创作完成历史剧《亨利六世》，并在伦敦著名的玫瑰剧场上演。《亨利六世》一鸣惊人，年轻的莎士比亚一举成名，看到了辉煌灿烂的前景，从此奋力前行，乐此不疲。又过几年，他的杰作《亨利四世》在伦敦舞台上取得空前成功，当时有一首短诗记述演出盛况："只消福斯塔夫一出场，整个剧场挤满了人，再没你容身的地方。"莎士比亚所在的社团在伦敦演艺界举足轻重——它能一次吸引3000名观众到剧院看戏，而当时整个伦敦的人口也不过20万。莎士比亚从此成为当时无可争议、独步艺坛的最受欢迎的剧作家。

莎士比亚很快步入了他戏剧创作的黄金时代。从他丰厚的收入也可看出他事业上的一帆风顺：1597年，他付款60镑，在家乡购置房产，俨然是当地最阔气的一座住宅。1602年又出320镑，购得故乡107英亩耕田、20英亩牧场。

他去世前立下遗嘱，除了不动产，由继承人分配的现金，大约达350镑。

"字字看来皆是血，十年辛苦不寻常。"曹雪芹没有莎士比亚那样好的运气。当莎士比亚而立之年便已名满英伦风光无限时，曹雪芹却门前冷落车马稀，苦雨凄风伴孤灯。

他春蚕吐丝般呕心沥血地写作，《红楼梦》"批阅十载，增删五次"，只能停留在手稿上，进不了市场更登不了大雅之堂。他的心血结晶，除了两三位好友知己传阅外，不可能和广大读者见面，得不到任何精神和物质上的有力支持。今天人们也许难以想象，《红楼梦》这样一部传世巨著，居然是曹雪芹在"茅椽蓬牖，瓦灶绳床"的条件下，于废旧老皇历的册页上写成的。清代嘉庆年间一位叫潘德舆的进士写道，自己每读《石头记》，便感动得泪下如雨，此书作者当是一个怀有"奇苦至郁"的人。他听说此人平生放浪成性，无衣无食，寄住在亲友家。屋里除一桌一凳外，别无他物。每夜挑灯写书，没钱买纸，便将旧皇历拆开，在纸背面写作。

曹雪芹经年累月的心血支付，却没有分文收入，终于到了"举家食粥酒常赊"的地步，最后竟卧病不起，无钱医治，凄惨地死于万家灯火的除夕之夜，连埋葬的费用都是他几个好友资助的。一代文豪，竟然落得个"牛鬼遗文悲李贺，鹿车荷锸葬刘伶"的下场，面对抱恨而终的曹雪芹，连他的好友敦诚也禁不住哭奠道："三年下第曾怜我，一病无医竟负君！"

在中国，"生于忧患，死于安乐"；在西方，"愤怒出诗人"。痛苦成就了曹雪芹，也成就了莎士比亚。这背后是东西方共有的人类精神力量支持。

曹雪芹所经历的人生巨变，风刀霜剑，远甚于莎士比亚。虽然功名无望，无缘"补天"，但他立志将半生兴衰际遇，"抄录传奇"。他阅尽人情，遍尝世味，才能"迷"得执着，"悟"得通透。他的作品描写沧海桑田，人世风尘，更具一番雄浑开阔的视野，力透纸背的悲凉。他在《红楼梦》开篇写道：

> ……虽我未学，下笔无文，又何妨用假语村言，敷演出一段故事来，亦可使闺阁昭传，复可悦世之目，破人愁闷，不亦宜乎？

这段看似漫不经心的文字后面，掩藏着多少人生的悲欣交集、大彻大悟？

"大抵浮生若梦，姑从此处销魂"——他不断拼命地写作，正是为了在纸上"过日子"。荣华富贵转眼成空，美好女性群芳散尽，给曹雪芹刺激太大、创痛太深。天闷要下雨，人闷要讲话。现实既不可问，曹雪芹只好一头扎进他的太虚幻境，过上了神游八荒的快活日子，谁也不能把他拉回头。

最好的时代，最坏的时代

曹雪芹犹如一位孤独的旅人，走在风雨飘摇的旷野，看不到任何希望与亮光。如果说对于一个没有读者群的作家，这还只是一种寂寞萧瑟、漫长无依的煎熬，而云泥之别的时代大环境，提供给曹雪芹和莎士比亚的更是不可同日而语的创作舞台。

从两个故事的对比，就能看出两个时代的差异。

1601 年，一伙神秘的顾客来到伦敦最豪华的剧院，他们开出了高价，指定剧团在某一天重新上演莎士比亚的《理查三世》这部戏剧。当演员们演到废黜国王的那一幕时，叛乱在伦敦城发生了，这就是伊丽莎白时期与玛丽·斯图亚特案齐名的埃塞克斯伯爵叛乱案。原来，伯爵和他的同伙在策划叛乱时约定，以剧中废黜国王的那一幕作为发动叛乱的信号，可怜的演员们不幸被卷入了一场叛乱之中。不过，叛乱被平定以后，无论《理查三世》的作者还是演员和剧团，没有任何人因为撰写和演出这部戏剧受到任何惩罚。

而据传在中国的清代，乾隆皇帝某日忽至皇八子永璇家，其时本人不在，乾隆在他书房里发现了一部小说叫作《石头记》。乾隆不声不响，挟走了其中一册回宫去了。等到永璇回家，闻知此事简直吓坏了！于是赶忙请人设法连夜搞出一个"删削"的"洁本"，上呈皇帝。由此世上才出现了不完整的《石头记》抄本。《红楼梦》处境之艰危困厄由此可见。

莎士比亚实属幸运，他生活在以宽容之道治国的伊丽莎白女王时代。这是英国历史上最伟大的时代之一。女王高度的政治智慧和包容之心，泽及文学艺术，特别是她对戏剧的扶持。在泰晤士河南岸有一家名为"环球"的剧院，通常在下午两点开戏，许多贵族包括女王本人是这家剧院的常客，35 岁的莎士比亚是这家剧院的股东、演员兼剧作家。这一时期，是英国资本主义兴盛上升的黄金时期，国强民富，有力促进了英国戏剧的发展和成熟。戏剧不仅成为市民文化生活的必需品，也成为宫廷权贵的时髦享受。据统计，从1558至1616年间，公开营业的和为贵族特设的戏院达18所，戏班子有35个，剧本在500个以上，剧作家不少于180人。仅在1603至1616这13年间，英国皇宫中演戏就达300多场。继伊丽莎白之后继位的詹姆士六世，也一样酷爱戏剧。他登基仅两个月，就把莎士比亚和他的剧团揽进自己亲自庇护的班底，并改名为响当当的"国王供奉剧团"。莎士比亚和剧团演员都成为宫廷侍卫，配有皇家猩红色的制服，还授予荣誉头衔。从此，"国王供奉剧团"的宫廷演出每年超过20场，演员们的收入剧增，莎士比亚也有了相当不菲的报酬。

当时，莎士比亚创作的历史剧大多以揭露宫廷的黑幕为主题，许多君王在剧中都是反面人物，观众很容易对号入座引起联想。伊丽莎白当然知道这一点。当莎士比亚的《理查三世》上演时，强悍狡诈的理查对自己有一段"自画像"式的独白：

> 我有本领装出笑容，一面笑着，一面动手杀人；我对着使我痛心的事情，口里却连说"满意满意"；我能用虚伪的眼泪沾湿我的面颊，我在任何不同的场合都能扮出一副虚假的嘴脸……连那杀人不眨眼的阴谋家也要向我学习。我有这样的本领，难道一顶王冠还不能弄到手吗？

伊丽莎白女王担心剧情会使观众联想到她本人，因为剧中篡夺理查三世王位的正是她的祖父亨利七世。但是女王并没有将作者投入监狱或者禁演这部戏，她仅仅对她的大臣们埋怨说："这部悲剧在剧场和剧院里已经演出40次了。"

1601年，莎士比亚的新剧《哈姆雷特》在伦敦上演——"脆弱啊，你的名字是女人！"当扮演哈姆雷特的演员在舞台上说出莎士比亚的这句名言时，舞台对面的包厢里就坐着伊丽莎白女王。她若无其事地看戏，没有表现出一丝不快。

在现代高科技领域，用运载火箭发射航天器，不是任何时候都可以进行，由于工作条件和气象限制，有些航天器必须在特定适合的时段内才能发射。这种允许航天器发射的时间范围，叫作"发射窗口"。这样的发射窗口十分难得，有时稍纵即逝。莎士比亚的激情和才华，无疑正好遇到了这样一个千年难遇的"发射窗口"。在此之前，英格兰有着严格的书籍和戏剧审查制度，还有血腥恐怖的"星法院"，以言犯禁者可被处以绞死、分尸、挖出内脏等酷刑。到了伊丽莎白女王时代，宽容的施政理念，使她对自己的政敌都尽量减少杀戮，以避免社会动荡。而对于天才作家莎士比亚的宽容爱护，赏识包容，更是有目共睹。莎士比亚先生能够未卜先知的话，那么他一定会感到庆幸，如果他晚生几十年的话，不幸碰上了英国资产阶级大革命，我们也许就只能在断头台上听他朗诵自己那伟大的作品了——因为克伦威尔掌权后发布的第一个命令就是关闭伦敦一切剧场。在那个砍头好比风吹帽的年头，连查理一世的头都被砍了下来，莎士比亚那颗伟大的脑袋能不能保住就很难说了。

在中国专制长夜的黑暗年代，《红楼梦》自诞生那天起，就是统治者眼中典型的"诲淫诲盗"的毒草邪说，躲不过被禁毁的悲剧命运。嘉庆以后，《红楼梦》屡被官府查禁，直至晚清光绪年间依然是禁书。而针对它的毁禁、收缴的行为数不胜数，各种对曹雪芹及其书的侮辱诋毁、谩骂之词更是不绝于耳。《红楼梦》被专制文化卫道者视为大逆不道的"淫书"。晚清有一个叫毛庆臻的人，专门写了一本名叫《一亭考古杂记》的书来恶毒攻击曹雪芹和《红楼梦》。他污蔑曹雪芹"诱坏身心性命者，业力甚大"，从封建迷信的角度编造什么"入阴界者，每传地狱治雪芹甚苦"。他甚至还提出了一个令人笑掉大牙的建议："莫若聚此淫书，移送海外，以答其鸦片流毒之意。"居然想得出把《红楼梦》当作中国的"毒品"移送海外，以报复洋人输入鸦片的罪恶的主意，简直是"太有才"了！

天下可悲事既多，男儿痛苦锥心，虽欲不哭，岂可得乎？但天地间的伟丈夫奇男子决然不肯以哭为美事为壮事。男儿泪落如珠的时代，绝非好时代，若非处于铁屋一般黑暗的大局，谁肯效闺中女子掩袖涕泣？一部《红楼梦》，"千红一哭，万艳同悲"，写不尽秦淮风月，道不完人间百态。而这一部至情至性的奇书，居然成了"异端邪说"。到底该为谁一哭为谁一叹？

"时代不幸诗家幸"。曹雪芹生于被后人大书特书的"康乾盛世"，但那盛世的落日余晖，不过是大清帝国最后的回光返照。万民齐颂的歌舞升平里，他却油然而生一股强烈的"末世感"。他要把这一切都写下来，写一本与世俗观念大相径庭的书，以唤醒人们对这盛世的麻木。

乾隆年间承袭多尔衮爵位的睿亲王淳颖对《红楼梦》有一句评价："满纸喁喁语不休，英雄血泪几难收。"可谓目光如电，一语中的。今天，读过《红楼梦》的人都会看到儿女情长，又有几人看到英雄血泪？

轻启黄卷，翻开一部中国历史，万古泪河水，便向手心流：屈原的泪水流向社稷苍生，贾谊为统治者的"背理伤道"苦泪绵绵。阮籍喝下穷途之酒，大放悲声，而哭唐的泪水，一半来自杜甫。连豪迈不羁的英雄辛弃疾也要哭，那份力透纸背的忧伤，如雄川绝顶啸出的悲声，令人荡气回肠："倩何人，唤取红巾翠袖，揾英雄泪？"

轮到曹雪芹哭时，他不想当众表演，只将一部《红楼梦》摊开在众人眼前，就急忙走开了，犹如身披猩红斗篷的贾宝玉，悄寂寂地踏过空净净白茫茫的雪原，离人世越远越好，"落得片白茫茫大地真干净"！还说什么呢？家国情仇，功名尘土，那蚀骨的男儿泪滴沥得太多了，滴沥得太久了，历史已被泡得太过苍凉。曹雪芹只想为这人世间最博大崇高的"情"哭一回。翻开《红楼梦》的任何一页，你只看到每个字都是用至情的鲜血浸成的！这不仅仅是对过往岁月的怀思悼念。不忿则不悱，不悱则不发，"情动于中而形于言"。他的内心实在太过悲苦，才对邪恶的肆虐，有不可抑制的愤怒；对良善的消殒，有难以自持的悲痛。他是以个人的命运作为悲剧调色的底板，去揭示天理的不公，世理的难平。

文人的书桌该摆在宫廷还是田野

"文必穷而后工"，这是中国自古以来的文化传统。不同人生际遇，造就作家不同的思想性格，也深深影响着他们的创作道路和艺术风格。与知交零落、穷愁潦倒的曹雪芹相比，莎士比亚的人生际遇截然相反。

莎士比亚一生与上流社会和宫廷权贵有着难舍难分的不解之缘，并直接从中得到诸多照顾和好处。他所在的剧团多次被女王召入宫廷演出,他在《亨利四世》中塑造的大胖子骑士福斯塔夫深受女王喜爱。在《亨利五世》中福斯塔夫死了,女王觉得十分惋惜,莎士比亚于是专门赶写了《温莎的风流娘儿们》这部戏,让这个快乐的老流氓重新复活并恋爱,博得了女王的欢心。

还有一个关键人物对莎士比亚的命运产生了决定性影响。他就是伊丽莎白时代最位高显赫的南安普敦伯爵。莎士比亚初出茅庐时,还只是剧院里一个默默无闻的小角色。伯爵是个戏迷,一次偶然的机会发现了在台上当小配角的他。他被莎士比亚身上某些特殊的东西深深地吸引住了。从此莎士比亚成了高贵的伯爵家上流人物聚会的常客,走进了贵族的文化沙龙,那里总是高朋满座,聚集着许多出类拔萃、富有才华的贵族青年,大批仆人小心翼翼地伺候着。莎士比亚受宠若惊。借助伯爵的关系,莎士比亚对上流社会有了贴近观察了解的机会,扩大了他的生活视野,为他日后的创作提供了丰富的源泉。南安普敦伯爵从此成了他的保护人,并对他的创作乃至成名产生了巨大的影响。莎士比亚对此感激莫名。当时伦敦的文坛有一种风气,文人们要把自己的作品献给某位显赫的贵族。为了酬答伯爵的知遇之恩,他连续创作了两首长诗《维纳斯与阿都尼》和《鲁克丽丝受辱记》献给伯爵。

在南安普敦伯爵的直接帮助关照下,1596 年 10 月,莎士比亚还获得了极为珍贵的乡绅的称号和纹章,这满足了他父亲大半辈子的梦想,全家激动万分。被授予的家徽是一面金色之盾,图案是鹰和银色长枪的组合,这暗示了莎士比亚家族的姓氏原意——"用枪震撼"。莎士比亚在伯爵的帮助提携下,最终用笔震撼了舞台。

终其一生,莎士比亚都与当权者如影随形,保持平衡。与他同时代的大作家都陷入了当时的重大纷争,本·琼生成了天主教徒,进了监狱,克里斯托弗·马洛与新教徒的侦探纠缠不清,简直为此耗尽了生命,而只有莎士比亚独善其身,他巧妙地避开任何立场,保持自己的深思熟虑,最终名利双收。

反观曹雪芹,又怎一个"痴"字了得!他注定要将被正统观念放逐于社会的边缘,而他却义无反顾地将自己献上时代的祭坛。

在中国,自隋唐设科举制度以来,知识分子都把科举及第作为晋升求仕的道路。到了晚清时代,钻营投机、趋炎附势成了升官捷径,封妻荫子、科场苦读，才是文人正途。曹雪芹作为这个社会不融于人的一个异类，他深恶仕途经济，时文八股，"潦倒不通世务，愚顽怕读文章"正是他的真实缩影。尽管从小聪明绝伦，天资聪慧，他却自小不喜读《四书》《五经》之类的正书，而尤好读"杂学旁取"之类的野史闲书。他专门接触三教九流各类人物，广涉诗、文、曲、赋等"旁门左道"。他从不鄙视"戏子优伶"，曾向他们学唱戏，最后竟"粉墨登场"。

"人生终似三更梦，富贵犹如瓦上霜"，曹雪芹笑看红尘，超然物外。他毅然决然地彻底告别仕途，摆脱名缰利锁，"三思方举步，百折不回头"。一切得失利害，世俗成规，全然不入他的法眼。《红楼梦》里王夫人对黛玉说贾宝玉是家里的"混世魔王"，这何尝不是曹雪芹自己的形象写照呢？他借贾宝玉之口嘲弄那些醉心于功名利禄的人是"禄蠹"，在第三十二回对袭人和湘云说："林姑娘从来说过这些混账话不曾？若她也说过这些混账话，我早和她生分了。"把社会上那种功利性价值观的说教贬为"混账话"。他又"毁僧谤道"。儒、佛、道是中国传统社会三种具有意识形态神圣权威的思想，所谓"儒冠道履白莲花，三教原来是一家"。贾宝玉一出手就把正统权威思想全部批判和否定了，这样的思想还不超前吗？他甚至猛烈攻击所谓"国贼禄鬼"，说"文死战，武死谏"是沽名钓誉。这种思想即使放在今天，也可谓惊世骇俗。要知道再过150年，鲁迅才写出了《狂人日记》。

在那个黑暗专制、病入膏肓的时代，曹雪芹犹如空谷幽兰，高寒杜鹃，又像深海骊珠，绝顶雪莲，飘然悠游于天地之间，以一颗赤诚之心行世待人，独来独往。他的朋友描述他"寻诗人去留僧舍，卖画钱来付酒家"。尽管生活艰难，常常是吃了上顿没下顿，但他却谈笑风生，从容不迫，连他的好友敦敏都不禁慨叹"傲骨如君世已奇"，敦诚则说"曹子（指雪芹）大笑称快哉，击石作歌声琅琅。知君诗胆昔如铁，堪与刀颖交寒光"。同时代的裕瑞是见过曹雪芹并与其有交往的显贵，让我们看一下他在《枣窗闲笔》中记载的曹雪芹形象：

　　其人身胖，头黄而色黑，善谈吐，风雅游戏，触境生春；闻其奇谈，娓娓然令人不倦——是以其书绝妙尽致。

　　看吧，这就是绝妙尽致的曹雪芹！他饥贫颠簸，面色黝黑，还口若悬河，奇谈不绝；他饱经风霜，一身酒债，照样性格狂放，落拓不羁，自得其乐，奋扫巨笔。曹雪芹在《红楼梦》中借史湘云的菊花诗自况道："数去更无君傲世，看来惟有我知音。"奇书背后是奇人，多么率性而为潇洒独行的曹雪芹！

　　普鲁斯特说过，唯有失去的乐园才是真正的乐园。

　　曹雪芹经历了人生的大悲大合，看尽人世的浮华苍凉，但他并没有只是顾影自怜、风流自赏，他对天下万物秉持着宗教般救赎的炽诚，对芸芸众生有着一种深彻灵魂的悲悯。如果不是对"情"体味得如此之深，他如何说得出"女儿是水做的骨肉"那样的话？可在那个幽暗的时代里，只有笔下的宝玉，才是悲凉寂寞的现实中他唯一的知己。

铁屋中的呐喊与太阳下的宣言

　　今天，《红楼梦》成为中国文明的巍巍长城，成为中国人博大精深的精神家园。毛泽东曾说，中国除了地大物博、人口众多之外，"还有半部《红楼梦》"。而英国首相丘吉尔则说："我宁愿失去一个印度，也不肯失去一个莎士比亚。"作为开创一个时代的文学巨匠，曹雪芹和莎士比亚的贡献都是难以估量的。但由于东西方社会文化背景的不同，他们求索的结局又迥然有别。

　　谈论一个艺术家的作品，不能脱离当时所处的历史环境和社会主导精神。莎士比亚如此，曹雪芹也如此。莎士比亚所处的时代，是专制制度开始瓦解、新兴的资产阶级开始上升的大转折时代，人文主义思潮如雨后春笋，产生了许多开始思索人类命运的作家，莎士比亚更是被誉为"继上帝之后，创作最多杰作的人"。他身材短小，却成为思想的巨人；他来自偏僻的乡村，却引领一个时代前行。

　　在文艺复兴这片沃土之上，莎士比亚尽情呼吸着自由新鲜的空气。人性主题是莎士比亚戏剧的核心。为了响应以自由人性对抗神学的时代召唤，莎剧中的人性主题的地位提高到了史无前例的高度。这主要体现在对人和自然的生命本能及其以真善美为内核的美好情感的肯定和歌颂上。他的创作直指生动丰富的人性自身，弥漫着精神人格充分舒展的时代气息。他借哈姆雷特之口这样热情地赞美人性："人类是一件多么了不得的杰作！多么高贵的理性，伟大的力量，优美的仪表……人类是宇宙的精华，万物的灵长！"

人文主义思潮激发了要求个性解放、全面享受生活的时代巨潮，人性取代了神性，人道主义取代了神道主义，号召人们理直气壮地用世间的幸福去取代天国的理想，而不要为了一个虚无缥缈的理想放弃现世的享乐。文艺复兴的年代里，艺术家心里更多的是充满世俗快乐色彩。莎士比亚选择一个故事的时候，也许仅仅是觉得这个故事有趣才会动笔，他为大众而写作，也为"市场"而写作。《亨利四世》创造了一个不朽的喜剧人物福斯塔夫。福斯塔夫是一个年过五十的破落骑士，一个好吹牛的懦夫，一个贪婪的冒险家。他是流氓头子，善于见风使舵、浑水摸鱼。他否认任何道德，既无良心谴责也无怜悯之心，平生第一快事就是以粗鲁低级的方式向女子献殷勤。他生性幽默，所言所行妙趣横生，笑料百出。福斯塔夫作为一个活在老百姓身边为老百姓喜闻乐见的人物，成为莎士比亚笔下最成功的喜剧形象之一。而在被马克思非常看重的《雅典的泰门》中，泰门饱受了世态炎凉，看透了人间的虚伪，他如此诅咒金子：

> 这东西只这么一点点，就足够颠倒黑白，丑的变成美的，错的变成对的，卑贱的变成尊贵，老人变成少年，懦夫变成勇士。
>
> 这黄色的奴才，可以使异教联盟国家分裂祝福罪人；麻风病人被当作情郎；有了他在元老会议上，强盗可以封官获爵，受人们的跪拜颂扬；有了他，黄皮鸡脸的寡妇也能重做新娘。

动荡不安的欧洲大陆，摇摇欲坠的封建统治，尖锐对立的社会矛盾，频繁的人民骚动，西班牙入侵的危险……这一时期波澜壮阔的历史画卷便是莎士比亚创作的背景。一切都可以说是瞬息万变，令人目不暇接。莎士比亚以杰出的才华把握这个大变革时代多变的生活，他主张实行资产阶级开明君主的专制制度，赞美现实生活，肯定人的力量和价值，揭露封建制度的冷酷无情，以其杰出的作品提升了英国的人文主义思想。

而曹雪芹所处的中国，虽然比莎士比亚晚了近150年，但仍然是一个闭关自守的老大帝国。日益强化的中央集权变本加厉，壅塞民智。走不出书本的资产阶级启蒙思想的萌芽，在中国专制贫瘠的瘦土上始终未能生根开花。即使最先进的知识分子，也不知道英国在哪儿，到底有多大？贾府上下等级森严，到处都是道德布控，天罗地网般的传统礼教不独摧残奴婢下人，甚至连主子也不放过。苦闷忧愤的曹雪芹看不到那个社会有任何前途和亮光，他只能借助疯疯癫癫的一僧一道，借助亦真亦幻的"假语村言"，借助参透玄机的"好了歌"，去演绎一段"女娲补天已荒唐，又向荒唐演大荒"的盛世危言。

曹雪芹的思想不可能超脱于儒家范畴，他的语言和思维都是传统的"中国式"的。历经痛苦迷茫的彷徨求索，曹雪芹也找不到一条出路。他身上体现出一个走在时代前列的觉醒者，无路可走时的悲茫无依和无可奈何的孤独虚无，表现在《红楼梦》中就是那"似有还无，万境归空"的无穷寓意。一向"谤僧毁道"的贾宝玉，曹雪芹最后却让他不得不去当了和尚，正如台湾学者萨孟武所说："宝玉不是看破红尘而出家，而是伤心至极而出家。"若干年后，只有鲁迅最与曹雪芹心灵相通："……悲凉之雾，遍被华林，然呼吸而领会者，独宝玉而已。"

莎士比亚自豪地站在16世纪的思想高度，把掩藏在历史深处的人性特点挖掘出来抛到了人们脚下。他大声说："看吧，我的朋友们！人类不是按照我的规格创造的，我所能做的一切就是把他们真实的样子展示给你们看。"而曹雪芹石破天惊的声音，只能无声地隐藏在神秘玄妙的方块字中，散发出孤独的光芒。他只能默默用无处不在的谜，去倾诉一个时代的谜；用自身的悲剧，去讲述一个时代的悲剧；用自我解嘲，去嘲讽整个社会。那铁屋中的真理亮光，就闪烁在真中有幻、寂处有音、冷处有神、味外有味的字里行间。一个伟大的天才没有知音，是曹雪芹的悲哀，更是一个时代的悲哀。

徐继畬："东方伽利略"的遭遇

克林顿盛赞的晚清人物

1998年6月29日，北京大学礼堂。六百多名北大师生屏神静气，正在聆听对中国进行正式友好访问的美国总统克林顿发表演讲：

> 从我在华盛顿特区住所的白宫往窗外眺望，我们首任总统乔治·华盛顿的纪念碑高耸入云，这是一座很高的方尖碑，但就在这个大碑上有一个小石碑，上面刻着赞颂美利坚的话语：美利坚"不设王侯之号，不循世袭之规，公器付之公论，创古今未有之局，一何奇也"。这话并非出自美国人之口，而是由中国福建巡抚徐继畬（音同"余"）所写。1853年，中国政府将它作为礼物赠送给我国，我十分感谢这

份来自中国的礼物。

克林顿还特别指出，这块汉字碑是"150年前美中两国关系沟通交往的见证"。

克林顿口中盛赞的这位晚清人物，不仅使在场的听众大多面面相觑，国内众多媒体也非常陌生，对徐继畬其人知之甚少，对徐称颂华盛顿的那段名言更是莫名其妙，以至于各种翻译差错百出，连徐继畬这个名字也出现了不同版本的拼写方式。

人们开始纷纷猜想，神圣庄严的华盛顿纪念碑上，为何会出现一位来自清朝咸丰年间的中国人的文字呢？稍有历史常识的人都知道，在那个风雨飘摇的时代，腐朽没落的清王朝江河日下，正处于四处挨打的可悲境地，在国际上没有什么威信、地位可言。但美国人为何对一位普通的清廷官员给予如此隆重的礼遇，甚至将他的话镌刻在纪念开国之父华盛顿的"圣碑"之上？

应该感谢克林顿道出了这段鲜为人知的历史，使徐继畬这个陌生的名字，终于进入中国大众的视线。华盛顿纪念碑就像一个超越时空的平台，把历史与现实拉近，把东方与西方拉近。镜头的焦点，最后聚光在这位东西方文化交流的先驱者身上。

很少有人知道，1853年，当徐继畬的著作原文被雕刻到花岗岩上，远渡重洋运抵美国时，这位美国人视为绝世"哲人"的大清国"朋友"，正身陷重围，四面楚歌，经历着人生中最为痛苦难熬的炼狱之苦。

两年前的1851年，贵为福建巡抚的徐继畬，因轰动一时的"神光寺案"突遭仕途巨变，被咸丰帝以"身膺疆寄，抚驭之道，岂竟毫无主见，任令滋扰"的理由，将其革职召回北京，贬为太仆寺少卿，从封疆大吏一举跌落为管理马政的小小"弼马温"，而且还是副职。第二年（1852），吏部继续追查徐继畬在巡抚任内逮捕罪犯迟误一事，他因此连遭罢斥，彻底被逐出官场，凄惶孤独地返回故乡。为了糊口，只好到介休县任超山书院山长，过起了贫困、烦闷的教书生涯。

从高居巡抚沦落为教书先生，从大清朝的贬官罪臣到美利坚的知音友人，1853年的徐继畬经历着截然不同的两重人生境界，可谓东边日出西边雨，墙内开花墙外香。

那么，这个神秘的徐继畲究竟是一个怎样的人物？答案是，他是大清官场一位特立独行的超级异类。

道光欣赏的帝国能吏

徐继畲，号松龛，山西五台人，出身于书香门第，7岁受教于当时有名的才子《红楼梦》续作者高鹗。19岁中举，31岁朝考第一，中进士，入翰林，可谓春风得意，仕途顺利。

徐继畲的前半生为何"官运亨通"？有人传说他曾应邀为道光宠臣穆彰阿之母写过一篇祝寿文，因此深受穆的青睐，此后仕途通达，多赖穆彰阿之力。事实证明，这完全是一种误解谣传。徐继畲20余年的顺利宦途，完全是出于自己的操守廉洁、政绩突出，赢得了道光皇帝的特别赏识之故。在"三年清知府，十万雪花银"的大清官场，不做贪官不易，不做庸官更难。然而徐继畲不仅为官清廉，且体恤民情，勤于政事。在他看来，为官者的主要任务是"养民"而非"治民"，传统儒家教育中的"民本"观念在他的思想中根深蒂固。他经常走出官衙书斋，关心世态民情，民生疾苦，通过实地调查写出了许多博大宏深、切中时弊的政治论文。

道光十三年（1833），徐继畲调任陕西道监察御史。他在任上留心世务，常给朝廷上疏有关国计民生之策。由于直言敢谏，徐继畲颇受道光皇帝器重。道光十六年（1836）七月，徐继畲上《政体宜崇简要疏》，力陈跑官买官、横征暴敛、官官相护等时弊。道光皇帝读到这份奏疏后，十分震动，立即召徐进宫召对。君臣促膝谈心，开诚布公，徐继畲结合这些年自己的亲身经历，向道光帝剖析了政治体制的诸多弊端，当他以自己亲眼所见，详谈老百姓生活的艰难困苦时，道光皇帝流下了眼泪，第二天就任命他为广西浔州知府，数月后，提升为福建延建邵道道员。

如果不是第一次鸦片战争突然打响，可以想象，徐继畲将会在承平之年步步高升，安安稳稳地拜相封侯。但战争猝然而至的惨败，却给徐继畲以当头棒喝，也给他一生命运带来戏剧性的沉浮起落。

鸦片战争爆发后，徐继畬受命于危难之际，被派往福建海防前线，兼署汀漳龙道台。对于禁绝鸦片，徐继畬一直抱着冷静理性的态度。他在任福建汀漳龙道期间，著有《禁鸦片论》，详细论述了鸦片之害与禁治之方。他主张既要严禁鸦片贸易，又使殖民主义者找不到发动侵略战争的借口。在国力十分虚弱、武装抵抗外国侵略完全没有取胜把握的情况下，这种意见不失为另一种明智之举——不能简单认为"主战"就是爱国，主和即为"卖国"。但徐继畬的建议，并没有受到清廷的重视。

英国悍然发动侵华战争后，一贯慎言战争、不主张"轻启战端"的徐继畬，立即挺身国难，身先士卒，坚决抵抗。道光二十年（1840）四月，英国军舰驶入穿山洋，福建边疆骚动。时厦门告急，徐继畬沉着备战，亲自调集民兵，采集大木排，沿江钉立排桩，堵塞港口，指挥军民同仇敌忾，扼险固守。敌知有备，未敢侵扰徐继畬防守的地区。

第二年（1841）七月，英军攻占厦门。徐继畬督兵昼夜防守与厦门一水相望的漳州，誓与城池共存亡。八月，浙江定海、镇海等地接连失守。徐继畬亲眼看见清军屡败于英军，心如刀绞，为之"发指眦裂，泣下沾衣"。他总结失败的直接原因时说，清朝官兵"承平日久，人不知战，名之为兵，实则市人，无纪律，无赏罚，见贼即走，此其所以败也"。

第一次鸦片战争以惨败告终。对徐继畬而言，这是一针清醒剂，令他幡然醒悟。身处战争一线，徐继畬眼睁睁看到清王朝二百余年全盛之国威，转瞬之间竟被远道而来的"英夷"击得粉碎，文武将帅，连续捐躯流血，而不能伤英军之皮毛。他的内心，翻腾着一般人难以体会的切肤之痛。徐继畬开始认真总结反思，试图为重病的帝国开出一剂良方。他意识到，大清朝再也不能自欺欺人、闭目塞听了。要避免再次挨打，就要冲破藩篱，真实地了解外部的世界。

鸦片战争结束后，徐继畬接连升职。出任福建布政使时，道光帝召见徐继畬，命他办理厦门、福州两口的通商事务。面对辽阔的大海，徐继畬焕发出强烈的认识新世界的热情和冲动。大海那边那个强悍的民族，到底蕴藏着怎样的强国秘方？

千夫所指的思想先驱

在繁忙的政务之余，徐继畬开始利用一切可以利用的机会，访问西人，耳闻笔录，搜集资料，"披阅旧籍，推敲考订"，创作《瀛寰志略》一书。

徐继畬不懂外语，没有受过历史著述的规范训练，但他的著述方法比林则徐和魏源都要脚踏实地。有位英国人士说徐继畬"是一个思想解放的人，他对西方地理政治的熟悉程度，简直令人吃惊"。他广泛接触英、美等国的传教士、领事馆人员和商人，如饥似渴地探求域外知识，思考西方国家走向强盛的原因和性质。为了取得信实的材料，他不耻下问，常向底层的当事人求教。在描绘南洋群岛的现状时，他亲自拜访去过当地的福州老舵手。有一次，英国驻福州领事阿利国的夫人，应徐继畬请求帮他绘制了一幅世界地图，以不同颜色标注各个地区。徐继畬收到此图，立即发现无阿富汗国，去信问询原因，大家知道原委后，无不敬佩至极。

道光二十三年末，徐继畬在厦门认识了一位极为关键的人物，他就是美国传教士雅裨理，徐继畬称他为"西国多闻之士"。此人是徐继畬一生洞识西方世界的关键人物。相识之初，雅裨理在回忆中说："这是我迄今遇见的最喜欢提问的中国高级官吏"，"一天下午，我们带了尽可能多的资料送给他，这是在他约定的短时间里尽力为他提供的。"雅裨理是为了自己的传教使命而来，他把《新约全书》等基督教书籍送给徐继畬，试图通过这位封疆大吏把"上帝的福音"传递到更远的地方。而徐继畬对雅裨理一再宣扬的"天国"教义不感兴趣，却对他带来的"绘刻极细"的地图册表现出巨大的热情，而且对世界史的知识愈来愈感兴趣。他把与雅裨理的接触，当作学习域外知识的极好机会，表现出了解外部世界知识的迫切愿望。雅裨理也无可奈何地写道："他对了解尘世间各国的状况，比聆听天国的真理急切得多。"

雅裨理为徐继畬提供的珍贵的世界地理、历史和政治知识，在客观上促成了《瀛寰志略》这部中国人研究和探索域外史地名著的诞生（经"五阅寒暑"，数十次易稿，1848 年终于问世）。西方人认为，这部著作是中国人"在正确的方向上迈出的一步",并称:"我们认为,它将在很大程度上打破中国统治阶级和学者们的傲慢自大,消除他们的愚昧无知,向他们证明,他们并非地球上的唯一(文明)国家。"

就在《瀛寰志略》付梓的同一年,《共产党宣言》也在欧洲问世。《共产党宣言》震撼了欧洲,《瀛寰志略》也在大清国死海般的思想文化界激起了层层波澜。作为中国近代化的启蒙宣言书,《瀛寰志略》具备鲜明的觅新知于域外的理性精神,徐继畬以实事求是的态度,力求尽可能准确、详细地向国人介绍外部世界的情况,使此书以高出同辈之上的独特见识,而大大区别于其他同类著述,堪称"开眼看世界"思潮中独特的文化标本。

在魏源编著《海国图志》的基础上,徐继畬的《瀛寰志略》又大大地迈进了一步。徐继畬对世界地理和形势的了解,不要说一般的中国人,有时就连西方人也感到惊讶。

如果说徐继畬以广博的见识为中国人打开一扇窗户已属不易的话,那么他能超越自己的封建官僚阶级,站在人类共同文明的立场启蒙国人,则成为真正的思想家与卫道者的根本分水岭了。最耐人寻味的是,对于美国的立国历史、政治制度,徐继畬表现出了高度的热情和关注。特别是对于美国首任总统华盛顿创立的赫赫功绩,徐继畬更是敬佩莫名。他用充满感情的笔触赞美描述道:华盛顿建立了自己的国家后,就交出了权力而过平静的生活。众人不肯让他走,坚决要树立他为帝王。华盛顿就对众人说:"建立一个国家并把这种权力传递给自己的后代,这是自私。你们的责任就是选择有才德的人掌握国家领导职位。"

对于这样一位创下不世之功,但却功成不居的人物,徐继畬借鉴中国历史的经验满腔热情地发出赞叹:

> 华盛顿,异人也。起事勇于胜广,割据雄于曹刘,既已提三尺剑,开疆万里,乃不僭位号,不传子孙,而创为推举之法,几于天下为公……泰西古今人物,能不以华盛顿为称首哉!

徐继畬的这段文字,是中国人首次评价美国总统。他以悲天悯人的情怀,纵观了中国历代皇朝的周期性兴衰和中外众多元首选举交替方式,而格外看好华盛顿和美国宪政中的总统任期制,称颂华盛顿实为古今中外的第一伟大人物。在一个"君权神授"思想根深蒂固的国度,徐继畬能冒天下之大不韪公然颂扬一位民主体制下的总统,这种夸父逐日般的勇气,无法不令今天的我们为之动容。

今天的学者早有一种定论,认为近代中国人向西方学习的历程是器物—制度—文化的递进次序,而徐继畬早在《瀛寰志略》中就勇敢地透过器物表面,看到了西方强国在政治制度、经济制度以及文化等方面的先进性。他在书中介绍了英、美、法、俄、瑞士等国的选举制、议会制和立宪制,对于议会的组成、职权范围等,都做了详细的叙述。他指出,实行议会制是欧洲各国的共同体制,"不独英吉利也"。这正是《瀛寰志略》最有特色且最引起争议的地方。

在当时大清朝专制的统治下,徐继畬对西方政治制度的介绍与推崇,后果可想而知。厚而无情、黑而无色的文化铁壁,将晚清帝国数亿君臣吏民笼罩于黑屋之中,谁胆敢说屋外还有亮光,谁就会成为千夫所指。

《瀛寰志略》在中国一经出版,便在社会上引起轩然大波。士大夫们开始强烈攻击徐继畬,痛骂他身为朝廷命官,竟敢影射抨击天朝制度,公开赞美外国元首,与西洋传教士沆瀣一气,"称颂夷人,献媚夷酋"!就连思想开放、曾称赞徐继畬为"天下奇才"的曾国藩,也脸色大变,声讨"徐松龛中丞著书,颇张大英夷"。更有甚者,个别人采取断章摘句的手法,将书中论及日耳曼联邦有"西方王气,方兴未艾"的话,故意删去"西方"二字,用来弹劾徐继畬,欲置徐于死地。

然而谁也想不到,在山雨欲来的氛围中,最终将徐继畬推入绝境的,竟然是同为"睁眼看世界"的林则徐。

林则徐眼中的"卖国者"

1850年正月,道光皇帝去世,咸丰皇帝登基。5月,英国的一名传教士和一名医生通过英国驻福州领事馆租赁了城内神光寺的房间,租期为6个月。由于不熟悉两国条约的有关规定,福建福州侯官县令在租约上盖了章。按照中英

《南京条约》的有关规定，英国人是不允许住入城内的。徐继畬得知此事后，命令侯官县令向英国人说明自己的错误，并提出照会要求其搬出城外。而英国驻福州代领事金执尔却认为这是已经得到中国官方认可的事，要等香港总督批复后再搬。显然，金执尔是在拖延时间。

此事引起了回乡养病的前任云贵总督林则徐的不满。当地士绅多有林则徐的门生、故旧，林实质上成了当地士绅、闽籍京官弹劾徐继畬的"精神"支柱。林则徐组织部分士绅书写公开信质问侯官县令，斥责他在租赁合同上准盖县衙印章是"投降""卖国"。县令不服，林则徐随即上书福建巡抚徐继畬，要求效法广州，将这两个英国人从神光寺驱逐出去。

徐继畬开始答应"调查"，但未完全按士绅意见办理，而是主张从缓设法，避免激起事端。他认为，英人租住神光寺一事，双方都有错误，不宜操之过急，应当采取外交手段，从容处理，使英人心服口服，自己搬出，以免扩大事态，使正在沿海寻找机会挑衅的英国人找到战争借口。同时，他采取"藉民拒夷"的策略，暗中布置福州百姓不给英人修理房屋，不去求医，给英国人施加压力，不露痕迹地逼其早日搬出。

林则徐闻讯十分气愤，认为徐继畬的做法太过软弱。他再次上书，一连串提出十二个问题，表明不惜为驱逐两名英国人而引发一场大战。他还以激将法的语气告诉徐继畬："如果需要当地士绅民群出资相助，成立抗敌民团，我本人愿意听候调遣，唯你马首是瞻。"此时，福州城内书院的学生也对英人进行威胁、恫吓。为此，金执尔十分不满地向徐继畬提出抗议，要求中方保护英国平民的生命安全。徐继畬于是派出士兵在神光寺巡防，也对英人进行监视。而城内部分士绅则认为，这是官府在庇护夷人，镇压民众，对徐继畬更加不满。

徐继畬的上司、闽浙总督刘韵珂从外地阅兵回来，知道事情的经过后，也赞成徐继畬的做法，认为强行驱逐英人以及成立民团，都会引起边衅，留下后患。林则徐对刘、徐二人的行为更加不满，认为他们是害怕英国人，敷衍塞责。

此时福州城传出种种谣言，说夷人在往城里运枪炮，将要占领福州城，并且破坏了中国的大炮。虽然徐继畬经过调查，证实纯系谣传，但林则徐仍然感到事情严重，发动朝内福建籍官员给咸丰皇帝上奏，弹劾刘、徐二人庇护下属，强迫百姓服从夷人。

弹劾奏文雪片般飞向紫禁城。奏文列举的罪名捕风捉影、无中生有。例如一纸奏文称徐放弃"海防"，并列举说海防炮垒的火炮锈蚀斑斑，炮眼都被堵死了。咸丰非常愤怒，对刘、徐进行了指责，下诏要求迅速处理此事。他撤了徐继畬的巡抚职务，并由二品降为四品。徐继畬丢下亡妻的灵柩匆匆返京"复命"。曾任闽浙总督的刘韵珂为此不平，上书皇帝为徐辩护，奏文不但未被咸丰帝采纳，连他也受到牵连，被撤掉闽浙总督的职务。

咸丰帝旋即派满洲贵族裕泰接替刘韵珂为闽浙总督。裕泰带着咸丰帝"到任后不动声色，再行严密查访"的御旨赴任，并于2月23日报告说："刘韵珂等覆奏各情，尚无不实，亦无掩饰情弊。"明知徐继畬遭受了冤屈，咸丰仍漠然置之。清廷不但不为徐继畬平反，还在其遭撤职13年之后，又找到一个不是理由的"理由"，罢了徐继畬的全部官职。

在"神光寺事件"中，徐继畬和林则徐之间的分歧，原本只是策略的不同，二人的目的都是要"驱夷"，徐主和缓，林主强硬。而这一事件作为林则徐复出后唯一插手的与西方有关的事务，人们看不出他有高于当时中国社会的思想和手段，相反他不惜轻率动武的姿态，说明并没有吸取第一次鸦片战争失败的教训。茅海建先生的推论更让人有共鸣："我们可以认定林则徐有着可贵且有限的开眼看世界的事实，但还不能推导出他有着改革中国的思想。"但把策略分歧立场化、道德化，也是中国政治文化的传统之一。此后的百余年间，徐、林之间的策略分歧却被说成是立场不同，徐继畬一直深蒙"妥协""卖国"之诬。

历史学者袁伟时先生评论道，中国近代史上一直存在着两种类型的爱国主义：一种如林则徐，致力于抵制外来势力，维护国家的主权和尊严，这类爱国主义在任何时代都会被推崇为道德的楷模，因为它涉及的主要是保卫而不是改造原有的社会和传统。另一类型的爱国主义，致力于改造原有的社会机制，从困境中挽救国家，由于这种爱国主义构成了对传统的挑战，势必触犯某一社会集团的既得利益，因此往往遭到出自不同动机的非议。徐继畬在乌山（神光寺）事件中的遭遇就是对此最好的注脚。

我向来赞同袁先生的这一结论。直到今天我们既不缺少知识上的"义和团"，更不缺少情绪上的"义和团"，中国人对自己爱讲"相时而动"，"能屈能伸"，一旦延伸到国家层面，极易借爱国之名，行害国之实。百余年的民族悲情，往往使中国不是演变为制造顺民的工厂，就是变异为制造暴民的乐园。林、徐之间的乌山之争如此，今天某些民众的意气用事亦如此。

美国人爱戴的"东方伽利略"

徐继畬后半生连遭厄运，被罢官的真正原因，其实还是因为他撰著的《瀛寰志略》一书。

徐继畬从未曾踏出过国门一步，却以一代直臣的使命感，在时代夹缝中潜心著述，以免中华继续陷入"举国昏昏、上下噩噩"之尴尬境地。然而，他的诸多精彩之论，不但未得到清廷上层的肯定和支持，相反却招来无穷无尽的麻烦。

回归故里后，徐继畬已心如止水，准备在家乡终老残生。想不到就在此时，远在大洋彼岸的美国人无意中听到徐继畬的事迹后，被深深震动了。他们做梦也想不到，在相隔万里、闭关自守的"老大中国"，居然还有这样一位黄皮肤黑眼睛的知音！

1868 年 3 月 29 日，美国《纽约时报》刊登了一篇引起全国注意的重要评论。此文论述一位清朝官员因研究科学被撤职，并遭到皇帝放逐，长达 18 年。其科研成果是一部世界地志专著，名为《瀛寰志略》。因为这本书的诞生，从此"中国历史悠久的地志体系，被这位东方伽利略改革了……对中国人来说，研究夷人历史，肯定险象环生，而这位地理学家，正直勇敢，不怕重蹈伽利略的覆辙"。

美国人盛赞为"东方伽利略"的人，就是早已寂然隐退的徐继畬。

1867 年 10 月 21 日，即将离任的美国驻华公使蒲安臣（美国著名律师、政治家和外交家，著名废奴主义者），代表美国政府将一幅华盛顿像赠送给了徐继畬。这幅画像是当时的美国总统约翰逊特地请人按照美国著名画家斯图尔特所作华盛顿肖像复制的。

赠送仪式在北京举行，气氛相当热烈隆重。在赠送华盛顿像的仪式上，蒲安臣公使热情洋溢地致辞曰："华盛顿与中国人民一样，坚信世界上每个人都能呼吸自由的空气；与中国人民一样，坚持孔子在2300年前就提出的一个原则：'己所不欲，勿施于人'。"

更为难得的是，蒲安臣代表美国对徐继畬表达了非同寻常的敬意，他说："盖为我国之民所敬仰而深慕者，独有兄台一人而已！"这样的盛誉，在美国的历史上恐怕也不多见。

徐继畬在百感交集之余，回复了答谢辞：

先生阁下：

我荣幸地答复昨天已细读的阁下的信函。在向我赠送贵国创始人华盛顿画像的场合，您对我的高度赞扬，使我深感其实难副。

当我一遍又一遍地端详着这件精美的赠品的时候，华盛顿仿佛出现在我的面前，我的喜悦和感激之情，一时难以言表。在奠定贵国的基础方面，华盛顿显示出惊人的能力。他已成为全人类的典范和导师。他的贤德，已经成为联结古代圣贤和他以后各代伟人的一条纽带，因此，必将永远活在人们心中。

徐继畬

在这篇刊载于1868年3月29日第十版《纽约时报》的答谢辞中，我们依然可以看到徐继畬对华盛顿初衷不改的崇敬之情。

毫无疑问，中美之间这种早期的文化交流，加深了彼此的了解，促进了中美关系的发展，也成为中美寻求加深理解、促进友好的"标志性"展示。

徐继畬被美国人熟知后，他的仕途也突然时来运转。

第二次鸦片战争惨败后，清王朝终于感到不明白外部世界的种种苦处。随着洋务运动的兴起，同治四年（1865），最早熟悉"夷情夷务"的徐继畬又被朝廷想起，两宫皇太后命其入京，担任通商衙门行走（相当于外贸部长），徐继畬成为中国历史上第一任主管对外通商的官员。《瀛寰志略》也由总理衙门于1866年重新刊行，成为近代中国人了解世界的"标准本"，此时距此书初刻，已近20年矣。同治六年（1867），徐继畬又担任总理各国事务衙门行走，兼总理同文馆事务大臣，即中国现代意义上的第一所高等学校首任校长，成为中国现代高等教育的重要开创者。

1869年，徐氏告老还乡。同治十二年（1873），清廷赏加徐继畬头品顶戴，似有"补赏"以前对他处分不公之意。刚刚获得这份荣宠的徐继畬，这一年不久即在家中病逝。

耐人寻味的是，徐继畬病卒后，美国学者誉其为"世界公民"。而徐继畬却从不敢以此自居，他生前的每一刻都清醒地意识到自己毕竟是大清的奴才，处世为谨，方幸得善终。伽利略因钻研和传播科学真理而遭到宗教迫害，高压之下，伽利略最终屈服，公开宣称自己错了。同伽利略一样，当年为了《瀛寰志略》能够出版，这位"东方伽利略"徐继畬也屈服了，他在引言中写道："坤舆大地，以中国为主。"这才是中规中矩的传统士大夫的论调。

"身处阴沟，仰望星空"，一个终生向往民主政治的人，却在专制之下胆战心惊地生活了一辈子。这不能不说是一个无奈的讽刺。

光绪二年（1876），郭嵩焘出使西洋，目睹了西方世界的实际情况，印证了《瀛寰志略》对外部世界的真实描述。在给国内的信中他感叹地说："徐先生未历西土，所言乃确实如是，且早吾辈二十余年，非深谋远虑加人一等者乎？"今天，凡是去美国参观华盛顿纪念碑的人们，尤其是华人，看到异国奉为珍奇的这块汉字碑，聆听到160多年前就发出的这个勇敢的声音，想象徐继畬曾蒙受的种种不公，我们会是何种心情？

孙中山为何做不成"中国华盛顿"?

洋鬼子竟也有一位"尧舜"

1784 年 8 月 28 日，广州黄埔港，万众欢腾，盛况空前。

一艘小小的美国木帆商船——"中国皇后"号自 2 月 22 日从纽约起航，乘风破浪，远涉重洋，历程长达 188 天，途经佛得角群岛，绕道好望角，跨过印度洋，终于抵达广州，胜利完成美国至中国的首航。"中国皇后"号自豪地鸣炮 13 响（代表当时美国 13 个州），向停泊在它周围的船只致敬，其他国家的船只也热情鸣炮回礼致贺。这是轰动全球具有历史意义的一刻：美国，这个刚呱呱坠地的年轻国家，在百废待兴的建国之初，便迫不及待地与一个已有 5000 年历史的古老国家直接交往。

远隔万里的两个国家，此时显得如此神秘而隔膜。历史记载，此前到过中国的美国人屈指可数，仅有两人。尽管中国商人热情友好地接待了"中国皇后"号，但对素无渊源的美国认识模糊，连其方位所在，也一知半解，对远道而来的美国人更是一无所知。由于相貌语言极为相仿，他们一致把美国人误认为英国人。"中国皇后"号上 29 岁的管货员山茂召在他的日记中写道："虽然这是第一艘到中国的美国船，但中国人对我们却非常宽厚。他们不能分辨我们与英国人间的区别，视我们为'新人'……"

华盛顿和中国的因缘，就从这次划时代的首航开始。"中国皇后"号船长约翰·格林曾在美国独立战争中任海军上尉，是华盛顿的忠实追随者。他从国会获得了一张"海上通行证"。这张证书写得很特别，它没有指定呈给谁，而是写上了"致审阅或聆听宣读海上通行证的最尊严、伟大、圣明、光荣、高贵、尊崇、贤达和谨慎的皇帝、国王、共和国首脑、亲王、公爵、伯爵、男爵、贵族、地方首长、议员"等一大串称呼，充分显示了美国人幽默的性格。因为他们自己也不知道，此次航程的终点是个什么样的国家，接待他们的人该如何称呼。美国人对于此次远航非常重视，格林船长专门挑选了华盛顿生日那天作为起航远行的日子。上帝保佑，格林船长的运气不错，他划时代的成功航行轰动了美国社会。中国货运回美国之后，万人空巷，美国人争相购买。华盛顿也对中国充满了好奇，成为中国货的热心购买者，从山茂召那里购买了一批中国瓷器。手抚那些精美的花纹，他深深沉迷于古老的东方艺术。

当华盛顿仔细欣赏着来自中国的优美瓷器时，在遥远的彼岸，中国人对他和美国的接纳了解，却艰难深涩得多。

格林船长小小的木帆船，打通了太平洋两岸中美两国的通途。在优厚利润的吸引下，富于冒险精神的美国商人为之疯狂，就像当年他们勇于开拓的祖辈乘坐"五月花"号船踏上北美新大陆一样，美国商船在通往广州的航线上举帆远航，络绎于途，掀起了美国历史上的第一次"中国热"。然而直到 1795 年，美国人到广州已 10 年了，中国官吏还把他们和英国人混为一谈。他们并非没有机会了解美国，也不是没有碰到需要调查处理的与美国人有关的事，可是在"天朝上国"观念的支配下，他们缺乏了解外部世界的热情。除了应允遇事查明旗号、敷衍办理以外，中国官员对发生在"内地洋面"的事情向来从不深究，借口"无从查考"，一直无法把这些"美夷"和"英夷"完全分清。面对"乱点鸳鸯谱"的中国人，深受其害的英国商人十分恼火，他们向两广总督长麟严正交涉："（美国人）也会我们的话，也是我们这样的衣服，另有旗号，不要把我们和他们混在一起！"自知理亏的长麟很不好意思，急忙饬令下属："此条应存记备查，遇有事件，自应查明旗号办理，不致牵混影射。"

大清朝一些学问广博且"开眼看世界"的新潮人物，对于美国历史、地理位置、政治制度，同样认识不清。当时被称为"一代硕学"的阮元在撰写《广州通志》时，还把美国说成是在非洲境内。对于美国闻所未闻的民主政治制度，中国人更加不可理喻。两广总督蒋攸铦在给朝廷的奏报中含混说道："该夷并无国主，止有头人，系部落中公举数人，拈阄轮充，四年一换。"让他无比讶异的是，美国竟然是一个"无国主"的国家。难怪蒋总督把美国视作一个未曾开化的原始部落，连"头人"（实则是总统）也要通过抓阄（民主选举）产生，简直不可思议。

连"睁眼看世界第一人"的林则徐也闹出了笑话。在到广东之前，他同中国知识界大多数人一样，对世界形势几乎茫然无知。1839 年 12 月，林则徐接见了在琼州文昌县遭风遇难的英船"杉达"号人员。该船医生喜尔记述当时情况说，林则徐当时好奇地问他："都鲁机（即土耳其）是不是属于米利坚（美国）的土地？"喜尔回答："不，只离中国约一月水程。"林则徐同各位大员"尽皆惊讶"。（林则徐：《洋事杂录》）

在这样的背景下，伴随着晚清时代的西学东渐之风，华盛顿的崇高形象渐次传入中国。对于处在铁屋般黑暗蒙昧里的中国人，震撼冲击之大可想而知。

1837 年，普鲁士传教士郭实猎首次向中国人介绍了华盛顿，他用传统中国的"圣君"尧、舜的形象来描述华盛顿，在中国近代的第一份中文期刊《东西洋考每月统计传》上，专门撰文介绍华盛顿，盛赞他是"经纶济世之才，宽仁清德遍施，忠义两全之烈士"。

美国人对这位同胞充满敬意和爱戴之情。1844 年美国专使顾圣来华，在向中国高官介绍美国历史时，他自豪地说华盛顿是"大战将，极有智能谋略之善人"，他的国家因为华盛顿的智勇才得以独立，并因他主导制定的宪法才得以坚稳。此时，他的"英雄圣人"形象已经在美国本土形塑而成，被逐渐"图腾化"，制造成一个政治神话。当时美国还是一个宗教势力强大的社会，崇拜者们称呼他为"上帝般的华盛顿",每一个美国人都认为在家中挂一幅华盛顿的画像是神圣的事。人们甚至为他量身打造出那个耳熟能详的"华盛顿和樱桃树"的故事,以此"证明"华盛顿是一位从幼年开始就有着至高品格的人。

在头顶辫子身穿长袍的中国人眼里,华盛顿这样一位护国救民、功成身退、不贪名不弄权,而将"公器付之公论""创古今未有之局"的人物,简直无异于闻所未闻的世外仙人!

千百年来,中华大地内忧外患,战乱频仍,疾掠飞驰的马蹄踏碎了多少帝帜王旗?那数不尽的兵火纷乱、杀戮屠城,那演不尽的机锋权谋、宫廷血斗,谁不是为了一袭龙袍加身、万世江山独霸?唐宗宋祖也好,成吉思汗也罢,都是有秦皇之威,而无尧舜之德。虽然统一江山,毕竟是帝王,打天下只为子子孙孙坐天下,建国家实则世世代代成家国。中国历史上无数人弑父杀子、装神弄鬼,都不过为了权倾四海、沐猴而冠。兔死狗烹、血流成河的最终结局,成为帝制特色、王朝规律,试问谁又曾逃脱过?即使有那么几位禅让退位的皇帝老倌儿,又有谁不是在带血的剑锋顶上了腰际,才一步三回头地无奈下台,逊位下野、以保全身家性命?

因此,当华盛顿这样一位"异国尧舜"突然出现在清代人的视野里时,他们甚至不敢相信自己的耳朵。最感兴趣的是林则徐。他实在想象不出,华盛顿在他的国度里为何受到如此热情的拥戴与尊敬?甚至"华盛顿"不仅成为美国人"皇城"首都的名字,连他们生儿育女、开馆造船,也喜欢取名"华盛顿","取其吉庆"之意。他很想知道,一个大半生对农场和土地情有独钟的"美国第一农民",为何具有如此之大的独特魅力?

"华盛顿神话"在中国的际遇

通过进一步深入研究华盛顿创立的美国政治制度,林则徐不得不心悦诚服。在他主导下,认识了解西方世界的《四洲志》于1839年开始翻译。他在《四洲志》里情不自禁地感慨,美国竟然超越了传统中国"封建、郡县、官家"三种政治体制,国家政事由舆论监督,言必施行,事简政速,令行禁止,独具一格，实在是领世界潮流之先。

相比之下，魏源抱着"师夷长技以制夷"的救国目的，对美国制度的大概样态，知悉掌握得更为透彻。他在《海国图志》里，一连用"武、智、公、周、富、谊"六个字表达对美国政治、经济和外交的推崇之情，告诉中国人美国实行的是公开选举（"选官举贤，皆自下始"）、司法独立（"议事听讼"）。而国家元首（"大酋"）由"公举"，而非世代相传的"家天下"。选举、司法、民主这些西洋舶来的新鲜名词，如同旭日东升，照亮了魏源的整个精神世界。魏源认为正是有了"可垂奕世而无弊"的联邦制度，才造就美国的进步与优良。他衷心咏赞道："一变古今官家之局，而人心翕然。"（《海国图志后叙》）

在当时的中国士大夫精英阶层眼里，美国制度改变了"君治于上，民听于下"的传统规则，尤其是任期有限，"统领"就没有机会"贪侈凶暴"，无疑是一个巨大的进步。而这一切成果，在他们笔下皆归功于华盛顿这样一位"异国尧舜"。"大道之行也，天下为公"，在中国人的历史经验里，"举贤禅让"是万人齐颂的神话，在历代都被标举托高。他们眼中，美国的民主制度与中国人梦寐以求的"大同社会"终极理想居然不谋而合！他们认为，华盛顿不仅是由公举产生的"皇帝"，而且他能将"皇位"传于贤人而不是子孙，这是多么了不起的一件事情啊！

殊不知中国尧舜禅让只是一种传说，更多的是汉魏更迭故事之类的虚伪，而华盛顿却为后世留下了不贪恋权位的真实例证。这和中国的杨坚登基，百官劝进之类的政治闹剧判如云泥。在1796年的告别演说中，他向美国人民公开宣告："我已下定决心，谢绝把我列为候选人。"希望通过选举来托付治国的重任。也就在这一年，中国的乾隆传位嘉庆，整整当了60年皇帝。在世界政治文明史的天平上，这60年丝毫也不比华盛顿的8年总统任期更有分量。历史犹如一个神奇的魔术师，把华盛顿卸任和乾隆禅位安排在同一年，却向世人昭示两种截然不同的权力观，而两个国家不同的命运和方向，就在历史的那一刻分流了。

出于对华盛顿个人品德的无私赞美，中国人对"华盛顿神话"五体投地，大加赞美。咸丰年间广东的名儒和学者梁廷枬，在近代中国第一次从地理环境、政治民情等方面探讨了美国民主共和制度确立的原因。他原先和所有中国人一样，认为君主专制是天经地义的。但当他认识到美国是法治而非人治，是民治而非君治，总统是任期制而非终身制，不但动摇了原来的看法，而且对美国的政治制度十分赞赏，尤其是对确立这一制度的华盛顿本人的品德高度赞赏。他首度在汉语里提出"国父"这一概念，形容华盛顿"为人公正自矢，不事威福，不辞劳瘁"，还说他卸任后常常利用空闲时间，"率官绅人士与农并力耕作"。其言绘声绘色，满含感念之思。

而华盛顿在中国转化为"异国尧舜"形象的过程中，咸丰年间福建巡抚徐继畬更是倾注了无限热情，堪居"首功"。在他的学术名著《瀛寰志略》里，徐继畬以生花妙笔身临其境般写道："华盛顿建立了自己的国家后，就交出了权力而过平静的生活。众人不肯让他走，坚决要树立他为帝王。华盛顿就对众人说：'建立一个国家并把这种权力传递给自己的后代，这是自私。你们的责任就是选择有才德的人掌握国家领导职位。'"后来人们对华盛顿的诸多歌咏叹颂，大多以此生动的描写为蓝本。

"华盛顿神话"作为一种政治理想登陆中国后，各色政治人物自然不会放过这一深具政治效果的"思想资源"。围绕中国特殊的文化传统，和不同政治集团的现实需要，"华盛顿神话"与近代中国缠结互动，不断变幻传衍，一幕幕活剧令人深思浩叹。

在推翻封建专制的斗争过程中，华盛顿成为一面最好的旗帜，一个最吸引人的口号和标语。1922 年，《申报》创刊 50 年庆时，民国政要张一麟撰文感慨地说，我 16 岁时，就读到华盛顿的故事，每每心醉神往不已，常自忖有生之年能否亲眼见到民主政体在中国实现？回想近 50 年来，中国若有华盛顿这样的人，人民哪里还会遭受到那么多痛苦！

"华盛顿神话"很快成为激励革命党人的思想武器。兴中会的机关报《中国旬报》公开倡言："以华盛顿之心，行华盛顿之事。"华盛顿成为鼓励人们革命救国的样板，成为革命派们的实践楷模。知识分子们大声疾呼：我堂堂中国有"四万万人"之众，何以"竟无一华盛顿其人者耶？"期望人民以华盛顿为榜样，奋起抗争，作"无名华盛顿"。邹容在《革命军》中更是激情澎湃地号召"扫除数千年种种之专制体制，脱去数千年种种之奴隶性质"，要"使中国大陆成净土地，黄帝子孙皆华盛顿"！华盛顿被转化为呼号鼓动革命的动力，是"华盛顿神话"的政治效果在中国的一大转折。

孙中山早年投身革命运动时，也欣然把华盛顿与商汤、周武并列，作为自己景仰的对象。华盛顿受命于危难之际，戎马倥偬，赢得美国独立，首创民主共和，使孙中山感佩良深，誓言在中国"革命成功之日，效法美国选举总统，废除专制，实行共和"。身受美国教育的他，高人一等地认识到，从"同心一致，以赴公义"的"国民革命"立场来看，那种对华盛顿顶礼膜拜、无限神化的论说，其实是"及中带有专制国虚伪之遗传，而自行杜撰"的结果。他把华盛顿请下"神坛"，认为华盛顿统兵出战，"是各尽所能，以行义务，虽职有等差，而分皆平等"，"固无所谓归心于谁也"。他对军队将领们满怀热忱地演讲："我们革命军人，如果能够把革命做成功，便是美国的华盛顿，否则便是滇军的某师长（军阀）……"

然而事情很快起了变化，孙中山不得不背离自己的意愿。

1914 年 6 月，二次讨袁失败以后，国民党在东京召开了一次会议，准备通过新的党章，计划将国民党改组为中华革命党。孙中山痛感自民国成立以后，国民党松松垮垮，党员目无纪律。他认为革命的失败完全是因为国民党团结的战斗精神丧失殆尽了，必须重新改组国民党，恢复高度集中统一的铁血专制，重塑领袖即他本人的个人权威。在新的党章中，党员被分成了首义党员、协助党员、普通党员，革命如果成功，相应的他们就会成为元勋公民、有功公民、先进公民。更重要的是，每个入党的人都被要求在一份誓约上按指模，发誓"愿牺牲一己之身命自由权利，附从孙先生，再举革命……如有二心，甘受极刑"，看上去完全是秘密帮会帮规的翻版。

孙中山早年效法华盛顿"虽职有等差，而分皆平等"的决心，此时荡然无存。一生忠实追随孙中山的黄兴愤怒了！这还是那个以"平等、博爱、自由"为旗帜的共和革命党吗？面对一个党员和群众竟然享有不同权利的党，他严厉地质问道："这样一个让全党效忠一个人的党，把党员分成三六九等的党，这究竟是一个什么样的党？是古罗马的贵族院吗？这是专制主义！如果我们这样做了，那我们和袁世凯还有什么区别呢？！"黄兴这一"攻击"党的领袖的行为，遭到革命党人众声谴责和孤立，党内民意完全倒向孙中山一边。

为什么这种逆民主潮流的举措，当时竟然还能够得到大多数革命党人认同乃至拥护？当时革命屡屡失败，存亡危急之时，也许孙中山感觉到，民主不能成为一盘散沙，必须有一个坚强的领导核心，这个领导核心，孙中山囿于时代的局限，还没有把它看成是一个集体，只是把它当成一个人，所以他要把权力收拢来，集中到一个人的手里；非废民主，乃时势使然。而在黄兴的眼中，这是与革命的初衷背道而驰的，民主与共和，是任何时候任何人都必须坚守的底线。这一点原则无存，不管两人的个人感情有多深，他黄兴都不答应！孙中山与黄兴，在革命党人中并称"孙黄"，黄兴数次在紧要关头坚决力挺孙中山——"安危他日终须仗，甘苦来时要共尝"，从孙中山赠给黄兴的这副对联，也足见两人感情之深，信任之笃。而这次黄兴却与孙中山发生了严重分歧，他拒绝加入孙中山改组后的中华革命党。会议之后，他与李烈钧出走美国去考察民主了。

孙、黄之争，非为私情，实关公义。非常时期与伟大领袖，往往是民主的大敌，如果非常时期出现伟大领袖，那更是大敌的大敌。斯时斯际，民主价值是最脆弱的，民主最容易向权力输诚，权力最会乘机把民主收编。华盛顿是美国的独立英雄、精神偶像，但美国人民并没有把他供奉上权力的神坛。华盛顿心地光明而又谦逊质朴，行事为人处处让人体会到他的谦卑、真诚。他担任总统期间不可能没有异议之声，也不可能完全不遭非难。特别是他的第二任总统任内，党派斗争激烈，批判他的言论甚嚣尘上，即使他已卸任斯职，仍然有不绝于耳的批评声音。但他作风平和，踏实认真，总能虚心聆听。他喜欢精神上的淡泊，从不愿沽名钓誉，炫耀自己，他甚至谢绝了终生挚友克雷克医生代表一位作者为他立传的请求。他说："我希望能悄然无声地融入山川大地，了断与尘世的一切纠葛。"

华盛顿之所以成为一个"政治神话"，绝不是对他个人的无限拔高和随意盲从，而恰好因为他是美国宪法人格化的政治象征，代表着美国终极价值观念，因此他不但成为美国政治文化的组成部分，也构成世界政治文明的一部分。

不丹国王给全世界上了一课

对于一生为了革命"捧着一颗心来，不带半根草去"的孙中山而言，他内心深处绝对不可能滋生皇权思想。1912年4月1日，孙中山先生为促成南北统一，毅然辞去了中华民国临时大总统，让位于北洋政府的袁世凯，并于当月 20 日乘船去福建游察。当船抵马尾时，他看到欢迎他的人群中和水面的大小船只上，都闪动着"欢迎孙大总统"和"孙大总统万岁"的大小纸旗和布条。他很不高兴地说："我已辞去了临时大总统，为什么还要这样高抬我？"他对上船迎候的福建都督孙道仁说："这太不像话了。多少革命同志抛头颅、洒热血，才取得了消灭掉清王朝的伟大胜利。如果我接受这个专制王朝的称呼，我对得起那许许多多的先烈吗？"他要求孙道仁立即撤掉这些纸旗和布条，否则决不上岸。孙道仁立即传达，大小船只和人群也立即照办，孙中山这才欣然上岸。

尽管如此，我今天依然衷心地敬佩黄兴当年的固执和勇气。他反对孙中山个人极权的声音振聋发聩。他的先见之明就在于，他深知拥护一个伟大的领导不如拥护一个伟大的制度。一旦"领导地位"被无限"强化"，以后要返归正常，是难而又难的。孙中山本人不会过于独权，但是谁能保证其继任者也有这种道德觉悟？后来的事实果然被黄兴不幸猜中。诚如毛泽东说过，中国"百代皆行秦政制"。我们一次次种下的是龙种，收获的却总是跳蚤。

勿谓言之不预。民国肇始，孙中山也曾寄厚望于袁世凯成为"再造共和"的"中国华盛顿"。尽管袁世凯上台后，信誓旦旦地表示："深愿竭其能力，发扬共和之精神，涤荡专制之瑕秽"，但其骨子里却没有一点民主细胞。共和之诺言犹在耳，而袁世凯早已横下一条心，要把皇冠从历史的垃圾堆中拣出来戴上，并最终将专制独裁一步步推向极端。有人劝他，可以通过修改约法，成为终身大总统，他不干；又有人劝他可以再进一步，规定继任总统由现任总统决定，这样就可以总统世袭，他还是不干。他最终恢复了帝制，死在了国民的反抗与唾骂声中，皇帝梦只做了 83 天。华盛顿早生于袁世凯 137 年，一个听从政治良知和国家民意的召唤，一个为权欲私心而敢冒天下之大不韪。在民主与进步的意识上，袁世凯与华盛顿相差何止千万里之遥。

1783 年 3 月 15 日，华盛顿召集一次决定美国历史发展方向的军官大会，呼吁军官们不要"打开内乱的闸门"。在演说快要结束的时候，他从口袋里掏出了一副眼镜，说："请允许我戴上眼镜。为了这个国家，我不光熬白了头发，还差点弄瞎了眼睛。"在座的铮铮铁汉们流下了眼泪，暴动和内乱的乌云顷刻之间消弭。华盛顿这样为国家鞠躬尽瘁，居功至伟，但他从不曾自我膨胀，恋栈高位。1792 年又是总统选举年。他对麦迪逊说他情愿拿起锄头去挣块面包吃。他曾对一位友人吐露真情，说他当总统时的心情"同一个罪犯走向刑场时的心情没什么两样"。华盛顿需要的酬劳只是能在自己的葡萄架和无花果树下，逍遥自在地纳荫乘凉，享受解甲归田告别权力的轻松。

华盛顿从不拒绝人民赋予他的责任，但从不曾为权力和交椅而战。美国人民因此摆脱了历史上通常的革命悲剧：以争自由始，以行专制终。

而在中国这片土地上，战国时期庄子就说："窃钩者诛，窃国者诸侯。"权谋文化盛行了几千年，为一己之私，军阀政客们可以为所欲为。"窃国大盗"袁世凯的表演，更是利欲熏心的典型代表。为了登上皇帝宝座，他不顾全国的怒潮汹涌澎湃，不但讨好日本侵略者，屈膝投降，丧权辱国，承认灭亡中国的"二十一条"，他的亲信甚至无耻到将流氓、妓女等组织起来，美化为"人力车夫请愿团""乞丐请愿团""妓女请愿团"……可谓表演得淋漓尽致。华盛顿能当君主而绝对不当，袁世凯明知不能当拼了老命也要当；华盛顿为自由留下的是路标，而不是墓碑，是激励，而不是沮丧；袁世凯给中国留下的不是太平盛世、国富民强，而是"僭窃继起，叛变屡作"的乱象。这就是他们的区别。

2008 年 3 月 24 日，人口不足百万的不丹王国迎来其历史上的首次民主选举，产生首个民选政府。此次选举意味着国家政治体制将由原来的世袭君主制变为议会民主制。而令世人惊叹的是，这个转变的推动者正是不丹的老国王吉辛格·旺楚克本人，多年来他一直执着地致力于推行政治民主化。有意味的是，一百年来，不丹一直实行世袭君主制，没有宪法，也没有政党。不丹人民并不要求实现民主制度，他们对自己的国王辛格·旺楚克非常依赖和信任。以至于当国王主动放弃权力，宣布实行民主制度的时候，很多民众深感忧虑和震惊，有人甚至掩面而泣。于是国王真诚地劝导民众："君主制度不能保证永远都有好国王，而民主制度则可以保证人民有权让不好的国王下台，从而维护民众的利益。"他语重心长地告诉人民："为了不丹人长远的幸福，我们必须推行民主，一个有效的制度比王位更重要。"品味一个小国之君的这句名言，再回首当年孙中山与黄兴之争，我们能不对黄兴肃然起敬吗？

孙中山乐观太早了

在近代中国，孙中山实践"华盛顿神话"的悲剧性结局，无疑是最意味深长的一幕。

孙中山和华盛顿均是在中美两国由君主政体转变为共和政体的关键转折点上，被推上了历史舞台。然而，华盛顿取得了成功，美国后来居上，其成熟的宪政体系被许多资本主义国家所仿效；相反，孙中山创建的资产阶级民主共和体制却如昙花一现，很快夭折，成果被袁世凯所窃夺。同途何以异归，人们不禁要追问：同样致力于实现民主共和、追求国家统一，为什么华盛顿二任隐退，孙中山却三月任终？为什么美国能成功建立共和制度，而中国却一再出现专制复辟？难道华盛顿的政治神话，真如法国历史学家托克维尔所言是"好像能工巧匠创造的一件只能使发明人成名发财，而落到他人之手就变成一无用处的美丽艺术品"？

文化土壤决定文化传统。由于中美两国所处环境、时局的不同，注定了"华盛顿神话"在中国失败的结局。

美国是一个没有历史包袱的年轻国家。1620 年 9 月 16 日，102 名英国清教徒乘坐"五月花"号登上北美大陆以前，其中的 41 位男人就在船上签署了著名的《五月花号公约》，他们承诺："我们这些签署人，在上帝面前共同庄严立誓签约，自愿结为民众自治团体……"这就是美国精神的先驱，它否定了由来已久的君权神授思想，表明人民可以通过自己的公意实行自治，管理自己的生活。"自由"这个无比神圣的概念，从此根深蒂固地存在于美国人的头脑中。为了追求"生命、自由和幸福"，美国人可以义无反顾地牺牲一切甚至生命。正如弗吉尼亚州行政长官亨利号召人民反抗英国暴政时慷慨激昂的演讲：

> 难道生命如此珍贵？难道和平如此甜蜜？以至于非要用镣铐和奴役去换取它们？我不知道别人何去何从，我的抉择是：不自由，毋宁死！

因此，独立战争爆发之前，当英国统治者私自颁布"印花税法"、强行解散纽约议会，侵犯到人民的自由时，大大激怒了北美殖民地人民，也激怒了华盛顿，他挺身而出："当不可一世的大不列颠老爷们必欲将我们的自由剥夺净尽而后快的时候……为了保卫我们生命的一切息息相关的无限宝贵的天赋自由，我们每一个人都应义无反顾地拿起武器！"在革命过程中，"天赋人权"成为每一个北美人争取自由的强大思想动力，《独立宣言》更与革命实际紧密相连，成为指引独立战争走向胜利的耀眼火炬。一大批杰出的政治家充满激情地为革命奔走呼号，托马斯·潘恩在他的宣传论著中大声疾呼：

> 如果你遭了殃，你还能同凶手握手言欢，那么你便不配被称为丈夫、父亲、朋友和情人，并且不管你这一辈子的地位和头衔如何，你都是个胆小鬼和马屁精！

战争期间很多民兵的口袋里都藏着他宣传独立自由的战斗檄文《常识》一书，这本小册子广泛流传，在只有250多万人口的北美殖民地很快发行了50万册，而作为作者的潘恩却分文不取，清贫依旧，他拒绝领取任何稿费和版税，只为了这本书能低价印发，让并不富裕的人们广泛购买阅读。华盛顿后来回忆说："《常识》使得包括我在内的许多人的心理产生了深刻的变化。独立和自由的精神在我们心中沸腾起来，我们不能屈服做奴隶，不能任人压迫和宰割，我们决心与这样一个不公正和不道德的国家断绝一切关系。"

而在中国，却远非如此。鸦片战争前夕，清朝已进入"日之将夕，悲风骤至"的末世，风雨飘摇的"中华帝国"，是被资本主义的炮舰强行轰开国门的，变革之路一开始就充满无奈和妥协。从维新派、洋务派，直至孙中山领导的革命派，他们对近代中国种种现实困境的探索与分析，更多体现的是传统中国知识分子的心境理想和观念方式，即"士当先天下之忧而忧，后天下之乐而乐"。他们柏拉图般的愿景虽然无比美好，但总是与现实相距那么遥远；他们虽然满怀希望地仰望星空，却没有看到自己正身处黑暗的阴沟。

辛亥革命不久，孙中山应邀回国，组织临时政府，途经巴黎时他满怀希望地告诉记者："中国革命之目的，系欲建立共和政府，效法美国，除此之外，无论何项政体都皆不宜于中国。"面对蒙昧状态中的国民，孙中山大声疾呼：

"民主政治是什么意思呢？就是从前讲过了的，用四万万人来做皇帝！"他迫切地憧憬中国出现人人参政的"全民政治"局面，恨不能将全体人民直接扶上民主政治的"快马"。为了启蒙民众，他用最有鼓动性的语言，信誓旦旦地向国人宣讲："实行民主政治，并不需要普通人具有多么专业和高深的政治知识。关键是我们要搞好政治制度的设计，使一般人民能够很方便地运用就行了。"他把政治分为政权和治权，唯恐一般人不了解这个政权与治权也就是"权能分开"的原理，他还以阿斗和诸葛亮为例子说明：

> 诸葛亮是有能没有权的，阿斗是有权没有能的。阿斗虽然没有能，但是把什么政事都付托给诸葛亮去做；诸葛亮很有能，所以在西蜀能够成立很好的政府，并且能够六出祁山去北伐，和吴魏鼎足而三。用诸葛亮和阿斗两个人比较，我们便知道权和能的分别。

因此他说，在民主政治下，我们全国人民就都是皇帝，个个都是阿斗。

> 如果政府是好的，人民便把他当作诸葛亮，把国家的全权都交到他们；如果政府是不好的，人民便可以实行皇帝的职权，罢免他们，收回国家的大权。（孙中山《三民主义》）

针对有人说中国发展不够、人民民智低下，不能行民主政治。孙中山先生说："袁世凯之流，必以中国人民知识程度如此，必不能共和，曲学之士亦曰，非专制不可，呜呼！牛也尚能教之耕，马也尚能教之乘，而况人乎！"（孙中山：《建国方略》）

在他看来，在中国实现民主政治并不那么遥远和困难："我们先知先觉的人，便应该先来造好这种机器，做一个很便利的放水掣，做一个很安全的节电钮，只要普通人一转手之劳，就可以用它。"（《三民主义》）

孙中山显然过早地乐观了。这些乌托邦似的美好愿望，至少在他有生之年是无法兑现的。所谓"百足之虫，死而不僵"，他忽视了最重要的一点，那就是几千年传承的政治结构对于器物更新、制度创新顽强和有力的支配。自秦汉以来就实行着的专制独裁制度非常牢固，它建立在根深蒂固的观念基础上，有长期积累的历史传统和难以逾越的民间权威。在中国的传统文化中，"礼"是天地人间的权威，只强调个人对统治者的责任和义务，而几近于无地提到权利。在缺乏民主意识的政治文化土壤中，近代的政治家即便具有较高的民主素质，他们面对犹如"一盘散沙"般仍带有浓厚小农意识的广大民众却只能显得"曲高和寡"，缺乏起码的民众认同与社会响应。

华盛顿为何拒绝当国王

鲁迅先生对中国社会可谓洞若观火。在他笔下，民主共和观念没有触及地主赵七爷身上，他将长辫盘于头顶，期待着皇帝再坐龙廷。革命的观念甚至也没有深入贫苦群众的心中，例如阿Q、闰土、华老栓等，以至于阿Q认为革命不过和历朝历代一样，就是打打杀杀，分钱抢女人而已。正如陈独秀所言，"我们中国多数国民口里虽然是不反对共和，脑子里实在装满了帝制时代的旧思想，欧美社会国家的文明制度，连影儿也没有。所以口一张，手一伸，不知不觉都带出君主专制臭味"。连作为"社会良心"的读书人，到了民国也唯恐天下不乱，因为小朝廷越多，他们东投西靠做官的机会也越多——就像战国时代的苏秦张仪之流可以凭三寸不烂之舌游走于六国之间。知识阶级不但不能制止军阀作乱，反而为虎作伥，助纣为虐，这个社会变革的希望可想而知。

在此种情势下，期冀通过一夜之间的革命来彻底改变中国的社会，无异于天方夜谭。孙中山革命的结果，虽然颠覆了几千年的专制帝制，出台了一些革故鼎新、移风易俗的举措，但从中央到地方的整个社会，却仍旧笼罩在专制主义的大网之下。革命党人依然在犯同样的错误，他们背离了中国的现实生活，不管在城市还是在农村，均没有对广大群众进行过刻意的宣传、发动和组织。在人口众多的泱泱中国，忽视民众的力量去发动革命，无异于"涸辙之鲋"，如何能够得到广泛支持？由此，我们不难窥见时代条件、文化传统与民众素质对思想家所起到的难以逾越的制约作用。这些困境，凝聚着近代中国错综复杂的时代矛盾和文化冲突，也折射出了近代中国政治现代化的艰难历程。

　　而美国独立战争的胜利，华盛顿在关键时刻表现出的高风亮节，使得自由民主的思想成为美国不可抗拒的潮流。那个时代正是全世界盛行君主制的时代，世界是国王、酋长和暴君们的天下。全世界从没有过在一个大国建立共和政府的创举。连孟德斯鸠也认为共和政体只适合小国，大国则宜于由专制君主治理，而在欧洲则普遍认为，由人民自己治理国家，最终只会导致无政府主义和天下大乱。在法国有国王，在俄国有沙皇，在英国有君主，在土耳其有苏丹。因此，随着独立战争的胜利，有人担心华盛顿很快就会成为美国的恺撒。约克镇大捷后，一些有影响的人物也公开倡导起君主制来了。鉴于华盛顿无人可与之匹敌的威望和声誉，1782 年 5 月，以大陆军上校尼古拉为首的一批军官秘密集合，积极筹划拥戴华盛顿为国王。在那一刻，美国是否成为共和国，华盛顿稍一犹豫，历史有可能就是两样。而华盛顿的抉择是立即痛斥上书的尼古拉上校：

　　　　如果我还有一点自知之明的话，可以说你不可能找到一位比我更讨厌你的计划的人了……因此，我恳求你，从你头脑里清除这些思想，并且绝不要让你自己或者任何别的人传播类似性质的思想，如果你重视你的国家，关心你自己或子孙后代，或者尊重我的话。

　　他断然拒绝了拥立自己成为国王的计划。

　　华盛顿放弃王权的举动一时惊世骇俗。当英国国王乔治三世得知华盛顿拒绝称帝时，他说："他将成为世界上最伟大的人物。"人们这样评价他："他是克伦威尔，但没有野心；他是苏拉，但没有恶行。"

　　世界因多了一位总统，而使王冠从此黯然失色。华盛顿成为美国人心中独一无二的英雄偶像。

　　反观中国，辛亥革命虽然取得了胜利。中国经历了千年未有之巨变，但"三个月无君，则惶惶如也"的观念依然如旧，"天无二日，地无二主"的说法依然支配着社会主流和各种政治野心。1843 年，即早在与恩格斯共同发表《共产党宣言》的前五年，年仅 25 岁的马克思就深刻地洞悉了这一带血的残酷真理："专制制度必然具有兽性，并且和人性是不相容的。兽的关系只能靠兽性来维持。"正是这种传统文化的历史惯性，使天生就对权力贪得无厌的袁世凯，在帝国主义的刺刀支持下，成为最适于接替变种"皇帝"的唯一人选。革命并未结束，而只是开始。因此我们就不难理解，为什么民国建立了，还会出现张勋复辟、洪宪帝制等事件的发生，为什么专制独裁已为世人所不齿，军阀割据还在猖狂盛行。而正是孙中山先生创立的国民党，在孙中山先生瞑目之后，大权一落入独裁专制的蒋介石之手，就大搞"一个主义、一个党、一个领袖"，唯我独尊。

有华盛顿者之风范，无美利坚之土壤

历史认可了华盛顿的伟大，不只是因为他拒绝当国王这一件事。

如果单纯把一种制度的创建归功于一个人的道德自觉，未免主观武断。华盛顿是无愧于伟人称号的，但他的伟大是建筑在一种优质文化和先进制度的基础之上的。美国是在英国的宪政思想影响下建立的，其宪政文化是伴随历史的发展而长期衍生而成的。而民主宪政这样的"华盛顿神话"，对于古老的中国则是从头到脚都是崭新的"新生儿"。辛亥革命后，民主共和国的旗帜虽在中国这个古老的国度上空升起，但先进的宪政文化并未能在中国大地生根开花。

孙中山和革命党人虽然致力于中国的变革，也搅起了惊天狂涛，但他们对中国制度的选择更多的是出于理论设计，而非出于实践验证。因此，他们对资产阶级民主制度的了解还是很模糊、很肤浅的，对民主思想的个体认知和实践能力，都存在着严重的欠缺。由于缺乏经验和组织准备，孙中山复制的"华盛顿神话"只能模仿和照搬西方政治体制，带有明显的"拿来主义"、理想色彩。他对民主共和的构想，更多是出于一己偏好和理想，并没有进行深入、全面的探究。当时革命党人忙于为革命起义而四处奔波，殊少考虑美国的国家模式与其他模式的异同，以及中国是否适宜此种模式。在民国初年，不要说一般民众不了解孙中山的宪政思想，即使同盟会的革命同志理解掌握的也很少。

他们把民主共和在一个国家的建立也未免看得过于简单，以为只要推翻专制政府，制定临时约法，就能确保共和制度的存在，国家就能长治久安，而未曾考虑从专制到民主是需要经历一个长期曲折的过程。孙中山虽然在名义上是革命的领导者，可南京临时政府成立后，不仅中央政府政令难出京门，独立各省各行其是，更为重要的是他不能掌握和控制军队，反而时时受到军队的影响和拘束。革命党人提出只要袁世凯承认民国的政体，他们就可以交出政权。殊不知他们向袁世凯交出政权之日，就已经宣告了资产阶级共和国制度的破产。试想革命党人连政权都保不住，又如何能保住那一纸"宪法"？鲁迅先生曾有过深刻的议论："袁世凯在辛亥革命之后，大杀党人，从袁世凯那方面看来，是一点没有杀错的，因为他正是一个假革命的反革命者。错的是革命者受了骗……"

马克思说，人们自己创造自己的历史，但他们并不是随心所欲地创造，而是在直接碰到的既定条件下创造。完全漠视文化传统和时代现实求新变异，其结果必然是南辕北辙。最终，沙上筑塔的结果，使"华盛顿神话"在中国成为海市蜃楼，烟消云散。横亘于社会生活基础中的不同价值观念，阻滞着东方观念对于西方文明的理解和接纳。日本的启蒙思想家福泽谕吉第一次到美国时，他颇感兴趣地问美国人，华盛顿的子孙现在怎么样？美国人冷淡地回答他，不知道，听说好像有个女儿做了谁的夫人。我们对此不感兴趣。这使福泽谕吉目瞪口呆。他原以为在美国一提起华盛顿，就像当时在日本谈到源赖朝、德川家康一样，人们都会肃然起敬，而一提到他的子孙，自然也会听到许多阿谀奉承之词，却想不到美国人衡量一个人的价值尺度并非门第和出身，而是自身的行为和业绩。

呜呼，即使中国有华盛顿者之风范，也绝无美利坚之土壤！由于贫穷和落后，中国成了贪官污吏、权门弄臣和军人政客登台亮相的舞台。他们的存在，又形成中国更加贫穷的恶性循环。中国社会政治文化的形成与演变，与地理环境、文化背景、族群心理不无关联。茶余饭后，我们在艳羡美国只用了两百多年的时间就成为世界头号强国时，是否想过美国的强大是一种制度上的强大，并非来自哪个英雄，而是来自民主制度下全体国民的参与及创造？"华盛顿神话"并非水土不服。在中国历史的许多重大转折关头，许多专制者任凭历史的机遇擦肩而过。探寻近代中国风云沧桑的成败得失，究竟是医生一时失手的医疗事故，还是病人体质变化的必然结果？

天人交战的"盗火者"

　　1919 年 1 月 4 日，严复在给学生熊纯如的信中痛苦不堪地写道："以年老之人，鸦片不复吸食，筋肉酸楚，殆不可任，夜间非服药不能睡。嗟夫，可谓苦已！"他深自懊悔地说："恨早不知此物为害真相，致有此患，若早知之，虽曰仙丹，吾不近也。寄语一切世间男女少壮人，鸦片切不可近。"

　　现身说法的忏悔，可惜来得太迟。这一年，65 岁的严复健康状况已经严重恶化，神思涣散到连亲朋的来信也无法回复。这位原本体魄强健的前海军教官，毕生呼吁国人要加强"血气体力"的锻炼，通过由人及身、由身返国达到拯衰起颓的救国目标。而到头来，自己却被鸦片害得每天进餐都累得面红气喘，甚至连换乘火车时在站台走几百步路，都感到心慌气塞，大喘不已。在给诸子女的信中，他这样描述自己当时的窘态："甚者二便都要出来，如无歇息处所，巴不得便坐在地上。"这年春末，严复到上海红十字医院治疗喘嗽病；秋末，又回北京住进协和医院。医生诊断后，均无奈摇头，深感已无力回天。

过早夺去他身体健康的，是被他咬牙切齿诅咒为"世间魔鬼"的鸦片，严复的大半生都被它折磨得苦不堪言。此间痛楚，用他的话说，"可作一本书也"。

"瘾君子"的痼疾，使这位大名鼎鼎的"天演先生"声誉受损，屡遭攻击。后来，连李鸿章都知道了这事，劝他说："汝如此人才，吃烟岂不可惜！此后当仰体吾意，想出法子革去。"一时感动之下，严复也曾痛下决心，要与这劳什子分道扬镳。他请了一位号称"戒烟圣手"的医生，为他开出戒烟"秘方"。第一次吃后获得短暂成功。然而好景不长，仅仅几天过去，就旧瘾复发。此后直到严复逝世，也未曾脱离鸦片。一些至今健在的子侄辈们回忆，严复逝世前一年回到福州故居避寒养病，原本威严高大的一个人，咳喘厉害，面容枯黄，吓得小孩子们都躲得远远的。

在生命垂暮的最后几年，严复还注射吗啡、服食海洛因，俨然一位"五毒俱全"的老瘾客了。研究者后来在严复的英文日记中发现，1916 年严复几乎每天都要注射吗啡，并详细记录了自己抽大烟、服药膏、注射吗啡的时间，精确到分钟，有时一天注射吗啡竟然高达十次之多。

这实在是一道令人难以置信的谜题。一位毕生致力于"鼓民力，开民智，新民德"的伟大思想者，自己居然深陷烟毒无法自拔，如同一位医术高明的戒毒医生，自己却深陷毒瘾一样可悲而吊诡。早在 1895 年，严复就在报上撰文痛批鸦片误国害民之烈，直指中国"沿习至深，害效最著者，莫若吸食鸦片、女子缠足二事"，大声疾呼"自爱而求进者"必不吸食鸦片，期待中国雪尽江清，早日摆脱鸦片之害。

在我看来，吸食鸦片是严复一生深邃难测的精神黑洞，绝非仅为舒缓病痛那么简单。对严复深有研究的美国汉学家本杰明·史华兹说，在某种意义上，吸鸦片反映了严复思想观念中最隐秘和最难以捉摸的情调。沿着这道重重浓雾中的隐秘之门，也许能解开严复诸多痛苦纠葛的人生悖论。

光绪五年（1879），这位深孚众望的"海归"学成归国了。由于在留学时期即已享有一定的名气，故"南北洋争先留用，得之惟恐或后"。不久，严复便应船政大臣吴赞诚之聘，回到自己的母校福州船政学堂担任教习。

　　身处风云激荡的大时代，又兼有学贯中西、游历欧洲的积淀，严复的高才卓识不仅远超于当时的洋务领袖曾国藩、李鸿章、张之洞等当朝大佬，连鼓吹西学的名流康有为、梁启超等人后来也无法望其项背。一生狂傲不羁甚至自比"当代孔子"的康有为，就心悦诚服地承认严复为"西学第一人"。同样自负的英国驻华公使朱尔典，对严复也敬佩有加，不吝称赞道："像严先生这样伟大精深的学者，全世界至多只有二十位。"

　　谁曾想到，在英国处处感到亲切的严复，回到中国后才发现，这里反倒成了"气场"失调的陌生"异邦"！

　　如果说回国之初，严复在个人才具和资望能力方面尚不足以担当重任，学术造诣和实践本领尚须经过岁月磨砺，那么经过整整 9 年之后，他才当上北洋水师学堂"会办"一职，仅仅相当于副校长，就无论如何也让人郁闷心伤了。这样的"业务官员"，行政走卒，在当时连货真价实的朝廷命官也算不上，只是一名"不预机要，奉职而已"的技术官僚，可以说完全是冷板凳上"被边缘化"的角色。

　　此时，与他一同毕业于格林威治皇家海军学院的同学们，早就纷纷荣任北洋水师的舰长、分舰队司令员。而远在东瀛，那些与他一起留学英伦的日本同窗，回国后更是独当一面，成为蜚声四海的国之栋梁。

　　没有在深夜痛哭的人，不足以谈人生。严复这番怀才不遇的心境，如鱼饮水，冷暖自知。按照清朝官场的规矩，必须是道台一级的官员才有资格担任水师学堂的最高长官。严复虽有满肚子的洋墨水，却没有一个出身"正途"的科举功名。这位全中国第一个呐喊要废除科举的人，自己却在这座独木桥上挤了半辈子，折腾了半辈子，一路奔波着抗争着无常的命运。

　　从 1885 年开始，连续八九年间，这位前著名海归不得不回过头来，接连参加了四次乡试，以博取一个举人的头衔。1885 年秋，已是北洋水师总教习的严复回福建老家参加第一次乡试。谁知首次出场，就碰得个鼻青脸肿，铩羽而归，连个举人也没考上。这实在是个不小的打击。第一次落榜的那天晚上，同为福建侯官人的好友郑孝胥前来拜会，发现严复喝得酩酊大醉，卧床不起。

　　一觉醒来，还得再捧起八股文章发愤研读，严复大有不到长城非好汉的劲头。不料，1888 年，严复就近赴北京顺天府参加考试，还是竹篮打水一场空。来年春，赴京再应顺天府恩科乡试，仍然名落孙山。不顾一切地辗转科场，却接连碰壁；饱经欧风美雨的洗礼，却要向鄙弃已久的八股制艺讨出路；学术上融古通今、兼修中外，却在区区的臭八股面前屡次败北。此时严复的心中，有着多少不为人知的苦恼和屈辱！"功名"二字已经把他的心伤透伤烂，可命运从来没有过一丝怜悯。苦闷到极点时，他甚至悔恨"当年误习旁行书"，如今才落得"举时相视如髦蛮"，觉得自己一肚子洋墨水全是多余，徒留笑柄。

人生机遇火光闪现的瞬间，严复并非没有出人头地的机会。

李鸿章一生任人唯亲，辜鸿铭曾讽刺其"一切行政用人，但论功利而不论气节，但论才能而不论人品"。李早就看重严复的才能，想把严收编为"自己人"，因此"尝示意其执贽称弟子"。如果傍上这棵大树，何愁没有高官厚禄、前程似锦？可清高孤傲的严复一口回绝，就是不愿放下架子去"攀龙附凤"，只想凭自己的真本领做事。

苦熬 10 年后，终于升任会办。四弟严传安苦苦劝大哥：当上会办了，应该多到李鸿章那里"走动"一下，有所表示。严复不得已勉强"走动"了一下，果然立竿见影，第二年（1890）李鸿章就提升严复为总办了。严复不禁在给四弟的家信中惊呼："用吾弟之言，多见此老果然即有好处，大奇大奇！"

清高自负的士人本性，决定了严复最终不可能把自己融入蝇营狗苟、鬼蜮如林的腐恶官场。自由文人的个性，反倒使他恃才自傲，口无遮拦，肆意评论朝廷。初莅北洋，他就因言辞"激烈"，不通人情，被官场视为"书生气""不成熟"。在李鸿章手下的北洋水师学堂供职仅三四个月，就碰上了日本窃取琉球案。严复无比愤慨，年轻气盛的他出语"激直"，常常对人说："不出三十年，中国周边的属国都将丧失殆尽，我国将如老迈的母牛任人车裂分割了！"老成持重、"劲气内敛"的李鸿章听到这话直皱眉头，很不高兴，"患其激烈，不之近也"，从此对这位"异议分子"敬而远之。

而严复对李鸿章"移花不移木"那一套洋务模式也颇不以为然，恰如历史学家唐德刚在《晚清七十年》中揶揄说："严复学贯中西，他压根儿瞧不起他那个臭官僚土上司李鸿章。"时间久了，终于看出了官场门道的严复变得心灰意冷。他总结做官的秘诀：

当今做官，须得内有门马，外有交游，又须钱钞应酬，广通声气。兄则三者无一焉，又何怪仕宦之不达乎？置之不足道也。

看得透，却做不来；做得来，也学不精。官场风气日下，严复四顾茫然，只好感叹"眼前世界如此，外间几无一事可做"。

官场的僵化黑暗，世味的凉薄无情，终究在最无望的岁月里击破了严复的理想之梦，更增添了他难以排遣的苦闷。就在谋职北洋那段痛苦的黯淡时光，他染上了鸦片烟瘾。

此时，如果不爆发那场山崩地裂的巨灾国难，也许这位四次落第的老童生，还会第五次、第六次在科场匍匐前行；这位不甘心被边缘化的政治"局外人"，还会在钩心斗角的官场继续焦头烂额，以谋一官半职。

1894 年的甲午中日战争，成为彻底改变严复命运的转折点。多少个压抑的长夜，他从无边的噩梦中猛然惊醒，常常半夜"起而大哭"。鲜血淋漓的梦中，他见到了悲壮冲向敌舰的"致远"号管带邓世昌、横刀自绝的"镇远"号管事林泰曾、因"临阵退缩"而被斩首正法的"济远"号管带方伯谦……那些熟悉的同学少年，大多曾和他一样怀着富国强兵的美好梦想，一起远渡重洋，负笈英伦，为了这个苦难深重的国家寻师访道，互相砥砺，发誓要振兴中国，无负平生。谁知今日一个个要么血殒海疆，要么投降受辱，还连带着洋务派 30 多年苦心经营的自强事业也沉入深海，毁于一旦。

严复回想起 1872 年自己还在"扬武"舰上实习时，曾经巡历日本。那时长崎和横滨等地可谓万人空巷，日本人拥到岸边争相一睹大清海军的雄姿，严复的心中豪情百倍。可是，仅仅 22 年过去，即如他所言："日本以寥寥数舰之舟师，区区数万人之众，一战而剪我最亲之藩属，再战而陪京戒严，三战而夺我最坚之海口，四战而覆我之海军。"这样巨大的反差刺激，实在椎心泣血。

痛苦的人生，没有权利悲哀。严复的心胸被一种异样的激情壅塞，积蓄多年的思索与信念，像沸腾的热血打着旋涡呼啸而过，只觉"胸中有物，格格欲吐"。他已明显感受到，这个国家已是"如居火屋，如坐漏舟"，大抵变局不出数年之中。一念及此，他的心情如写给陈宝琛的信中所言，"心惊手颤，书不成字"。

甲午惨败的这一年，中国的热血之士都行动起来了，纷纷开出自己的救亡药方。康有为在北京发动"公车上书"，提出拒约、迁都、变法三项救国之策；孙中山在美国檀香山成立兴中会，向清政权挑战，誓言"驱除鞑虏，恢复中华"。严复也无法再平静地呆坐在自己的书斋里，从来述而不作的他，终于决定要化笔为剑，用文章来呐喊冲锋了！

新年春节刚过，严复就发表了第一篇重磅文章《论世变之亟》。这篇纲领性的文章是严复"维新"思想的导论，也是他为千年危机拉响的第一声尖厉警报。他清醒地看到，面对一场灭顶的家国巨难，皇城根下的士大夫们还在坐井观天，隔靴搔痒，懵然于时务，"绝不知病根所在，徒自头痛说头，脚痛说脚"。忍无可忍的严复一上阵来，就如大海潮音，作狂狮怒吼，当头棒喝道：这一次中国的危机不再是偶然之中的一时之虞，而是千古未有的深层文化危机："今日之世变，盖自秦以来，未有若斯之亟也"，根本原因在于"今之夷狄，非犹古之夷狄也"！

只有严复，只能是严复，才能站在中西交汇的巅峰绝顶，登高远眺，极目苍茫。他认为造成中西社会差距的根本原因就两个字："自由"。中国的"历古圣贤"都畏惧自由，而西洋各国则持"唯天生民，各具赋畀，得自由者乃为全受"。故双方的特点大相径庭：

> 中国最重三纲，而西人首明平等；中国亲亲，而西人尚贤；中国以孝治天下，而西人以公治天下；中国尊主，而西人隆民……中国多忌讳，而西人重讥评……中国夸多识，而西人尊新知……

在这样一幅中西文明对照表中，严复虽"未敢遽分其优绌"，但他用词的褒贬，已经非常清楚地表明他提倡什么，反对什么。严复对旧传统的最终打击可谓血浸纸背，一剑封喉："华风之弊，八字尽之，始于作伪，终于无耻！"在他的迎头痛击之下，中国人恍然从酣梦中惊醒，对千百年来安之若素的"政制理念"，对法相庄严的儒家"道统"第一次开始产生了怀疑。

　　压抑多年澎湃已久的爱国激情，终于化作急迫的救亡使命感，决堤倾泻而出。二十余年的西学积累和生活思考，至此水到渠成，豁然贯通。在儿子严璩眼中，甲午之变"大受刺激"的严复，以排山倒海的激情一口气写下了《论世变之亟》《救亡决论》《原强》《辟韩》等为人传诵一时的名篇。这一系列充满战斗激情的政论文章，不是简单的情感宣泄，而是一次对中国专制政体从治统到道统、从形式到内容的彻底清算，其宗旨用蔡元培的话说就是"尊民叛君，尊今叛古"，主要内容则可归纳为四句话：帝王窃天下，儒术卫王权，八股笼士心，治术坏民智。

　　严复的这些思想，成为直接点燃戊戌维新的精神火炬。

　　严复的文章译著刊行后，他从此声名鹊起，成为众望所归的新学领袖。在维新变法风潮迭起的关键时刻，康有为、梁启超急欲将他引为变法阵营的同志和战友。

　　然而耐人寻味的是，作为维新阵营的两位主将，严复和康有为在当时却未真正进行过合作，甚至未发生直接接触。这两个大人物谁也不找谁，好像是并世而不相知。人们常言"道不同不相为谋"，可对于严复来说，道相同，亦不一定相与为谋。

　　原来，严复与康梁之间并不是真的"志同道合"，而是志同"道"不合。他之所以对维新变法采取不冷不热的态度，在于他和康梁维新思路的根本区别。康有为认为非全变、骤变不为功，力主对陈腐衰败的帝国进行一场生猛的"休克式治疗"。他豪情满怀地宣称，如按他的方法改造中国，"三年而宏规成，五年而条理备，八年而成效举，十年而霸图定矣"。而严复则太了解中国积弊之深，沉疴之重了。他预计，中国欲达富强至少尚须60年，所以变法应该根据社会实际，采取渐进方式。他提出了"导其机""须其熟""与时偕达"的渐进变革观。

　　一台成功的手术，医生的医术固然重要，病人的体质也不可忽视。严复已经隐约预见到狂风骤雨之后，落花飘零的惨景。在中国，忽略了"人心风俗"这四个字，就会如同后来鲁迅所言，搬动一把椅子也要人头落地，血流成河。然而维新变法既已狂飙突进开展起来，严复也只有作壁上观，静待其变。

　　果然，仅仅100多天后，北京城就黑云压顶，风云突变。慈禧发动政变，将光绪幽禁于瀛台。六君子被害的这一天，严复尚在北京。大学士王文韶担心严复会因与康、梁的关系受到牵连，赶紧嘱人私下"密示意先生离京，即日返津"。

仓皇回到天津的严复恍然若梦。回想这半年来中国政局戏剧性般的变化，他不禁感慨万千。虽然早有某种预感，但戊戌维新的惨重失败，六君子喋血都门，仍使严复的心情极为悲愤复杂。政变之后，面对血雨腥风，人人钳口，先前置身事外的严复，此时反倒胆量倍增，无从控制自己的愤怒。他不避嫌疑，前往清慈寺哭祭林旭、杨锐，几天后又参加了林旭的殡葬仪式。1899 年秋，日本著名的中国史研究专家内藤湖南到中国旅行，在天津与严复晤面。内藤湖南事后赞扬道：

> 他眉宇间透着一股英气，在这个政变以后人们噤若寒蝉的时期，言谈往往纵横无碍，不怕忌讳，当是这里第一流人物。

严复不仅在日本友人面前对时局议论纵横，不惮忌讳，还在《戊戌八月感事》一诗中愤怒沉痛地写下"伏尸名士贱，称疾诏书哀"，对谭嗣同等维新志士饮恨菜市口表达深切同情，对光绪帝被囚表示无比愤慨。

同情虽归同情，严复对于维新派变法战略上的急躁轻率却没有放过，给予了十分严厉的批判。严复认为事情搞到这般田地，皆康、梁操之过急，难辞其咎，以至于"轻举妄动，虑事不周，上负其君，下累其友"。他指责康有为即便不是有意误君，也是"狂谬妄发，自许太过，祸人家国而不自知非"。

此后 10 年，严复果然躲进小楼，立誓"屏弃万缘，惟以译书自课"。对中华文化不曾一日消解的深层焦虑感，成为他不竭的精神动力。历经变幻莫测的时代风云，他对长子严璩说，现在才觉得世间唯有译书才是"真实事业"。

10 年中，这位孤独的圣徒扛着救赎的十字架，独自一人匍匐在精神孤旅之上，愈难愈进，甘苦自知。1906 年，在翻译孟德斯鸠的《法意》时，当他译到专制政体"彼将使之为奴才也，必先使之终为愚民也"一语，不禁心生悲愤，涕泪长流。中国千年的专制之痛，竟让一位遥远的西方人总结得如此精确。当他望到大街上蹒跚而行、衣衫褴褛的数十百小儿那空洞无望的眼神，他提笔的手在颤抖，心如针扎。他无法想象 30 年后，这些孩子将成为怎样的国民，这个国家能依靠他们变得更好吗？

拯救吾国，必先拯救吾民。这种悲天悯人的情怀，决定了他只选择那些有助于改造国民性格的西方书籍介绍给中国人。深受严译影响的鲁迅，后来也深为理解严复这种忧虑的心境，他感叹道："严又陵究竟是'做'过赫胥黎的《天演论》的，的确与众不同，是一个十九世纪末年中国感觉敏锐的人。"这种对中华文化的深层忧虑，在严复是"三民"论的呼号呐喊，到了鲁迅笔下则是痛极无声的那个麻木的愚民阿 Q 形象。中国的启蒙事业，就这样薪火相传，涓滴成河。

1905 年春，围绕改造中国的途径，严复与孙中山来了一次正面的思想交锋。这年严复游访欧美诸国，途经伦敦，孙中山前往拜访，两人进行了一次历史性的会见。严复对革命党领袖再次重申，在时机尚未成熟时革命，"害之除于甲者，将见于乙，泯于丙者，将发于丁"。

孙中山不愧是真人快语的"孙大炮"，他直言不讳地答道："俟河之清，人寿几何？君为思想家，鄙人乃实行家也。"被民初记者黄远庸喻为"大言无实"的孙中山，对书斋中的严复显然不无揶揄之意。但这场对话显然也使严复思想深处的矛盾暴露无遗。一方面他对君主专制恨之入骨，一方面又要遥遥无期地等待民智终开的那一天。

眼看革命渐呈星火之势，腐朽江山已大厦将倾，清政府为笼络人心，宣布仿行宪政，然其核心目标仍是重新使"大权统于朝廷"。为实施"新政"，清廷不得不做出某种惺惺之态，把学界名流、商界新贵、社会贤达一一揽入毂中，试图以这些人装点门面，苟延残喘。具有西方知识背景的严复，自然成了清廷重点延揽的"新潮人物"，社会地位逐渐上升。

1908 年之后，他连续被聘为审定名词馆总纂、宪政编查馆二等咨议官、福建省顾问官；1910 年，他以"硕学通儒"的资格，进入新设立的资政院，并被海军部授予协都统军衔。此间严复无论作何发言，都受到同僚好评。他不无幽默地说："我现在真如小叫大，随便乱嚷数声，人都喝彩，真好笑也。"

话虽如此，坐了多年冷板凳的他，对这份荣誉还是难免受用的，也使他重新燃起对这个垂死的政权更浓厚的改良希望。获得"文科进士"的赏赐后，心情大爽的严复立即重印名片，将这项头衔写了上去。

有人出来质问严复，清政府腐败至此，为何还不划清界限？他说："今日政府未必如桀，革党未必如汤，吾何能遽去哉！"他自比古代的伊尹，这位商代名臣曾经五次抛弃贤君商汤，去侍奉暴君夏桀。这句话背后，充满忠臣孝子般"明知其不可而为之"的无奈与侥幸。

1911年10月4日，武昌起义前6天，严复还为大清朝填写了第一首国歌《巩金瓯》。在清廷危亡的最后关头，他写下的依旧是："帝国苍穹保，天高高，海滔滔。"仅仅6天之后，武昌炮声一响，严复的歌词如一出荒诞的黑色幽默，成为大清的殉葬品。

武昌起义爆发的当晚，严复在日记中痛惜地写下"武昌失守"四字。武昌枪响后，各地摧枯拉朽，纷纷宣告"独立"，各省联手成立了"大汉军政府"。

革命洪流猝然而至，满怀矛盾的严复还没有来得及做出选择，历史又把他抛上了舞台。这次幕后的推手，是大名鼎鼎的袁世凯。

从袁世凯1895年天津小站练兵两人结识，一直到1916年袁世凯去世，严、袁两人之间的来往从来没有间断。二十多年间，严、袁之间的友谊和纷争，仿如一部精彩曲折的连续剧，经历了戊戌变法、辛亥革命和帝制复辟的起伏变幻，成为严复政治追求和个人风骨的X光透视片。

辛亥革命中南北对峙之下，双方只好和谈。由陈宝琛推荐，严复又被袁世凯揽于帐下，在炮火中为其痴心奔走。由于与出身北洋水师学堂的黎元洪有着特殊的师生关系，严复被任命为北方代表团代表，参加"南北和谈"。

1911年12月，作为福建省代表的严复南下参加"南北和谈"。同行的特使唐绍仪等人一上车就把辫子剪了，这让他既惊愕又困惑，饱受皇恩的大清官员们怎么转眼之间就变得这么不仁不义？严复则依旧蓄辫明志，"以示不主共和之意"。唐绍仪在和谈中主张共和，严复大为不满，回了北京就向袁世凯告状："唐绍仪非议和也，乃往献江山耳！"他以为袁世凯是真心拥护君主立宪，只甘于做内阁总理，才觉得主张共和的唐绍仪在和谈中出卖了袁世凯。严复哪里知道，待价而沽的袁世凯早已心猿意马，南北双方早已达成默契，面对"民国总统"的宝座，袁世凯巴不得早点把这江山献出去呢！

虽然一直反对革命共和，但在南下谈判的路途中，严复洞悉清廷的颓势和

"民心大抵归革军"的现实，逐渐对建立民国开始怀抱希冀。他把革命形势比作一个热切等待的恋人，静听着心上人到来的声音。那段充满期待而又难熬的日子里，他焦灼的是还没有一个强有力的人物出来收拾局面。

举目四望，谁才是他心目中的铁腕人物呢？

严复感到只有举足轻重的袁世凯才是有能力砥柱神州的不二人选。袁世凯对严复也颇为重视。出任临时大总统之后，袁很快召见了严复，任命其为京师大学堂总监督，之后又任命他为总统府顾问官、海军部编译处总纂等。尽管有些怀疑袁世凯能否组织强势政府，但严复还是接受了袁世凯的聘请，期望以自己的才智帮助袁世凯尽快走上轨道。严复的转变令多年好友郑孝胥深恶痛绝，在他眼里，袁氏不忠于清室，篡位在前，大节已亏，自然不齿于君子，可严复还要投身这样一位"妖狐之露尾"的叛徒，简直令人发指。直到1918年11月有一次朋友请吃饭，一听说同约的还有严复，郑孝胥一口拒绝出席，仍然不屑与严复为伍。

对于"有励精图治之倾向"的新组内阁，严复满怀期望，不吝称赞袁世凯"文足定倾，武足戡乱"。为了早日结束"威令不出都门"的乱象，严复在私下里给友人的信中甚至说出"天下仍须定于专制，不然，则秩序恢复之不能，尚富强之可岐乎"？

然而亚洲第一个共和国的成立，带给中国人的热望并未能维持太久。革命只不过赶走了宝座上的皇帝，却没有赶走人们心中的皇帝。中国很快陷入"新居未建，而故居已拆"的尴尬境地，严复所预见的"一个糟糕的时期"来了，而且仿佛只有更坏，永无最坏。1913年7月，"二次革命"爆发，政局动荡再次引发了社会动乱，这显然不是严复所愿意看到的，也与他最初引进的进化论理论南辕北辙。

一次，严复与辜鸿铭出席同一个宴会，酒过三巡，辜鸿铭忽然说，恨不能杀二人以谢天下。有人问他这二人是谁，辜鸿铭回答是严复和林纾。他拍桌骂道："自严复《天演论》一出，国人只知物竞天择，而不知有公理，以致兵连祸结，不杀他天下何以有太平？"

坐在一旁的严复闻之默然。他和辜鸿铭是福建同乡，又都有长期出洋的经历，面对这位同样横跨中西、学识一流的同行的痛批，严复内心几多苦涩，无从置辩。

世局如此，严复的心中蒙上了一层越来越沉重的阴影。对社会安定的祈望，压倒了对民主理想的追求，他日益渴望一种使社会持续稳定的政治体制，期待建立一个强有力的政权。因此，他对民国初年的党派之争一概厌恶透顶。而国民党人对袁世凯的抗争，反而促成他反对共和革命的立场。随后，在一系列内政外交上，严复坚定地为袁世凯站台呐喊。

严复认为，"二次革命"战乱之起，纯由国民党"不察事势，过尔破坏，大总统诚不得已而用兵"。面对战火重燃的局面，他热情献颂似的表白"但愿大总统福寿康宁，则吾侪小人之幸福耳"。他还希望袁世凯拿出决断，像割除庭园里的牵牛花一样，除掉国民党，取消共和政体，恢复秩序与稳定。这时的严复，内心俨然已流露出改变国体的专制倾向。

面对民国乱象，严复采取了向袁世凯一边倒的态度，尤其大力支持袁试图以强人政治解决权力危机的铁腕思路，大力抨击革命党人为一己之私，而罔顾国家。人们尽可以批判严复的"混淆是非"，但是否曾想过，袁世凯固然暴露了专制者的本色，国民党人何曾没有患上革命幼稚病？宋教仁遇刺后，凶手已被拿获，朝野多数人都主张通过司法程序解决问题，反对把刑事案件政治化。但孙中山不顾国民党众多领导人的反对，公然因为一起刑事案件而要举兵推翻合法政府，岂非拿国家命运当儿戏？

这次军事冒险一个多月便全军覆没，国民党徒自授人以柄，在民意中的形象产生大逆转。社会舆论本来完全同情革命党人一边，"二次革命"一起几乎都转而支持袁世凯了，革命党人反而成了孤家寡人，由本来备受尊崇的政党转而被舆论视为"暴民专制"组织，更开启了国民党后来一不如意，就起兵闹事的先河，习惯于"以暴制暴"地用枪杆子解决矛盾。

梦里走了很多路，醒来还是在床上。人民并不神圣，政府未必下流。有几流的人民，就有几流的政府；有几流的政府，它就要制造几流的人民。社会愈是动荡，越是驱迫严复倒向强人政治。时间久了，严复也并非看不出袁世凯的软肋。私下里他认为袁在旧日帝制时代，也不过"一才督抚耳"。他批评袁"太乏科哲知识，太无世界眼光，又过欲以人从己，不欲以己从人，其用人行政，使人不满意处甚多"。他也看到了袁世凯身上的守旧与专横，对袁不抱"过分之望"。在严复的眼中，袁的权力一步步增大，他的权威却在一天天减弱。然而乱世之中，他又觉得："平情而论，于新旧两派之中，求当元首之任，而胜项城者，谁乎？"

政治思想上的矛盾心态，表现为对袁世凯的暧昧态度。而书生天性中的优柔寡断、当断不断，却使严复背上人生最大的污名。这次把他架上火堆的，仍然是朋友。

1915 年，袁世凯称帝之心已经昭然若揭，他派杨度几次三番找严复，劝他参加其登基专用机构"筹安会"，欲借一帮名士为其摇旗呐喊，严复自然在其笼络之中。

严复对袁世凯急于恢复"帝国体制"并不完全赞成，对袁世凯先前软禁蔡锷也极为反感。他觉得君主之威如今早已扫地，贸然复旧，只能乱上加乱。杨度继续哄劝他：筹安会只不过是搞学术研究，搞清楚君主制是否应当恢复，其他的事到时自然会水到渠成。既然只是研究，这对于使命感极强的严复而言，无疑很能打动人。严复就说，他固然认为中国此时仍应行君主制，问题在于根本没有合适的人选。

不等犹疑之中的严复把话说完，杨度就起身告别了。

严复见此情形不知所措，于是找弟子侯毅商量应付办法，并表示不愿勉强附和。

侯毅说："先生既然不愿勉强附和，只有登报声明他们盗名。然而，他们既然打算借用先生的名义，必然会用强力手段胁迫先生就范。先生能乘夜潜逃吗？"

严复犹豫许久才说："我年岁这么大了，而且哮喘病经常发作。像东汉末年张俭那样在逃亡路上东躲西藏，恐已难以忍受了。"

侯毅说："那盗名不妨听之任之，只有始终不参与其中的活动罢了。明哲保身也是先圣所采取的策略。随着时间的推移，天下人最终会明白是非曲直，能理解先生的。"

就这样，严复决心采纳侯毅的"明哲保身"之策，对筹安会之事再也不愿过多地过问。

第二天，人们在筹安会发起人名单上，赫然见到了严复的大名，名列第三。

严家门口多了两个荷枪的壮士，说是长官担心匪徒来相扰，派来警卫。严复自此闭门不出，筹安会找他去议事，便托病推辞。

一错之后，严复不愿再蹚浑水。梁启超发表《异哉所谓国体问题者》质疑后，袁世凯派秘书夏寿田带四万元金票去拜见严复，请他写文章驳难。严复既没拿钱也没写文章。期间，他曾收到不下二十封信函，都说非驳梁不可，还有以刺杀相威胁的。严复拿着信去找夏寿田，表示："吾年逾六十，病患相迫，甘求解脱而不得；果能死我，我且百拜之矣！"

世人所谓的"筹安会六君子"，其余五人都有"劝进文"，唯独严复没有片言只字。1915 年 12 月 12 日，袁世凯悍然宣布称帝，严复谢绝袁世凯的任何邀请，静观其变，"其庆贺朝宴，均未入场"。据严复日记记载："1 月 5 日：内廷召宴，未赴。1 月 7 日，阴，雪。内廷召见，未见。"

尽管并没有参加"筹安会"多少实际活动，但复辟帮凶的恶名终究难逃了。天津《广智报》当时画了一幅漫画：袁世凯头戴冠冕，身披龙袍，端坐正中，四方画着四条狗，分别代表筹安会"四大将"，其中之一，便是严复。

对于"走狗"这个侮辱称号，严复苦涩地道：我"狗了不狗，走也要走的"。在写给门生熊纯如的信中，严复检讨自己终究是书生，当断不断，反受其乱："筹安会之起，杨度强邀，其求达之目的，复所私衷反对者也。然而丈夫行事，既不能当机决绝，登报自明，则今日受责，即亦无以自解。"

1916 年 3 月 22 日，袁世凯的逆行终于走到尽头，被迫宣布取消帝制。对此，严复却认为，袁世凯失败的原因不在恢复帝制，而是"就职五年，民不见德"。袁世凯撤销帝制当回总统后，独立各省坚持要他退位。面对倒袁的风潮，不识时务的严复又大唱反调，坚决认为"项城此时去，则天下必乱"。他说之所以反对逼袁退位，这并不是出于私情，而是以国家为重，"力去袁氏者，则与前之力亡满清正同，将又铸一大错耳"。

也许他认为袁即使为大盗，至少还有震慑住千千万万个小强盗的功能。后来果然大盗一去，小盗蜂起。袁世凯死后北洋武将群龙无首，各派争权夺利，民国乱象由此拉开序幕，中国人陷入更深的水火之中。

当众叛亲离的袁世凯于 1916 年 6 月去世，在一片举国欢庆声中，严复却立即关起门来，悲悲戚戚地写下一首《哭项城归榇》，表达对一代枭雄折戟沉沙的不忍之心："化鹤归来日，人民认是非。"

面对满目疮痍的国家，神医遍地，药方满天，可大多数都是野蛮莽撞的兽医，手里高举的是屠刀而非手术刀。皇权的合法性基础早已荡然无存，任何试图重新捡起破败龙袍继续招摇的举动，无疑都是自取其辱。至此，严复内心对现实的错觉和误解，似乎已达顶点。此后，他从现实的政局变动中多少体会到：复辟帝制，已是穷途末路。汉族强人，不可能有回天之力，"至于满人，更不消说"。

20 世纪 20 年代，"革命"已取代"进化"成为中国最主流的强势话语。坚持"共和之万万无当于中国"的严复式改良语体系，自然会淹没在滚滚的革命洪流之中。就连他一手创造的古奥生僻的文字、好古尚雅的文风，也因为其艰涩难懂逐渐走向衰落，晚年严复的话语受众日益减少，他的影响力急剧衰落。

第一次世界大战的爆发，西方列强相互残杀，目睹战争的惨况与巴黎和会中列强的无耻，近代西方文明的弊端暴露无遗，更是对严复当初"物竞天择，适者生存"的最大嘲弄。为中国人寻找到的唯一出路，现在也断了，严复的挫败感可以想象。他在震惊之余不禁悲叹："欧罗巴之战，仅三年矣，种民肝脑涂地，身葬海鱼以亿兆计，而犹未已。横暴残酷，于古无闻。""文明科学，效其于人类知此。"他对西方文明的理想之梦随之也破灭，"西国文明，自今番欧战，扫地遂尽"。他对此时的西方世界用八个字评价："利己杀人，寡廉鲜耻。"

1920 年他回到家乡侯官，说："还乡后，坐卧一小楼，看云听雨之外，有兴时，稍稍临池遣日……槁木死灰，唯不死而已，长此视息人间，亦何用乎？"中国已经走向一个充满激情的新时代，在新潮人物的眼中，严复已成为一个无法与同时代新人进行对话沟通的思想老人，充满精神的孤独。

纵然忧从中来，不可断绝，但是严复却只淡淡地说："以此却是心志恬然，委心任化。"

临终前，在他留给后人的遗嘱中，第一条便是"须知中国不灭，旧法可损益，必不可叛"。

他早前指出："四书五经，固是最富矿藏，惟须改用新式机器发掘淘炼而已。"但他本人却没有更多的精力专注于此，对传统文化的向现代性的转化殊少贡献。他在言辞激昂、充满激情地批判传统时，只为中国人的道德大厦重构粗绘了一幅巨大的工程图，如何施工建设，还要靠我们自己。

1921 年 10 月 27 日，严复带着无限的惆怅，离开了人事纷攘的世界。除了次女严璆，其他众多子女都未能守在身边。两个月后，他与原配王夫人合葬于鳌头山。他的密友、前清大吏陈宝琛为其作墓志铭，题为："清故资政大夫海军协都统严君墓志铭"。而严复生前自题墓碑："清侯官严几道先生之寿域"。一个终生反对专制政体的启蒙思想家，却自甘披上一个消失的王朝作为精神归宿，盖棺论定。严复最后一次特立独行地展示他人生的悖论与谜题。

墓地青石围幛上，是他生前亲题的四个字：惟适之安。